THE ULTIMATE EDITION HR EVALUATION

決定版 7日で作る
人事考課

7 DAYS TO YOUR SUCCESS

平康慶浩

セレクションアンドバリエーション株式会社
代表取締役

はじめに
10年活かせる人事制度には3つの特徴がある

　私が前著を記したのはおよそ10年前の2014年で、多くの日本企業を世界一の水準にまで押し上げた職能等級型の年功運用の仕組みが、長引くデフレの中で機能不全に陥った時代だ。

　各社はそれぞれにメリハリをつける人事の仕組みを志向し、人間心理との不適合を是正しようとした。

　そこで前著では、コンピテンシーと職務・役割によるダブルラダーの仕組みを紹介した。その内容は2000年以降から始まった成果主義人事制度改革の集大成だった。

　それから10年。

　人事の領域では、ジョブ型、人的資本経営などのキーワードが広がっている。COVID-19による働く場所と時間の多様化も進んだ。転職は当たり前になり、副業も広がりつつある。

　長く続いたデフレーションからインフレーションに移り、ベースアップを含めて給与水準もどんどんあがっている。

　環境変化を踏まえ、人事制度は次の時代にうつろうとしている。

　環境変化によりビジネスが変われば、従業員に求める行動や成果も変わるからだ。

　だから10年前から人事制度も大きく様変わりしてきている。

10年前の人事制度が、年功・終身雇用を前提としたいわゆるメンバーシップ型人事の改定版だとすれば、今起きている変化はより本質的なものだ。

　例えば考えてみてほしい。
　あなたの会社に今年入社した新卒社員が定年年齢に達する頃、あなたの会社は今と同じ形で存在しているだろうか。22才の大卒が定年を迎えるのは60才ではない。良くて65才。おそらくは70才だ。
　つまりそれは48年後の、半世紀先なのだ。
　そんな先を見据えた中で、**最先端の人事制度改定は、３つの特徴を持っている**。

　第一に、労働市場を前提とした「選ばれ続ける仕組み」として設計されるようになっていることだ。
　先ほどの例でいえば、もし48年後にあなたの会社が続いていたとしても、今年入社したあなたの会社の新卒社員の全員がそこにはいないだろう、という前提で仕組みをつくるということだ。
　よりよいチャンスがあれば転職することを当たり前に考える時代に、会社は「選ばれ続ける存在」にならなくてはいけない。はやりのキーワードでいうなら、エンゲージメントを高める仕組みであり、それは報酬制度や評価制度だけでなく、上司である管理職がどのように部下に関わるかという教育の仕組みにも反映されている。
　会社が一方的に社員を選ぶのではなく、48年間にわたって社員に選ばれ続けることを考えなければいけないからだ。

　第二に、働く側の「多様性を前提とした仕組み」として設計されるようになっていることだ。

2010年代からの同一労働同一賃金を広める政府の方向性は、先進国から脱落しはじめた日本経済の成長性を復活させようとするものだ。そこにさらにCOVID-19が重なることで、決まった時間に出勤できない人や、決まった場所で働けない人に対する環境インフラが整い始めている。人的資本の情報開示という名目で、職務や出世速度の違いに基づく男女間の賃金格差是正が求められるのもその一環だ。

　それに加え、少子高齢化による年齢の多様性も増加している。70才まで働くことを前提にするなら、そもそも55才や60才で役職定年にするのではなく、できる人にはいつまで働いてもらえる仕組みが必要だ。その逆に、できない人には早めに三下り半を突き付けることも求められるようになっている。だからこそ、知識やスキルをアップデートし続けるためのアンラーニングやリスキリングも当然となりつつある。

　多様性を活かす仕組みとは、できない人を許容する仕組みではなく、契約に基づき個々の人が全力を尽くせる環境を作ることなのだから。

　第三に、「利益を生むことを強く求める仕組み」として設計されるようになっていることだ。

　なぜなら、これまでのビジネスの多くがゆっくりと消え去り、新しいビジネスが生まれることが確実になっているからだ。

　高度成長期の日本では、自動車産業や電器産業を中心に、誰もが欲しがるものをたくさん作ることで、企業も人も成長し続けてきた。それは人事の観点でいえば、習得と習熟の仕組みが求められてきたということだ。

　しかし今求められるのは、既存ビジネスの周辺領域への拡大であり、全くの新規分野での試行錯誤だ。まだ既存ビジネスがキャッシュを生んでいる間に投資を進め、新しいビジネスを生み出すことに力を注ぐ企業がどんどん増えている。人事制度もそれに対応した、人材ポートフォリオの仕組みとして設計されるようになっている。

　同じことをしていたのでは、10年後にはもうもたなくなっていること

がわかっているからだ。

「選ばれ続ける仕組み」
「多様性を前提とした仕組み」
「利益を生むことを強く求める仕組み」
　この3つの特徴を求めて、多くの企業が今人事改革を進めている。
　まさにそんなタイミングで、この本を著する機会をいただけたのは、天祐かもしれない。
　新たな3つの特徴を実践する人事改革は大企業や先進企業で進んでおり、その内実は部分ごとに公開されてはいるが、まだ試行錯誤の段階でもある。
　ではそれらの先進事例を待ってから、中堅中小企業で人事改革をすすめるべきだろうか。
　いや、日本企業の大半を占める中堅、中小企業においてこそ、先んじた変革が必要だろう。
　そのために、7日でつくる新人事考課の決定版として、「選ばれ続ける」「多様性を前提とした」「利益を生む」ための人事改革のマニュアルを提供したい。7日で、というより、むしろ7ステップで、ということにはなるが、何から手を付け、どこを変えるべきかを具体化して示したい。

　前著が多くの企業の成長に貢献できたように、今回もより多くの企業の成長に貢献できることを願う。

セレクションアンドバリエーション株式会社
代表取締役　平康慶浩

この本の使い方

本当に7日で人事制度を作りたい人向けに「ファストトラック」を用意

人事制度は7日でできない、と主張する人もいるが、できる。
実際に弊社ではそれくらいの工数で人事制度を納品した事例が複数ある。
ただしそれにはいくつか条件がある。

①今人事制度が存在しないか、あいまいである

⇒とりあえず一人一人に約束した給与だけがあって、昇給も社長の一存で決定している場合などがあてはまる。人事制度はつくるよりも変える方が大変なのだ。

②作るべき部分が限定的である

⇒報酬制度と、昇給のための評価制度と、その前提としての等級制度がまずほしいというような場合だ。退職金とか福利厚生とかコミュニケーションプロセスとか細かい話を言い出すと大変になる。

③対象となる従業員数が少ない

⇒人数は多くても30人までならなんとかなるだろう。それを超えるとそれぞれの採用したときの事情調整などで簡単にはいかなくなる。

ちょうどうちの会社がそうだ、という方がこの本を手に取られたのなら運がいい。

ファストトラックと題して、本当に7日で作りたい人向けにしっかり読み込むべきポイントを記した。だからまずはそこだけ読んだうえで、制度構築に使ってもらって構わない。

この場合の制度は、**昇給のあるジョブ型**で、使い勝手がいいはずだ。

昇給のあるジョブ型として実際に弊社が設計した業種で言うと、IT系ベンチャーが多い。専門性と労働市場性が明確なのでジョブ型が適しているからだ。あと昇給がはっきりしているのは、日本で働く人たちの常識にマッチしている。

「ジョブ型」というキーワード

本書では、「ジョブ型」というキーワードをジョブ型雇用に対応した人事制度、として定義している。ジョブ型と対比してメンバーシップ型という言葉も使うが、これらは濱口桂一郎氏の著書『新しい労働社会：雇用システムの再構築へ』（岩波新書、2009年）で提唱された概念だ。

人事制度構築において二元論的なこれらの区分を前提とすることはふさわしくない、という指摘もある。

ただ、終身雇用を前提とした年功昇給や会社都合での人事異動、転勤など、日本における雇用慣行を前提とした人事の仕組みがパラダイムシフトを迎えている中でわかりやすい対立構造であるのも事実だ。

そのため本書では、新卒採用、終身雇用ではなく、職務定義に基づき雇

用契約を結ぶ形式を前提とした人事制度のあり方を「ジョブ型」として示している。その内容として、職務記述を踏まえた等級設計などを詳述している。

シンプルに職務等級制度、という書き方にしていないのは、本質的変革が求められているからだ。形だけ職能等級制度から職務等級制度に変えればよいというものではない。

仮に職務等級制度に変えたところで、会社都合での人事異動をしやすいようなアレンジをし、職務等級変更に伴う給与の不利益変更が生じないようなアレンジをしてしまっては、会社の仲間として雇用するというメンバーシップ型の域を出ない。

会社がまず従業員に対する期待を示し、その期待にこたえられるような支援を上司が行い、組織としての成果を生みながら全員が成長し続ける人事の仕組みが今求められている。それは仲間であることを前提とするのではなく、役割を明確にしたうえで強い仲間になろうとするものだ。

そのような仕組みとして、ぜひあなたの会社の人事制度を構築してほしい。

なお、7日、というのは厳密にいうと7人日だ。
1人が7日間をフルに働いて、完成するというように理解してほしい。
時間にして8時間×7日間の56時間くらいをかける、となると7日間といってもそれほど短くないことがわかるとおもう。
ちなみにその設計を弊社に依頼すると、若手コンサルタントレベルでも100万円くらいの見積もりにはなる。そう考えるとこの本のコスパはずいぶんと良いということになるだろう。

各テーマごとにしっかり検討したい人向けに詳細設計編を用意

　一方で前著でもそうだったが、この本を手に取っていただいた多くの方々の会社にはすでに人事制度があり、それらの要素間の調整が必要で、対象となる従業員数も数百人、あるいは千人以上だろう。そういう方々には、各章をしっかり読み込んでもらえるように、同じく7日間というステップではあるが、より詳細な論点を示した。たとえば等級制度でいえば「職能型から変えたくないのだけれど、ジョブ型のエッセンスを何とか取り入れたい」だとか「ちゃんと運用できる降格基準はどうつくればよいのか」といった具体的課題感に対応するイメージだ。

　報酬制度なら「号俸制で運用してきたけれど、他の仕組みはないのか」とか「夏冬賞与制から年俸制に移行するメリットとデメリットはなんなのか」という問いへの答えが見つかるように整理してみた。

　評価制度でよくあるのは「目標管理制度の適切な運用方法」がメジャーだが「OKRへの展開がうまくいかないしそもそも社内で理解されないがどうすればいいか」とか「コンピテンシーは本当に機能するのか」といった疑問などにも回答することを目指した。

この本の根拠となる経験

　この本に記載している論点や対応策はあくまでも弊社独自の経験を踏まえたものだ。だから限定的な視点に基づくものであることは否めない。

　ただ、数多い人事制度についての書籍の中で、かなりバランスが取れている内容になっているとは思う。特に設計と運用、両方について記している本は珍しいはずだ。

　それは弊社が人事専門のコンサルティングファームとして、長年支援を

続けてきた実際の経験を元にしているからだ。特に私自身が、ずっと人事専門のコンサルタントとしてご支援を続けてきた。

　実際、人事コンサルタント業界を見渡してみても、職能等級制度の成立経緯や運用状況を理解しながら、役割型や職務型の導入に苦心し、コンピテンシーモデルを業界ごとに100社以上も設計し、ノーレイティングやOKRの導入を数多く試し、Z世代の行動特性や定年再雇用者の活躍の仕掛けづくりに30年寄り添ってきた人事コンサルタントは、多くはないからだ。実感として日本中をさがしても数十名じゃないだろうか。

　弊社より小さなコンサルティング会社は気が付けば廃業していたりした。徒弟制度のような仕組みで、金科玉条のような一律の仕組みの普及にいそしむ個人コンサルタントも多い。同規模からもう少し大きいファームは研修会社に変わっていったりした。そして大手ファームは人の移り変わりが多く、体系的かつ網羅的な人事の専門家を育成することを考えきれていなかったように見える。結果として、採用コンサルタントやITコンサルタント、企業内HR専門家に転じた方も多いだろう。

　そんな中で私たちは、愚直かつ真摯に人事課題に取り組み、時に失敗することもあったが、それ以上に企業の成長に貢献することができた。

　その経験を踏まえた論点と対応策なので、机上の空論でないことだけは確かだ。

コラムによる補完

　人事においては正解がない課題もある。前提がAならこちらだが、Bならあちら、という具合に明確にできればいいのだが、その前提がなんなのかが見えない場合すらある。たとえばオーナー企業に向いている人事制度、と尋ねられても、オーナーのタイプによって変わるが、そのタイプ分けに時間を使っても仕方がなかったりする。

それらの「どう考えるべきか答えがない問いかけ」について都度コラムとして差しはさんでいる。普遍的な答えはないが、1社限定であれば答えが出るかもしれない。自社ならどうだろう、と議論してみてほしい。

フォーマットの活用

　今回はCD-ROMではなく、ダウンロードリンクから各種ファイルをダウンロードできるようにしている。こちらをうまく活用すれば、ファストトラックによる人事制度構築はできるはずだ。
　実際、前著のCD-ROMをうまく使って制度改革を進めた企業は数百社以上あると聞いている。
　フォーマットは自由にアレンジして使っていただいて構わない。
　なお、たまに直接弊社サイトに問い合わせいただく方がいらっしゃるが、細かい質問はコンサルティングになってしまうので、コンサルティングとしての対価を求めざるを得ない。当書籍の範囲を超えてしまう部分は有償になってしまうので、ご理解いただきたい。

ダウンロード特典のご案内

フォーマットをダウンロードすることができます。下記のQRコードを読みこんでください。

ファストトラックダウンロードファイル
F1 職務記述書
F2 給与テーブル＆給与改定表
F3 職務定義に基づく評価シート
F4 利益配分賞与計算シート
F5 採用基準＆面接

詳細編ダウンロードファイル
S11 人的資本分析
S12 多面評価アンケート
S13 従業員情報分析
S14 インタビュー質問シート
S15 インタビュー議事メモ
S16 事実一覧
S21 管理監督者要件
S22 職務記述書詳細版
S23 職務測定表
S24 職務等級定義
S31 給与テーブル（号俸表）
S32 給与テーブル（レンジ表）
S41 MBOシート
S42 行動評価関連一式
S51 行動評価採用基準

https://sele-vari.co.jp/bookdownload_service/
※本特典は予告なく終了することがあります。

『決定版
7日で作る　人事考課』
もくじ

はじめに：10年活かせる人事制度には
　　　　　3つの特徴がある　　　　　　　　　　　　　3

この本の使い方　　　　　　　　　　　　　　　　　　7

ファストトラック編　**今から人事制度を一から作るなら**

1日目　等級定義【ビジネスに必要な人材を定義する】　26
　1. 自分のビジネスにおいて求める職種と階層を整理する　27
　　　中途採用主体の組織では職務軸で等級を設定するとわかりやすい
　　　職種を横軸に定義しよう
　　　職務の大きさを縦軸にして定義しよう
　　　飲食店を事例にして考えてみる
　2. 具体的な成果、詳細な職務、能力の必要性　　　　　32
　　　定義はトップダウンから考えてボトムアップで確認する
　3. 職務の共通要素をまとめると譲れない人材軸になる　36

2日目 ── 月給制度【人を雇うための基準を定める】　38

1. 等級制度をつくったのちに報酬を考える　39
雇える金額を調べることから始める
2. 払う金額を定める　40
3. 同一職務内での昇給のために給与に幅を設ける　43
給与の上限を定める
給与幅の整合性を確保する

3日目 ── 頑張る仕掛けをつくる【給与改定ルールの設計】　51

1. 標準給与改定額と評価項目を決める　52
どうすれば昇給するか＝評価項目を決める
5種類の評価項目
行動や能力を評価して給与改定する会社が多い
少人数でも評価を制度化したほうが良い理由
評価方法は結果からでなく前向きに設計する
期初の共有のための項目をつくる
2. 評価基準と評語を定める　60
総合評価をどう判断すべきか
3. 給与改定額のメリハリをつける　67
低評価者の処遇に注意しよう
メリハリが決まれば給与ピッチが決まる

4日目 ── 成長のための期待を示す【昇格・任用基準の設計】　72

1. 正しい制度の前に、モチベーションのすり合わせが大事　73
2. 昇格基準は等級基準を活用する　76
昇格に向けた役割の付与を仕組み化する
3. 昇格判断は新年度に間に合わせることが望ましい　79
入学基準に基づく昇格審査の具体

5日目 長期勤続のためのインセンティブ【賞与基準の設計】 82

1. 夏冬賞与の仕組みは中途採用が多い会社に向いていない 83
いまどき賞与は長期勤続のためのインセンティブとして設計する

2. 利益配分としての賞与設計時にはまず夏冬賞与の考え方を整理する 86
利益配分賞与設計の方法
支給のタイミング

6日目 新陳代謝により組織を活性化する【採用&退職ルールの設計】 92

1. 求める人材像にあわせてつくるのが人事 93
採用ミスの修正には多くの時間と手間暇がかかる

2. 等級定義を採用基準として活用する 96
採用判断手順の設計

3. 採用ミスが生じることを前提に仕組みをつくる 103

7日目 安心して働けるようにする【勤怠＆福利厚生の設計】 105

1. いまどきの人事制度はお金だけではない 106
皆と同じ場所で働く必要はどれくらいあるのか
顧客対応として長時間働く必要は本当にあるのか

2. 職務コストを極力会社負担にしてゆく 109

3. そのうえで仲間で居続けたい仕組みをつくる 111
第1のコミュニケーションパス：上司による1on1
第2のコミュニケーションパス：従業員同士のコミュニケーション促進
自発的成長を促すための仕組み

もくじ

| 詳細設計編 | **すでにある人事制度を改定するには** |

STEP0 ─ 詳細設計編 …118
 今すでにある人事制度をさらに良いものにするために …118

STEP1 ─ グランドデザインとして人事戦略を定める …121
 1. グランドデザインとは改革のキーパーソンたちが人事制度改革に合意するプロセス …122
  人事課題を経営課題として定義するために人的資本指標を用いる
  可視化結果を1枚のシートにまとめ課題を浮き彫りにする
 2. 市場対比と確定した未来を可視化する …140
  給与の散布図をもとに市場対比状況を可視化する
  自社の報酬を散布図で確認する
  従業員動態分析
 3. 運用の実態をヒアリングし事実として整理する …148
  ヒアリングは巻き込み7割：事実確認3割で行う
  対象者・実施方法を整理しよう
  個別ヒアリングのポイント
  グループヒアリングのポイント
  アンケートのポイント
  ヒアリングなど調査結果はまず事実を一覧化する
  人事機能別にまとめなおしてみる
 4. 可視化された現状をもとに課題優先度を判断する …160
  オーナー企業の場合
  非オーナー企業の場合
 5. 人事ポリシーを定義する …164
  事業計画を実現するために必要な従業員行動
  従業員に求めること

従業員への向き合い方
　　　迷ったら人事ポリシーに戻る

STEP2 等級制度を体系化する　　　　　　　　　　　　　　　168

等級制度は求める人材についての設計図　　　　　　　　　169
1. 会社として従業員に求める等級軸の選択肢　　　　　　170
　　　人材の確保と活躍のための基準を定める
　　　等級制度は2タイプ＋アルファで考える
　　　やることが決まっているのなら職務型がわかりやすい
　　　職種を超える人事異動があるのなら職務型は運用しづらい
　　　職能等級型は避けたほうが無難
　　　いまどきの社内ゼネラリスト育成には発揮行動型の等級を設定する
2. 人材ポートフォリオとしての整理　　　　　　　　　　178
　　　職務等級型だと人材ポートフォリオが自動的に構築される
　　　専門職としての等級の複線化
　　　リーダータイプの複線化
　　　人材ポートフォリオとしての整理
　　　職務型と発揮行動型をハイブリッドさせたポートフォリオ運用
3. 管理監督者の区分　　　　　　　　　　　　　　　　　184
　　　労務リスクを解消するために管理職と管理監督者を区分する
　　　管理監督者としての定義
4. 等級定義の明確化：職務等級設計　　　　　　　　　　190
　　　職務等級設計の詳細
5. 等級定義の明確化：発揮行動等級設計　　　　　　　　199
　　　発揮行動等級設計の詳細
6. 昇格・降格ルールの設定　　　　　　　　　　　　　　211
　　　昇格ルールは等級制度によって原則が異なる
　　　昇格に必要な年数をどう定めるか
　　　昇格判断のための手法一覧

昇格審査基準は公表すべきか
降格プロセスは会社の類型によって異なってくる
降格プロセス設計のポイント

STEP3 報酬制度を総合的に整理する 221

従業員にとってわかりやすい仕組みとして報酬を設計する 222
1. 報酬構成の設計 223
自社で支払う給与構成を整理しておく
月例給は等級に合わせて決定することが現在の標準
法定手当はちゃんと法律に従い、抜け道などは探さない
各種手当は会社が自由に定める
福利厚生関連手当は採用力に影響する会社からのメッセージ
定期賞与：日本にしかないが、日本では「ない」と競争力が弱まる
業績賞与：全社業績へ意識や行動を集中させるために設定する
各種インセンティブ：短期的な行動変革や成果創出に役立つ
報酬構成はわかりやすく示す

2. 月例給与のレンジを定める 238
給与そのものの上限と下限を仮設定する
各等級ごとに給与レンジを設定する意味
給与レンジ設定の3パターンとその影響
労働市場対比での給与レンジの調整

3. わかりやすい給与改定ルールを定める 245
労働市場水準にあわせた昇給基本額の考え方
支払いたい給与額から逆算した昇給基本額の考え方
評価のメリハリのつけ方
給与表の設計：号俸制による号俸表はわかりやすく運用しやすい
給与表の設計：レンジ制による給与表は計算が容易
給与レンジ内給与改定の設計
給与改定評価は絶対評価か相対評価か
昇格昇給・降格減給の設定

　　　　接続型／開差型における昇格昇給・降格減給
　　　　重複型における昇格昇給・降格減給
　　4. 役職など職務にかかる手当を設計する　　262
　　　　役職手当を導入する2つの理由
　　　　管理監督者としての役職手当最低基準
　　　　上位の管理監督者への役職手当はどのように設定すべきか
　　　　管理監督者より下の等級への役職手当
　　5. 賞与ルールを定める　　267
　　　　賞与設計の基本方針
　　　　夏冬賞与のメリットとデメリット
　　　　夏冬賞与を継続する際の検討ポイント
　　　　個人業績評価反映方法
　　　　組織業績評価反映方法
　　　　業績賞与の設定
　　6. 報酬ポリシーとしての設定　　274
　　　　各項目ごとの方針を一覧化して軸を定める
　　　　報酬ポリシーはいつ定めるべきか

STEP4　評価制度を基準とコミュニケーションで整理する　　278

　　1. 評価制度の全体像を定める　　279
　　　　何のための評価制度なのか
　　　　職務と業績目標、行動の関係性
　　　　評価ポリシーはどう設定するか
　　2. 評価プロセスとして評価期間と評価者を定める　　284
　　　　評価期間と年度の関係
　　　　事業スケジュールと人事スケジュールとを合わせる場合
　　　　事業スケジュールと人事スケジュールとを区別する場合
　　　　評価者設定の重要性
　　　　自己評価のメリットとデメリット

バイアスとノイズを踏まえた評価者間調整
処遇反映のための絶対評価と相対評価の整理
被評価者本人へのフィードバック

3. 個人業績を目標管理制度で評価する　　　293
個人業績評価としての目標管理制度
期初：目標設定のルール化／事業計画から個人目標へのブレイクダウン
期中：業績達成の為の期中面談の仕組み化
期末：目標達成度判断の仕組み化と周知徹底
個人別目標管理シートの作成

4. 行動評価基準を設計する　　　305
行動評価基準は発揮行動等級と同じ手順で設計する
評価段階とウェイト設定
行動評価シートの作成
行動評価における評価プロセス設計の重要性

5. 報酬及び昇格判断への適用ルールを定める　　　313
評価を報酬・処遇へ反映させる際の留意点
総合評価型か個別連動型か
個別反映型の特徴と設計ポイント
総合反映型の特徴と設計ポイント
その他の評価項目は反映させなくてもいい？
給与改定における昇給原資の調整

STEP5　採用から代謝までのフローを定める　　　325

1. 必要な人材が残るようになっているかフローで判断する　　　326
流動する人材市場に対応する
求める人材像の具体化
バケツの穴をふさぐ
キャリアパスの整理
この会社で働き続ける意義

2. 求める人材像を採用基準とプロセスに落とし込む　335
　　行動等級を採用基準に反映する
　　ハイブリッド型等級を採用基準に反映する
3. 採用後のオンボーディングを徹底する　340
　　採用はゴールではなく入り口である
　　スキル面でのオンボーディング
　　カルチャー面でのオンボーディング
4. 定年と再雇用に対応する　346
　　定年の仕組みを検討しておく
　　法的な動きはどうなっているのか
　　制度導入時に検討すべきポイント
　　モチベーションへ配慮した評価制度構築

STEP6　移行措置を定め丁寧な浸透を図る　352

1. 原則不利益変更はないように移行設計する　353
　　制度を変えたから給与を下げるというのは難しい
　　制度を変え給与を増やす際には社内序列を意識する
　　段階的な給与レンジ移行も検討する
2. 社内承認を経て規程化する　356
　　人事制度を明文化し規程として公開する
3. 説明会と質疑応答を準備する　359
　　人事制度説明会の目的
　　従業員説明会の事前準備
　　従業員説明会の開催
　　フォローアップ

STEP7　企業文化として定着させる　365

1. 評価者教育を徹底する　366
　　何はなくとも評価者教育

評価者教育のスケジュール
　　　評価者教育の構成
　　　評価者教育の対象者
　　　2次評価者限定の評価者教育
　　　被評価者教育という選択肢
2. 制度改革の効果を定点観測する仕組みを用意する 373
　　　人事制度による改善効果を測定する
　　　定期的なマネジメントアセスメントを実施する
　　　エンゲージメントサーベイという選択肢
3. 情報発信を継続し改革を止めない 377
　　　測定した効果を公表してゆく
　　　効果測定に基づく対策を本気で実践する
　　　経営層が本気になることで利益向上と成長が両立する

ファストトラック編

今から
人事制度を
一から作るなら

1日目　等級定義【ビジネスに必要な人材を定義する】

2日目　月給制度【人を雇うための基準を定める】

3日目　頑張る仕掛けをつくる【給与改定ルールの設計】

4日目　成長のための期待を示す【昇格・任用基準の設計】

5日目　長期勤続のためのインセンティブ
　　　【賞与基準の設計】

6日目　新陳代謝により組織を活性化する
　　　【採用＆退職ルールの設計】

7日目　安心して働けるようにする
　　　【勤怠＆福利厚生の設計】

*1*日目
等級定義
【ビジネスに必要な人材を定義する】

> やるべきこと
> ●自分のビジネスにおいて求める職種と階層を整理する
> ●具体的に求める仕事、能力、成果を定義する
> ●軸を通して共通要素をまとめる
>
> メリット
> ●採用、評価、報酬決定などの人事制度の軸ができる
> ●それはすなわち会社にどんな仲間を集めたいのかという思いの表現になる

1. 自分のビジネスにおいて求める職種と階層を整理する

　人事制度をつくるとき、軸が必要になる。

　昭和から平成にかけての日本企業の人事制度の軸は能力が基本だった。「職能」や「職務遂行能力」といい、それぞれの仕事が求める能力を定めていく考え方だ。

　ただ、職能は年功的処遇に使われやすかったため、平成期においては発揮行動としてコンピテンシーなどに置き換えられていった。

　令和以降、その考え方は「職務」に変化しつつある。職能や発揮行動から職務への人事制度の軸の変化は、雇用形態の変化を踏まえたもので、**メンバーシップ型からジョブ型への移行**ともいわれたりする。このあたりの詳細は、詳細設計編の方を読んでみてほしい。

　ただ、ファストトラック編では、職能とか発揮行動とか職務とかにあまりこだわらなくても大丈夫だ。なぜならその職務に最適な能力が存在する場合、どちらの軸でもそれは一致するからだ。

　では違いはどこにあるかといえば、**等級制度を運用する際の判断基準**になる。

　職能や発揮行動軸だと「能力があるから等級を引き上げたり給与を増やす」という運用をしやすいし、職務軸だと「ポストを任せたから等級を引き上げたり給与を増やす」という運用ができる。

　これらは逆にいえば「ポストがないけれど能力を認めたから給与を増やす」という運用にもなるし、「能力は足りないかもしれないがポストに任せた以上はその給与を払う」という運用にもなる。

　能力が先か職務が先か、ということで、これは会社の社風によるだろう。

【　中途採用主体の組織では職務軸で等級を設定するとわかりやすい　】

どちらでもよいというと、どちらかわかりづらくなるので、今回示すファストトラックにおいて、人事制度の軸は職務に置くこととする。

なぜならファストトラックを読んでいるあなたの会社では、おそらく中途採用が主体になっていると思うからだ。

職務軸での人事制度は、ジョブ型雇用と対応するもので、労働市場を踏まえた採用や活躍の仕組みづくりに適している。逆に職能や発揮行動を軸にした人事の仕組みは、新卒から採用して長期雇用する人事マネジメントに適している。

【　職種を横軸に定義しよう　】

職務を軸において人事制度を作るとき、縦軸だけではなく、横軸も考えておく方が望ましい。

等級の横軸とは、簡単に言えば職種の違いだ。

なぜ横軸も考えたほうがよいかというと、職種ごとに求める成果や行動が異なる場合があるからだ。職務として係長というものがあったとして、営業の係長と総務の係長とでは、求める成果や行動が違うことは想像しやすいだろう。

そして求める成果や行動が違うということは、報酬水準も異なる可能性が高い。係長という定義のみを作っていて給与制度も一本だと、労働市場における報酬水準の違いに対応しづらくなってしまう。仮に営業の方が市場の報酬水準が高い場合、営業手当のような形で水準調整の仕組みが必要になってしまうだろう。

だから、**労働市場から職務に適した人材を確保する人事の仕組みを求める場合、職種の違いを考えた等級制度にしておかなくてはいけない。**

新卒一括採用がメインだと職種の横軸が邪魔な場合もある

　職種を横軸で区分する考え方は、新卒一括採用だけの会社だとうまくいかない場合があることに注意しよう。

　新卒一括採用の会社だと、入社時点では職種を定めず、研修期間を経て配属することが多い。また一度ある職種に配属されても、人事異動によって異なる職種に配属されることもある。

　このような人事異動が当たり前の会社だと、等級の横軸としての職種区分が邪魔になることがある。たとえば研究開発で10年間活躍してきて主任になった人が、顧客の声を聴くために営業に異動になった場合などだ。研究開発と営業、それぞれの主任に求められる行動や成果が異なるということになれば、異動後の評価は下がってしまう。

　それはよくない、という判断をする会社では、総合的な「主任」という定義のみを用いて、職種別の違いを適用しない。

　皆さんの会社で、会社都合による職種間異動を頻繁に行う可能性があるのなら、等級の横軸設定はしないほうがいいだろう。

【　職務の大きさを縦軸にして定義しよう　】

　等級の**縦軸は同じ職種の中で求める職務の大きさの違い**だ。会社から期待する責任の違いであり、従業員個人から見れば出世の階段ということになる。

　大くくりで縦軸の区分は、管理職と一般社員を分けることだ。伝統的には管理職（課長以上）、監督職（主任や係長）、一般社員（ヒラ社員）、として区分することもある。

| 1日目 | ▶▶ | 2日目 | ▶▶ | 3日目 | ▶▶ | 4日目 | ▶▶ | 5日目 | ▶▶ | 6日目 | ▶▶ | 7日目 |

　そこからさらに**縦軸を細分化する際には、会社側の観点と従業員側の観点**でそれぞれ検討しよう。

　会社側の観点では、組織階層に合わせた組分化を検討する。たとえば管理職として区分したが、そこに本部、部、課という組織階層を設定した場合には、管理職をさらに3等級に区分することが求められる。監督職について、組織階層としての係を作らないのなら不要かもしれない。そして一般社員については、新人とベテランくらいの違いがあればよい、と考えるだろう。

　一方で**従業員側の観点では、等級の数は自分たちの成長実感の裏付けにもなる**。仮に一般社員の階層が新人とベテランだけで、その上に監督職がなくて、管理職として課長、部長、本部長だけだとしてみよう。課長になるには少なくとも15年の経験が必要だとすれば、22才の大卒で入社後、37才まで新人、ベテランの2階層だけで処遇されることになる。新人の期間が1年程度だとすれば、あとの14年間はずっと同じ等級ということだ。同じ等級内での昇給のルールは設定するとしても、ずっと肩書が同じだとモチベーションがあがらない可能性も高い。

　そのため、たとえば3年〜5年で等級が上がる昇格ができるように、**ベテラン階層を3つに分けておくこともある**。そうして新人+ベテラン3階層となるので、それらの等級に意味を与えるため「習得」「習熟」「活躍」「指導」のような等級定義を作ったりする。

　会社として求める一般社員階層の役割は2等級でよいが、モチベーションを考えて4等級に区分する、ということだ。

【　飲食店を事例にして考えてみる　】

　ここまでの考え方を、仮に飲食店（居酒屋）経営における職種と階層と

して整理してみよう。

　飲食店における職種はホールとキッチンにわけられ、階層は新人のあと、決まった仕事をしっかりすすめるスタッフ、新人に対する指導を行うリーダー、店舗全体を統括するストアマネジャーに区分できる。仮に店舗がかなり大きくて、キャッシャー専門の人が必要ならホール側の職種に、キャッシャーを定義する。

　飲食店の場合、ストアマネジャーまで昇進する期間はそれほど長くない。早い人で6年ほどで昇進するだろう。だとすれば、スタッフ、リーダーの期間はそれぞれ3年程度だ。
　それでも3年間肩書が変わらないのはモチベーションに良い影響を与えないとすれば、スタッフをさらに2階層、リーダーも2階層に分けることが考えられる。店舗として求める役割は大きく変わらないが、スタッフの中にシニアスタッフを定義して、リーダー候補として定義することが可能だ。
　またリーダーを区分して、ストアマネジャー候補としてシニアリーダー、あるいはアシスタントマネジャーを定義することも可能だ。そうしてみると、当初想定していた等級階層は、より細分化され、それぞれへの期待する行動や成果を具体化できるようになる。

　もちろんこのような区分が煩雑性を増すと考えるのなら、当初想定していたシンプルな等級区分を活用すればよい。
　こうしてあなたのビジネスにあった等級フレームを定めよう。

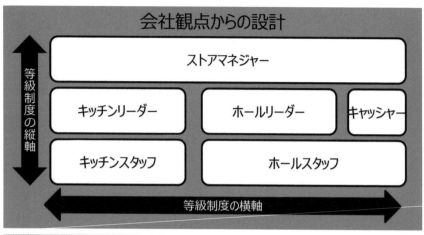

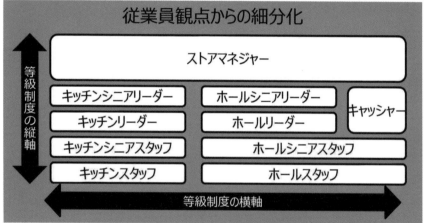

2. 具体的な成果、詳細な職務、能力の必要性

　等級の横軸と縦軸によって、会社としての期待と従業員モチベーションの観点からのフレームワークが整理できた。次にそれぞれの等級に対して何を求めるかを整理していく。ここがあいまいなままだと、上司がいつまでもマイクロマネジメントをしなければいけなくなったり、あるいは人に

よって期待されることと給与とが整合しなくなったりする。

この部分を定める際の手順は、**トップダウンとボトムアップの考え方を併用する**ことが望ましい。

ここでいうトップダウンとは、会社あるいはビジネスとして求める人材像から各職種・等級に求める基準を整理することであり、ボトムアップとは実務の観点からそれらの基準を整理することだ。

トップダウンだけだとふわふわした内容になりがちで、ボトムアップだけだと実務によりすぎて将来像が見えづらくなったりする。

【 定義はトップダウンから考えてボトムアップで確認する 】

手順として、まずトップダウンで考えてみよう。先ほど整理した**等級フレームの各区分別に、成果、詳細な職務、能力の順で書き出してみる**とわかりやすい。

先ほど整理した飲食店ホールスタッフで考えてみる。

STEP1 成果

ホールスタッフの仕事は、来店したお客様への接客だ。だからつい接客の詳細な職務について記述したくなる。

しかし人事制度を作る際には、ホールスタッフに求められる成果、というものをまず認識したうえで、それぞれの仕事・能力欄に対応させるとわかりやすい。

例えば、あるお店の例でいえば、ホールスタッフに求める成果とは、お客様に良い時間を過ごしてもらうことだ。そのために、来店時には気持ちのよい挨拶をして、良い店だな、と思ってもらうことがのぞましい。

注文を受ける際には、スムーズな処理をするだけでなく、お客様の意図

をくみ取った提案があるとさらに満足度が高まる。また店舗全体の混雑度を見ながら、配膳までにかかる時間を見越しておく。注文から配膳まで時間がかかりそうならあらかじめ一言申し添えておこう。そうすれば、お客様の不満が高まりづらいからだ。

　配膳時には食器の並べ方、すでに食べ終わった皿の引き上げなど、お客様がすごしやすいようにテーブルの上を整理することも重要だろう。繰り返される注文の中で、これらを総合的に判断してゆくためには、お客様に良い時間をすごしてもらう、という原則としての成果が共有されていなければいけない。

　そうして会計時には迅速さが、退店時には気持のよい挨拶があればさらにお客様の満足度が高まる。

　それら**職務レベルの引き上げや能力の発揮には、そもそも何がその職務の成果なのか、ということを整理しておく方がわかりやすい**のだ。

STEP2　詳細な職務

　成果を整理したうえで、詳細な職務を書き出してみよう。最初は漠然と「接客」くらいの定義でもよいが、可能ならそこから、お客様の行動にそった接客の手順で分けてみるとよい。

　来店 ⇒ 注文 ⇒ 配膳 ⇒ 飲食 ⇒ 会計 ⇒ 退店

　この区分に基づくなら、まず来店に対応して席への案内がある。注文を受け付けてキッチンに伝達し、キッチンからお客様のテーブルへの配膳を行う。これらを繰り返す中でお客様が飲食を続ける。やがて飲食代金を伝えて支払いを受け付ける。お客様退店後は、テーブルの片づけを行う。

　職務記述の、詳細な職務の欄にこれらを書き出してみよう。

STEP3 能力

　最後に能力を書き出してみよう。仕事の中で、特に求められる能力をチェックして、それを書き出す作業だ。飲食店ホールスタッフの例でいえば、注文、配膳、会計、退店、の仕事について能力を定められるだろう。

　注文であれば、自店舗で扱っているメニューを覚えていることが望ましい。時には季節のおすすめなどを提案するようなことも必要だろう。

　配膳では、間違わず、盛り付けなどを損なわないように、素早くお客様のテーブルに料理や飲み物を運ぶことが必要だ。料理がこぼれたり食器が割れたりしないようにするために、お皿の下に一旦小指を挟んで置くということを進めているお店などもある。

　会計は一般的にはベテランあるいは社員が限定して行うものだが、ホールスタッフに求める能力としては、スムーズに伝票を示してキャッシャーへの移動を促すことが求められる。

　退店時の挨拶を終えると、次のお客様を迎えるために、早急にテーブルの上の食器類を片付け、きれいな状態にすることが求められるため、衛生的な知識なども必要になる。

　このようなことをトップダウンで書いたうえで、ボトムアップとして現場の意見を確認し、ブラッシュアップしてゆこう。人事制度としてやりすぎだ、と思うかもしれない。けれどもこういう定義があらかじめちゃんとそろっていれば、採用後の教育もしやすいし、新人も成長しやすくなる。

項目	詳細	詳細	詳細	詳細	詳細
職務名	ホールスタッフ	ホールリーダー	キッチンスタッフ	キッチンリーダー	ストアマネジャー
期待される成果	接する来店客の満足	全体来店客の満足	期待レベルを満たす調理	店舗調理レベルの維持	店舗収益確保
詳細な職務	注文伺い	ホールスタッフ業務	マニュアルに沿った調理	キッチンスタッフ業務	要員管理
	配膳	ホールスタッフ育成	衛生管理	キッチンスタッフ育成	集客管理
	片付け	-	仕入れ	-	金銭管理
求める能力	ビジネスマナー	ホールスタッフ能力	ビジネスマナー	キッチンスタッフ能力	リーダーシップ
	コミュニケーション力	指導力	基本調理スキル	指導力	マーケティング
	気づき	気配り	-	気配り	経理
	-	業務割り振り	-	業務割り振り	-

3. 職務の共通要素をまとめると譲れない人材軸になる

　職務区分ごとに成果、詳細な職務、能力をまとめてみると、時に細かすぎる区分ができてしまったり、あるいはばらばらな記述になってしまったりすることもある。
　そのため、**一旦書き上げたうえで、全体を通して、共通する要素を抜き出す作業**を行おう。

　ホールスタッフはお客様に良い時間をすごしてもらうための記述だったけれど、キッチンスタッフには効率性や採算性を求めてしまう、ということもある。そしてストアマネジャーには売上や利益を求める、というような場合、等級フレームの区分ごとの整合性が担保されなくなる。
　そうして考えてみて、仮に「お客様に良い時間をすごしてもらう」というものを軸にすべきだと思ったのであれば、その観点でストアマネジャーやキッチンスタッフの区分別記述を見直していく。

　キッチンスタッフであれば、効率性や採算性はもちろん大事だけれども、お客様が満足する分量や提供までの時間、見栄えなどを仕事に反映したほ

うがよい、と思うかもしれない。

ストアマネジャーが売上や利益を求めるのは当然だが、そのためにお客様にリピートしてもらい、新規のお客様に選んでもらえるような評判を流してもらうべきかもしれない。

だとすれば、仕事の内容に、キッチンスタッフやホールスタッフがお客様目線で仕事をしているかどうかを確認し、指導することが含まれることになるだろう。

「お客様に良い時間を過ごしてもらう」ということが軸となり、等級フレームと各区分がしっかりと整合してできあがったのなら、素晴らしい等級定義となる。

その軸こそが、あなたの会社にとって譲れない軸であり、企業理念と紐づくものになっているはずだ。

この譲れない軸は、人事制度全体を通じて判断に迷ったときに戻ってくる指針となる。

直接顧客が明確なビジネスなら、「お客様」という軸は常にもっとも重要な軸になるだろう。たとえばコンサルティングファームのようなBtoBの会社でも、顧客第一主義としてクライアントファーストを軸に据えている会社は多い。

研究開発を軸にした会社なら、新たに生み出す製品によって、世の中を良くしていくことが軸になるかもしれない。その際には「社会」や「地域」が軸になるだろう。

こうして定義した**譲れない軸は、求める人材像と言い換えられる**。会社として実現したい成果や提供したい価値と、求める人材像との整合性を確認して調整すれば、等級制度はさらに使いやすいものとなる。

2日目
月給制度
【人を雇うための基準を定める】

> やるべきこと
- ●市場水準を調べる
- ●払う金額を定める
- ●等級ごとの下限と上限を定める

> メリット
- ●ビジネスが求める人材を雇うのにいくら払うべきかがわかる
  参画した人が自分のキャリアを描くための基準になる

1. 等級制度をつくったのちに報酬を考える

　等級フレームと区分ごとの定義が明確になったら、次に決めるべきは報酬の仕組みだ。

　人事制度とは報酬制度のことだ、という人もいるくらい、人は結局いくら払うべきか／もらえるのか、ということに注目する。ただ、何に対して払うのか、ということをあらかじめ考えなければ値決めできない。
　だから等級制度で、求める職種と役割の大きさを定めた。
　もし、いきなり報酬について記したこのページを開いた人は、ぜひ1日目の等級制度部分から読み直してほしい。

【　雇える金額を調べることから始める　】

　ファストトラックでの報酬制度設計では、求める人材を雇うために、いくら払わなければいけないかを調べることから始めよう。

　たとえばあなたが飲食店のホールスタッフのアルバイトを雇いたいとしよう。このとき、近所の飲食店を回ったり、Webでアルバイトの募集広告を見たりするだろう。
　アルバイトではなく従業員として雇う場合にも、給与の相場はWebで確認できる。類似業種や競合他社の採用広告を見ればよいからだ。どうしても数字の参考がない場合には、会社に対する口コミサイトを見るのもよいだろう。
　他社の給与水準を調べる際には、高すぎる金額や低すぎる金額を除外せずに、しっかり調べて記録しておくことをお勧めする。先ほどの飲食店のホールスタッフの例でいえば、以下のような表を作ることだ。

A店	1,500円	リーダー候補	試用期間あり（金額未記載）
B店	1,300円	ホールスタッフ	試用期間3か月
			試用期間中は1,200円
C店	1,200円	ホールスタッフ	試用期間未記載
D店	1,150円	ホールスタッフ	試用期間未記載
E店	1,100円	リーダー候補	試用期間6か月
			試用期間中は1,000円

2. 払う金額を定める

　採用広告の記載は必ずしも正確でないことがある。たとえばこの例のA店はもしかすると試用期間は1,100円で、かつリーダー候補として合格してはじめて1,500円になる、ということを隠しているかもしれない。

　また、高い給与水準は魅力的だが、逆に高すぎるとかえって敬遠されることもある。
　これらの調査結果を踏まえて、いくらで採用をかけるか考えてみよう。
　D店、E店よりも優位でありたい。
　A店と張り合うことは難しい。
　だからB店、C店と同等となる1,200円で採用をかけてみよう、と決めることが多いだろう。

　これらの手順を、等級定義で定めた等級フレームそれぞれについて繰返し、それぞれの職種や等級に対して払う金額を定めよう。
　飲食店の等級フレームでいえば、キッチンスタッフ、ホールスタッフ、キッチンリーダー、ホールリーダー、ストアマネジャーそれぞれについて他社の給与水準を調査し、自社で支払う金額を決めるということだ。

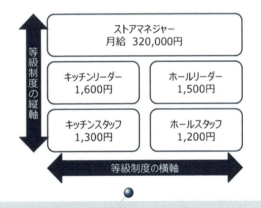

職種によって給与額は違ってよいのか

　飲食店では、キッチンスタッフとホールスタッフを区分して時給を設定するだろう。

　それぞれ仕事が違うし、求める能力も違う。キッチンスタッフなら調理師免許があるほうが良いし、ホールスタッフならコミュニケーション能力が高い方がよい。

　他店の調査をしてみても、時給水準が違うことがわかる。だからそれぞれについての給与設定をすることについて疑問は生じにくい。

　けれども正社員に対しても同様に考えてよいのだろうか。

　たとえばIT人材を派遣するSES事業を立ち上げるとする。IT人材について、プログラマとシステムエンジニアは区分したいので縦に分けてみたとしよう。それに加えて、営業と経理・総務担当も雇いたい。そしてそれぞれに縦階層に管理職を置きたいので、プロジェクトマネジャー、営業課長、管理課長として設定してみた。

　この時、プログラマの給与と営業、経理・総務担当の給与が違ったとしてもおかしくはない。

　しかし大企業出身の方だと、違和感を覚えるかもしれない。なぜなら大

企業では、新卒一括採用をすることが多いので、職種が違っても給与水準が同じだったりするからだ。

ではこれから立ち上げたり、あるいはまだ小規模の場合に、異なる等級フレーム間で給与水準をそろえるべきかどうかの判断をどうすべきだろうか。
　その基準は**キャリアパスに異動を組み入れるかどうか**だ。
　実際にあった例でいえば、ある会社では営業や経理・総務担当もすべてプログラマ出身者で構成していた。現場の仕事がわかっている人が営業や管理業務を行うべきだという方針からだ。だからキャリアとして職種間異動があたりまえにある。
　その場合、職種が変わって給与水準が変わると、異動に損得が発生してしまう。だからその会社では、職種を問わず共通の報酬水準とした。
　ただし、評価制度を変えることで、それぞれに求める役割や能力を明確にしていた。

3. 同一職務内での昇給のために給与に幅を設ける

　等級フレームにあわせて標準となる給与額を設定したあと、それぞれのフレームにあわせて、給与に上下の幅を設定しよう。
　幅を設定する目的は、仕事への習熟などにあわせて昇給する幅を設けるためであり、一般的には給与レンジと言う。

では具体の給与レンジの検討に入る前に、まず昇給とは何か、ということをあらかじめ考えておこう。
　なんらかの基準で支払う給与を増やすことが昇給だが、その基準としては、等級の定義で検討した、職務や能力などが用いられる。もし等級が交わるような職務の変動があった場合に、給与を増やすことについて異論はないだろう。このような変動を昇格と言うが、飲食店の例でいえば、ホールスタッフからホールリーダーになったり、IT会社でいえばプログラマからシステムエンジニアになったりするなどだ。

　けれども同じ職務の状態で給与を増やすことは必要なのだろうか。
　飲食店の例がわかりやすいだろう。たとえば1,200円で雇ったホールスタッフがいる。なかなか優秀な人で、仕事の覚えが早くてお客さんの評判もよい。ホールスタッフと話すことを目当てに来店するお客さんもいるくらいだ。
　さてこの時、経営者であるあなたは次のどのように考えるだろう。

> 1. これくらいのことはホールスタッフとして当然だろう
> 2. 良い人材を雇ってお得だった

　仮にあなたが1のように考えるのなら、昇給させようとは思わないだろ

う。仕事と給与とが整合していると思うからだ。

　しかし、この考え方は危険性をはらんでいる。仮にホールスタッフが複数いる場合、全員の給与が一緒のままだと、優秀な人に不満が出るからだ。そうしてもしかすると店をやめてしまうかもしれない。あるいは自分だけ率先して仕事をすることがばかばかしくなって、パフォーマンスが悪くなってしまうかもしれない。だから昇給のルールは定めておいた方がよい、ということになる。

　一方であなたが2のように考えるのなら、率先して昇給のルールをつくることになる。そして上記のような不満が出る前に、やる気を高めて長く働いてもらえるように働きかけることだろう。
　同じ職務を続けている間でも昇給させることで、離職を防止し、モチベートさせることができる。

【　給与の上限を定める　】

　しかし昇給させるにしても、青天井での昇給は現実的ではない。
　給与は人件費であり、売上をあげて利益を残すための手段としての人材に支払う費用としての側面が強いからだ。

　飲食店の例で、仮に1時間ごとに来店するお客さんが10人で、平均して2,500円支払うとする。すると1時間の平均売上は25,000円になる。
　この時、時給1,200円のホールスタッフが2名、時給1,300円のキッチンスタッフが2名、月給320,000円のストアマネジャー（時給換算2,000円）だとすると、人件費は7,000円だ。
　食材などの費用が売上の30％かかり、時間あたり地代家賃や光熱費が20％かかるとする。
　となると、売上25,000円のうち、残るのは5,500円。

店を出すときの設備の減価償却が仮に時間換算で1,500円かかるとすれば、残りは4,000円だ。ここで利益を残さないと店は立ちいかなくなるので、昇給させられる幅はその半分の2,000円くらいということになるだろう。

これをストアマネジャーを含む5人で割ると400円。時給換算での加重平均で、おおよそストアマネジャー570円、キッチンスタッフ370円、ホールスタッフ340円が許容幅という計算ができる。

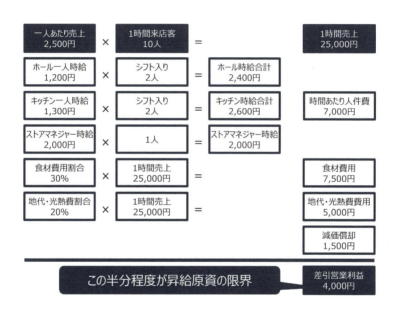

つまり、**確実に利益を残す前提で、ビジネスを回すのに必要な人材に対して昇給させられる限界を計算することが、あるべき給与の幅設定**だ。

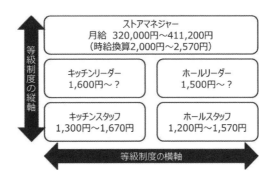

【 給与幅の整合性を確保する 】

　こうして考えてみた時、給与額が矛盾してくる場合がある。今回の例でいえば、ホールスタッフやキッチンスタッフの上限額が各リーダーの時給額を上回ってしまっていることと、キッチンリーダーとストアマネジャーの差がもともと400円しかないので昇給を可能にすると簡単に逆転する可能性があることだ。

　先ほど考えてみたのは、いくらまでなら昇給させられるか、ということだった。

　しかしその枠をすべて使い切るのではなく、等級との整合性を確保して再設定してみよう。それはたとえば、スタッフの給与レンジは200円、リーダーの給与レンジは300円、ストアマネジャーを400円とするなどだ。そうすると上位等級との逆転はなくなる。

　これを、エクセルを用いてグラフにしてみると、一層わかりやすくなる。

時給表

	ホールスタッフ	ホールリーダー	キッチンスタッフ	キッチンリーダー	ストアマネジャー
下限	1,200	1,500	1,300	1,600	2,000
幅	200	300	200	300	400
上限	1,400	1,800	1,500	1,900	2,400

月給表　　　160時間相当

	ホールスタッフ	ホールリーダー	キッチンスタッフ	キッチンリーダー	ストアマネジャー
下限	192,000	240,000	208,000	256,000	320,000
幅	32,000	48,000	32,000	48,000	64,000
上限	224,000	288,000	240,000	304,000	384,000

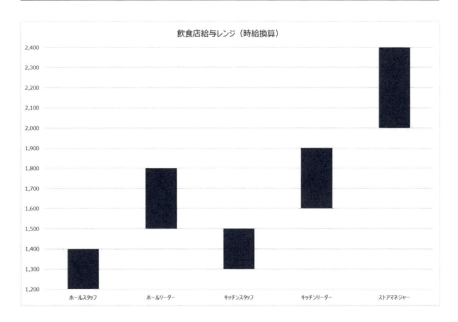

　給与幅設定におけるポイントは、下位等級の上限額と、上位等級との下限額の関係でみるとわかりやすい。

　この飲食店の例でいえば、ホール、キッチンともにスタッフとリーダーの上限と下限は100円離れている。これはつまり、スタッフからリーダー

に昇格すると、必ず時給が増えるということだ。これを昇格昇給という。

　もしスタッフの上限とリーダーの下限が重なっているとどうなるだろうか。仮にスタッフの給与幅を400円、リーダーの給与幅を600円として設定してみる。

時給表

	ホールスタッフ	ホールリーダー	キッチンスタッフ	キッチンリーダー	ストアマネジャー
下限	1,200	1,500	1,300	1,600	2,000
幅	400	600	400	600	400
上限	1,600	2,100	1,700	2,200	2,400

月給表　160時間相当

	ホールスタッフ	ホールリーダー	キッチンスタッフ	キッチンリーダー	ストアマネジャー
下限	192,000	240,000	208,000	256,000	320,000
幅	64,000	96,000	64,000	96,000	64,000
上限	256,000	336,000	272,000	352,000	384,000

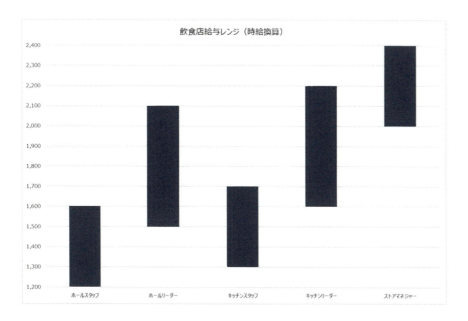

　このような給与レンジ設計で、ホールスタッフとして1600円になっている人がリーダーに昇格したと仮定しよう。このとき1600円はすでにホールリーダーの給与幅に含まれているので、昇格したから昇給する、という設定は別途つくらなければいけなくなる。

　この時のデメリットとして、昇格を嫌がる人が生まれてくる、というものがある。もしリーダーの仕事が大変だとしたら、自分はスタッフのままの方が良い、と思う人が出てもおかしくはない。

　またそもそも昇格しない人はどういう人かというと、リーダーを任せられない人かもしれない。だとすると、いち早くホールリーダーに昇格した人の時給が1500円で、長年昇格しないままでだらだらと昇給している部下の時給が1600円、という逆転現象すら起きるかもしれない。

　だからそれぞれの仕事の責任や求められる能力をはっきり定める場合には、給与の幅が重ならないようにする方がいいだろう。専門用語では、下位等級の上限が上位等級の下限を超えている状態を**重複型給与レンジ**、下

| 1日目 ▶▶ 2日目 ▶▶ **3日目** ▶▶ 4日目 ▶▶ 5日目 ▶▶ 6日目 ▶▶ 7日目 |

位等級の上限と上位等級の下限が一致している状態を**接続型給与レンジ**、それぞれの金額に開きがある場合を**開差型給与レンジ**という。

では、いくらの給与幅が望ましいのか、それは上下等級の関係に加えて、次の改定ルールの設計と関わってくる。
なお、より具体的な給与レンジ設計については詳細編で説明する。

必ず下限給与から雇わなければいけないのか

採用広告には給与の幅を設けて記載されていることが多い。キッチンスタッフ1300円〜1500円、のような形式だ。
この時、応募者に対して一律で1300円の時給を示すべきだろうか。
たとえばキッチンスタッフとして他店での経歴があり、即戦力になる期待があるとしたら？

もし即戦力として期待でき、すぐにでも活躍してほしいのなら、必ずしも下限給与ではなく、その能力に見合った給与を提示することが望ましい。仮に1年に50円の昇給が標準だとして、2年程度の経験が見込まれるのなら、最初から1400円の時給を提示するなどだ。給与の幅を設ける目的には、採用時の給与額を調整する機能も含まれている。

ただ、実際にその経歴が期待通りかわからない場合のために、試用期間は下限給与額として、そのあと給与額を見直すなどの方法をとる場合もある。しかしそれだと、経歴に見合った給与ではない、と判断されて、入社を応諾してくれないかもしれない。
人材難が見込まれるこれからの時代においては、採用時点から給与額を調整することを念頭に置いて制度を構築することが望ましいだろう。

3 日目
頑張る仕掛けをつくる
【給与改定ルールの設計】

> **やるべきこと**
> ● 標準給与改定額を決める
> ● 評価項目を決める
> ● 給与改定額のメリハリを決める
>
> **メリット**
> ● 何をすれば認められるかがわかる
> ● 正しく行動し成果を出している人をモチベートできる

1. 標準給与改定額と評価項目を決める

　給与改定のルールを作る前に、ファストトラック2日目で検討した**昇給とは何か**、ということについてあらためて思い出してみよう。
「**同じ職務を続けている間でも昇給させることで、離職を防止し、モチベートさせる**」ことが昇給の目的だと記した。
　この考え方には異論はあるし、昇給とはそもそも給与を労働市場水準にあわせて調整していくものだ、という意見もある。
　ただ、ファストトラックではシンプル化するために、昇給＝モチベートとして定義する。より詳細な検討については、詳細設計編を確認してみてほしい。

　ではいくら昇給させるべきだろうか？
　ファストトラック編の基本的な考え方は、昇給のあるジョブ型、としている。つまりそれぞれの職務＝ジョブについて労働市場水準をみながら給与を設定する仕組みだ。そのために給与設定の際に、同業他社情報などを収集した。
　となると昇給についても、同業他社や同地域他社がどのようにしているのかを確認して、それに合わせていくことが考えられる。横並びであまりよくない、と思うかもしれないが、転職が当たり前の時代には、労働市場水準にあわせていかないことには、優秀な人から転職してしまう。
　だから**少なくとも他社と同等以上の昇給を行えるように、事実としての他社動向を調査しよう。**

　ただ、採用時の給与と違って、昇給額についての情報はなかなか集まらない。
　そんな時お勧めしたいのは、厚生労働省の公的なデータだ。

毎年調査が行われている「賃金引上げ等の実態に関する調査」を確認してみると企業規模や産業別に、前年度の平均昇給額や昇給率が記載されている。仮に平均が3.2％だとしたら、それを基準として昇給額の標準額を決めるといい。たとえば1200円の時給だと、1200円×3.2％＝38.4円≒40円とするなどだ。月給32万円なら、10240円になるが、これはシンプルに10000円としよう。
　これらを標準給与改定額として仮置きしてみる。

【　どうすれば昇給するか＝評価項目を決める　】

　次に、その昇給額がどのような場合に適用されるかを考えてみよう。
　あなたが経営者として、どんな従業員を昇給させたいか、を考えてみるといい。

- ・長く務めている人だろうか？（年功）
- ・頑張っている人だろうか？（努力≒情意）
- ・能力を発揮している人だろうか？（能力）
- ・仕事をスムーズに執り行っている人だろうか？（職務）
- ・成果を出している人だろうか？（成果）

　ここにあげた5つの要因は、それぞれ人事の評価項目としてよく用いられているものだ。

| 1日目 | ▶▶ | 2日目 | ▶▶ | 3日目 | ▶▶ | 4日目 | ▶▶ | 5日目 | ▶▶ | 6日目 | ▶▶ | 7日目 |

　この項目のうち、どれを使えばよいのだろう。

　繰り返すが、職務が同じなら昇給させなくてもよいだろう、という発想はたしかにある。しかしここでは、昇給により従業員をモチベートするために、しっかり昇給の仕組みをつくろう。

　そのためのポイントは、最後に評価する時点ではない。**採用したときや年度初めなど、期待を先に示すことの重要性から考えることだ**。その上で、誰がどのように評価するのかということを決める。

　そして最後に評価と昇給額の連動ルールだが、その際にも**実際に評価して昇給したときの本人と周囲への影響を考えておく**と確実だ。

　たとえば能力で評価するよ、と伝えておくことで、従業員は自己研鑽を進めるかもしれない。その結果としてどれだけの能力を獲得したのかをテストすることで、能力レベルがわかる。テスト結果に基づいて昇給すれば、本人も周囲も納得しやすくなる。

【　5種類の評価項目　】

　何らかの項目で評価をする、と伝えた結果、それ以外の項目に対しておろそかになるかもしれない。たとえば、能力で評価する、と決めて伝えたところ、職務や成果、努力などについて意識を向けなくなるかもしれない。能力テストでよい点数を取るために勉強や練習はする。けれどもそれが成果につながらなかったとしても気にしなくなる可能性は十分に考えられる。

　それぞれの評価項目は、評価項目として選ばれたときと、選ばれなかったときにどのような影響を及ぼすかを考えておこう。

能力	項目として選んだ時	⇒	自己研鑽が進む
	項目として選ばなかった時	⇒	自己研鑽しなくなる
職務	項目として選んだ時	⇒	都度の職務をまじめに実行する
	項目として選ばなかった時	⇒	職務で手を抜くかもしれない
成果	項目として選んだ時	⇒	成果を出すことに精力的になる
	項目として選ばなかった時	⇒	成果に意識を払わなくなる
努力	項目として選んだ時	⇒	目に見えるように努力をするようになる
	項目として選ばなかった時	⇒	努力について意識しなくなる
年功	項目として選んだ時	⇒	長期勤続に対して前向きになる
	項目として選ばなかった時	⇒	勤続年数を意識しなくなる

　上記のように考えた時「だとすればすべてを評価項目にすればよいのでは」と考えるのはごく自然ななりゆきだ。

　実際に多くの企業で導入している評価項目は、能力、職務、成果を網羅的に評価するとともに、給与改定によって年功もある程度反映する。努力だけは評価にそのまま反映することはないが、目に見える努力を見て、評価者が能力や職務についての評価に手心を加えたくなる可能性はあるだろう。典型的な評価制度や人事制度と評価項目の関係性は、次のようなものだ。

- 目標管理制度　　　　　：職務に対する期待を項目として成果の達成度を評価する
- 行動（能力）評価制度：職務ごとに定めた行動（能力）項目に基づいた発揮度を評価する
- 役職手当　　　　　　　：職務の大きさに基づいて手当額を定める
- 給与改定　　　　　　　：毎年給与改定するということはそれ自体が年功処遇の要素を持つ

【　行動や能力を評価して給与改定する会社が多い　】

　今回のファストトラックでは、給与改定に用いる評価項目として、職務として求める成果の概要、そして行動と能力項目をお勧めする。

　実際に多くの会社で、能力や行動項目を軸にして給与改定を行っている。成果評価は行うが、ファストトラック５日目で検討する賞与への反映とする会社が多い。

　なぜ成果評価を賞与に反映するかといえば、成果は能力や努力によってのみ決定するのではなく、むしろ環境要因の方が大きい場合があるからだ。

　去年よりも能力は高まり、努力水準も大きいが、市況によって成果が小さくなってしまうことはある。そんな場合に、生活費に直結しやすい月給の改定に成果評価結果を反映すると、極端にアップダウンする可能性もある。逆の場合もあり、真面目に働いていないし、努力もしていないのに、たまたま成果が出た場合に月給を増やしてよいのか、という問題だ。

　逆に能力は高まったからと言ってすぐに成果に出るわけではない。けれども中長期的に見れば、ひとりひとりの従業員の能力が高まれば、会社としての成果は出やすくなる。中長期的な成長と生活に関わる月給との関係性はわかりやすい。日々頑張って成長すれば月給が増える、という説明に納得する人も多い。

　であれば努力や年功に基づいて給与改定すればいいのでは、と思う人もいるだろう。

　実際、努力しているかどうかを給与改定の評価項目に含めている会社はあるし、年功に基づいて給与の一部が毎年自動的に増える仕組みにしている会社もある。月給全体でなくとも、一部に反映することで、会社からのメッセージになるからだ。

　ただ、近年の人事制度改定の流れで見れば、努力や年功を項目から外す

会社は増えている。的外れな努力を認めるわけにはいかないとか、上司の目の前だけで頑張っているふりをされても困るなどの理由だ。

年功については、高齢化が進み雇用年齢上限が65才や70才に高まっていく現在、年功で昇給させてしまうと人件費が右肩上がりになりすぎる、という問題がある。

【　少人数でも評価を制度化したほうが良い理由　】

あなたがどの評価項目を採用するにしても、それを公正な形で評価しなければいけない。

経営者によっては、好き嫌いで評価をする方が自然だ、という人もいる。しかしそれだと制度としての意味がない。好き嫌いで評価をするのなら、そもそも名前と給与を一覧化して、経営者がそれぞれに対して思い思いの新給与額を記入すれば事足りるからだ。

経営者が全社員の能力や職務、成果、努力状況などを把握できているくらいの従業員数ならそれでもよいかもしれない。ファストトラック編を読んでいるあなたの会社で、まだ従業員数が一けた台のこともあるだろう。

けれども、**事業を成長させたいのなら、制度にしたほうが良い。**

評価制度とは、経営者が把握できる人数より多くをマネジメントするためのインフラであり、そのために伝えるべき行動や成果の項目となるからだ。

経営者もやがて年を取る（人が年を取るということは人事における最重要キーワードなので覚えておいてほしい）。若いころは適切な判断ができた人も、年齢を経て判断力が落ちることもある。なによりも恐ろしいのは、長年の経験が環境変化に合わなくなってしまっていることに気づかず、経営者の頭の中にある感覚的な評価項目に沿って人を処遇してしまうことだ。

しかし**制度が明確になっていれば、環境変化に合わせて何を変えるべきかを判断しやすくなる。**

実際に、従業員数人の状態からでも弊社に相談していただき制度を構築した例は結構多いし、そのことがそれらの会社ののちの成長につながってもいる。

【 評価方法は結果からでなく前向きに設計する 】

評価方法を検討するときにやりがちな間違いは、評価表のイメージから評価方法を定めてしまうことだ。まるで通信簿をつけるように、その人の過去を振り返って評価をするプロセスを前提としてしまった考え方だ。

けれども評価とは、確かに給与改定につなげてゆくためのものではあるが、信賞必罰のツールとしての側面を強めすぎるとうまく機能しない。これは人間の感情を踏まえて考えてみると当然のことであり、弊社が開催する評価者教育でも徹底して伝えていることだ。

人はダメ出しをされると逆切れする生き物だからだ。

特に、自分に非があるとわかっている状況でそのことを指摘されたり、否定されたりすると、決して納得することはない。

そもそも**評価というマネジメントインフラは、組織としての成果と、個人の成長とを一致させる仕組みとして生まれてきたものだ。**だから成長期待と組織としての成果とを連動させる形で期初にどのように伝えるか、ということから考えたほうがうまくいきやすい。

通信簿形式の評価　　評価決定方法から検討
逆算形式でプロセス設計　←

個人の成長と成果とを連動させる評価
成長と成果との関係を共有　→　活躍のためのプロセス設計

【　期初の共有のための項目をつくる　】

　そうして考えてみるとそれぞれの評価項目によって、考えるべき項目はシンプルになる。年功を除いた4つの項目について、成長期待と成果とを連動させるための考え方を紹介しよう。

　重要なことは、いずれも事前の合意であり共有だ。その年度が始まるとか、あるいは採用した時点でこれらの項目を示す必要がある。
　ファストトラック1日目に作った等級フレームごとの成果、詳細な職務、能力を思い出してみよう。

　実は**等級フレームごとの定義こそが、評価の項目となる**。等級定義と評価は決して別々のものではなく、等級フレームごとの定義をより分かりやすく示したものが評価の項目なのだ。

　等級フレームごとの定義を作る際にはあいまいだった文章を、評価項目とするためにシンプルかつ分かりやすく整理しなおそう。
　たとえばホールスタッフであれば、あなたは最初に何を期待として示し

たいだろうか。

できれば等級定義に記した成果、職務、能力のすべてを期待として示したいのではないだろうか。

だとすれば、示すべき順序を考えよう。わかりやすいのは、成果⇒職務に求められる行動⇒能力の順だ。

> 「新人ホールスタッフであるあなたに期待したいのは、接客しているお客様に満足した時間を過ごしてもらうためのお手伝いです。
> そのために、タイムリーに注文を伺い、手際よく配膳し、お客様が帰られたあと次のお客様を迎えるための片付けをしてください。それらをスムーズに執り行うためには、社会人としてのビジネスマナーが必要です。
> お客様から注文を伺うだけでなく、店舗のほかのスタッフとの円滑なコミュニケーションをしていただく能力が求められます。
> そしてちょっとしたことに気づける意識があれば、あなたは当店舗にとって最高の人材です」

こういう風に期初に伝えることができれば、そのホールスタッフは気持ちよく働けるだろう。そして期末にはそれらの実績を確認すればよい。

2. 評価基準と評語を定める

評価項目を定め、事前に確認する具体的内容を決めたら、それをどのように評価するかという基準を決める。簡単にいえば、できたかどうかをチェックする基準だ。

たとえば能力評価なら、●●ができること、などの基準を設けたうえで、それができたのならA評価、というように決める。ここでいうA評価、

などの単語を評語という。

この評語は1つではなく、複数設定する。できた、に対して、できなかった、があるのなら、それはたとえばB評価かもしれない。

この、できた、できなかった、に段階を設けることも多い。とてもよくできた、という段階や、全くできていない、という段階などを増やすということだ。

これらを定めて評語として具体化する。

> とてもよくできた ⇒ S評価
> できた   ⇒ A評価
> 若干不足   ⇒ B評価
> できなかった ⇒ C評価

細かい話でいえば、評語の段階数は、偶数段階だと上振れしやすいと言われている。

ただそれは信賞必罰のための評価の場合で、期初の合意を経て期中の活躍を目指す評価の場合には、むしろ**「できた時のA評価」の基準をはっきりさせることが重要**だ。

仮に若干不足のB評価となる場合でも、期中の上司からの支援がしっかりしていれば、未達であることにお互いに納得ができていて、翌期に向けた熱意が維持されるはずだ。

そしてできなかった、ということを示すC評価は、意欲の不足などを明らかに示すものなので、評価時に迷うことはないだろう。

あとは、素晴らしくできた場合のS評価判断だけだが、これは数字基準などを定めるのではなく、皆が認める場合に限定する、などのほうが納得性が高い。

| 1日目 | 2日目 | **3日目** | 4日目 | 5日目 | 6日目 | 7日目 |

【 総合評価をどう判断すべきか 】

　等級定義の成果、職務、能力は順を追ってしっかり示したが、個別項目ごとの評価を踏まえ、最終評価をどう定めるか考えてみよう。

　成果も職務も能力も、すべて問題なく実現できたのなら問題はない。けれども多くの場合にはそうはいかない。
　たとえば以下のような項目毎の個別評価をふまえて、あなたはこのホールスタッフを総合的にどのように評価したいだろうか。

	定義	実績	評価 とてもよくできた⇒S評価 できた⇒A評価 若干不足⇒B評価 できなかった⇒C評価
期待される成果1	接する来店客の満足	接客しているお客様の評判がよい	A
詳細な職務1	注文伺い	すぐに気づいて対応している	A
詳細な職務2	配膳	調理スタッフとのミスコミュニケーションによる配膳忘れが目立つ	B
詳細な職務3	片付け	新規客への対応を優先し、他人に任せていることがある	C
能力1	ビジネスマナー	仲良くなった顧客への言葉がなれなれしい	B
能力2	コミュニケーション力	好き嫌いがコミュニケーションにあらわれている	C
能力3	気づき	注文や会計への気づきが早い	A

仮にSABCをそれぞれ4点、3点、2点、1点として、合計を計算すれば15点。
　すべてAだったら3×7＝21点、すべてBだったら2×7＝14点なので、「若干不足」と「できた」の間だから昇給させるべきだろうか。あるいは昇給なしが妥当だろうか。

　評価のあるべき姿として、BやCがついてしまっている項目について、都度店長やリーダーから指導がされているという前提で考えるなら、それでも改善できていなかった、ということになる。
　だとすれば、良い点もあるがよくない点もあるので、総合的には高い評価を付けづらい。

　そのような基準を明確に定めておくことが、個別評価と総合評価との紐付けだ。

| 1日目 | ▶▶ | 2日目 | ▶▶ | 3日目 | ▶▶ | 4日目 | ▶▶ | 5日目 | ▶▶ | 6日目 | ▶▶ | 7日目 |

合計点数方式（項目数が決まっている場合に利用可能）

個別評価	項目別点数		7項目の合計点数 ※該当ランク評価4つ、上位評価3つの合計を閾値として設定			最終評価	評価の意味
S	4		24	〜	−	最終S	期待を超えている
A	3		17	〜	24	最終A	期待に応えてくれている
B	2		10	〜	17	最終B	頑張ってくれている
C	1		7	〜	10	最終C	努力が必要
			以上		未満		

平均点方式（項目数に関わらず利用可能）

個別評価	項目別点数		7項目の合計点数 ※該当ランク評価4つ、上位評価3つの合計を閾値として設定			最終評価	評価の意味
S	4		3.5	〜	−	最終S	期待を超えている
A	3		2.5	〜	3.5	最終A	期待に応えてくれている
B	2		1.5	〜	2.5	最終B	頑張ってくれている
C	1		1	〜	1.5	最終C	努力が必要

評価は厳密にすべきか？

　仮に総合点数がしきい値の17点になったとして、ルール通りならAだが、総合的に判断してあなたはB、と一段階引き下げて伝えるのは適切だろうか。
　あるいは合計は11点だったが社長のお気に入りだからBとすることはありだろうか。
　そしてこの二人が結局同じ評価ということに、合理性はあるだろうか。

　評価運用における正解はない。ただし、制度としてルール化する際に起きる葛藤について、どんな基準で考えるべきか、という軸はある。それは、その結果組織がどのような風土になっていくか、だ。あなたは次のどちらの風土にしたいかによって、選択しなければいけない。

●数値の結果で厳密に評価を決定
　公正性が担保された組織風土／感情的な判断は好まれない

●数値を参考に総合的に評価を決定
　感情面に配慮した組織風土／厳密なルールは好まれない

　ここまでの検討を踏まえ、評価シートのサンプルを示そう。
　評価シートは上司と部下との間のコミュニケーションツールとして活用する。そのため、期待やコメントを書く欄を設けておくほうが良い。

　本書で用意しているファイルには、点数を計算して最終評価まで自動で出るようにしている。
　もしデジタルな評価を好まないのであれば、その関数を外してもらえば

よいだろう。

　なおファイルには等級定義のシートもつけており、そこから評価シートに項目を引用している。等級別などの評価シートを作成する際には、シートをコピーして使ってほしい。

3. 給与改定額のメリハリをつける

総合評価が決まったら、それぞれに対する給与改定額を決める。
この章の最初に決めた標準給与改定額をA評価の欄にあてはめよう。
そしてS、B、Cそれぞれにいくらの給与改定額を設定するかを検討する。
さてここであえて昇給といわず、給与改定と言ってきた理由を説明しよう。それは**給与改定は必ずしも昇給だけではないからだ。現状維持もあるし、場合によっては減給だってある**。だからこそ、給与改定と書いてきた。
では時給と月給についてそれぞれ複数の案を示そう。あなたはどちらがしっくりくるだろうか。

【時給1200円スタートのホールスタッフ】

	案①	案②
総合S評価	60円昇給	80円昇給
総合A評価	40円昇給	40円昇給
総合B評価	20円昇給	現状維持
総合C評価	現状維持	40円減給

【月給320,000円のストアマネジャー】

	案①	案②
総合S評価	15,000円昇給	20,000円昇給
総合A評価	10,000円昇給	10,000円昇給
総合B評価	5,000円昇給	現状維持
総合C評価	現状維持	10,000円減給

案①は最低評価でも現状維持なのに対して、案②は最低評価だと減給になる。その代わりS評価の昇給額が大きい。

| 1日目 | ▶▶ | 2日目 | ▶▶ | **3日目** | ▶▶ | 4日目 | ▶▶ | 5日目 | ▶▶ | 6日目 | ▶▶ | 7日目 |

　これらの案のどちらを選ぶべきか。またどちらかの案を選んだ上でさらにどうアレンジすべきか。
　その**判断基準は、低評価者に対してどのように処遇したいか**、ということだ。

【　低評価者の処遇に注意しよう　】

　最低評価がついた人に対して、あなたはどのような処遇をしたいかをまず考えてみよう。
　たとえば飲食店のホールアルバイトを3人雇った。それぞれの評価をしたところ、十分満足できる能力のA評価が1名、少し足りないB評価が1名、期待外れのC評価が1名だったとする。
　この時つい、高い評価のアルバイトにどう処遇するかを考えてしまうが、逆に、低い評価のアルバイトの処遇から考えたほうがよい。高い評価を受けた人のやる気の高まりより、低い評価の人が周囲に与える悪い影響のほうが甚大だからだ。
　C評価のアルバイトは、日々の業務状況などからC評価がついた。上司からの指導もあっただろうし、同僚の協力もあっただろう。それでもC評価がついたということは、周囲に迷惑をかけている可能性が高い。
　少なくとも、A評価のアルバイトから見れば、なぜ自分と同じ時給なのか、ということに不満があるだろう。B評価のアルバイトにしても、不満を持つ可能性がある。

　そのような状況で評価をして、評価に差がつくだけで大丈夫だろうか？
　案①の例でも案②の例でも、A評価、B評価は昇給し、C評価は現状維持か減給だ。だから少なくとも、なぜ同じ時給なのか、という不満は解消されるだろう。
　しかしその状況でC評価のアルバイトはどんな行動をとるだろう。

低評価を受けて反省し、しっかり努力してくれるのならよい。けれども、低評価がつく人が簡単に改心するだろうか。むしろ低評価に逆切れして、周囲に当たり散らす可能性はないだろうか。

　そうなると、A評価、B評価のアルバイトからすれば、C評価のアルバイトと一緒に働きたくない、という思いが強まる可能性だってある。

　だとすれば、あなたが考えるべきは、C評価者に辞めてもらうことかもしれない。

　しかし退職勧奨が難しいとすれば、そのきっかけをどうつくるかだ。そのためにわかりやすい方法は減給だ。減給されてなお前向きでいられる人は少ない。

　だからあなたが、低評価者にも残って活躍してほしいのなら案①を選ぶべきだし、低評価者に辞めてほしいのなら案②を選ばなくてはならない。

　なお、この例はアルバイトだから、辞めてほしい、という選択肢を選びやすいかもしれない。

　仮に社員のストアマネジャーでC評価をとる人がいたとしたら、あなたはその人に対してどのように処遇したいだろうか。辞めてもらいたいかもしれないが、ストアマネジャーの変わりは簡単には雇えない。だとすると不満を持ちながら働き続けてもらうべきだろうか。

　それを解消するためには、昇格候補を常に意識し続けることが必要だ。

【　メリハリが決まれば給与ピッチが決まる　】

　こうして給与のメリハリが決まると、給与ピッチが決まる。

　給与ピッチは、号俸金額と言ったりするが、給与表の1段階の金額のことだ。これは給与のメリハリの最大公約数として設定する。

　給与改定ルールを案①とした場合、S：60円、A：40円、B：20円、

C：±0となるので、最大公約数は20円だ。

　ファストトラック2日目で、ホールスタッフの給与下限を1200円、幅を200円としたので、そこに当てはめてみると、200円の幅は20円×10段階になる。

号俸	ホールスタッフ
1	1,200
2	1,220
3	1,240
4	1,260
5	1,280
6	1,300
7	1,320
8	1,340
9	1,360
10	1,380
11	1,400

　1200円で同時に採用されたスタッフたちは、S評価なら1260円、A評価なら1240円、B評価なら1220円、C評価なら1200円となる。

　これらをすべて体系化すると、給与テーブルとしての号俸表と給与改定表が完成する。

3日目 頑張る仕掛けをつくる【給与改定ルールの設計】

	ホールスタッフ	ホールリーダー	キッチンスタッフ	キッチンリーダー	ストアマネジャー
下限	1,200	1,500	1,300	1,600	2,000
幅	200	300	200	300	400
上限	1,400	1,800	1,500	1,900	2,400
号俸ピッチ	20	30	20	30	40

評価	給与改定額				
S	60	90	60	90	120
A	40	60	40	60	80
B	20	30	20	30	40
C	0	0	0	0	0

号俸	ホールスタッフ	ホールリーダー	キッチンスタッフ	キッチンリーダー	ストアマネジャー
1	1,200	1,500	1,300	1,600	2,000
2	1,220	1,530	1,320	1,630	2,040
3	1,240	1,560	1,340	1,660	2,080
4	1,260	1,590	1,360	1,690	2,120
5	1,280	1,620	1,380	1,720	2,160
6	1,300	1,650	1,400	1,750	2,200
7	1,320	1,680	1,420	1,780	2,240
8	1,340	1,710	1,440	1,810	2,280
9	1,360	1,740	1,460	1,840	2,320
10	1,380	1,770	1,480	1,870	2,360
11	1,400	1,800	1,500	1,900	2,400

ファストトラック編　今から人事制度を一から作るなら

詳細設計編　すでにある人事制度を改定するには

*4*日目
成長のための期待を示す
【昇格・任用基準の設計】

> やるべきこと
- ●上位で求められる能力や職務を具体化する
- ●それらの能力や職務を獲得するチャンスを与える
- ●対象者がその基準を満たしているか確認する

> メリット
- ●ビジネスの成長と個人の成長とが連動するようになる
- ●あたらしく入ってくる人たちの手本となる人材が育つ

1. 正しい制度の前に、モチベーションのすり合わせが大事

　最初から高いレベルの能力を持っている人は、まれに存在する。しかし大半の人はそうではない。誰しも最初は初心者なのだ。
　だから昇格を考えるときには、まず今いる人材に対して、成長のチャンスの与え方を考えなければいけない。
　そのために必要なステップは、**モチベーションのすり合わせ、基準の明示、役割の付与、実践とフィードバック**、の4ステップだ。

　ここで特に大事なことは、1ステップ目のモチベーションのすり合わせだ。

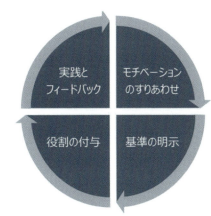

　古いタイプの人事制度設計では、正しい制度を作ればよい、という発想が強い場合があった。だから昇格の基準を明示して、自分で頑張れ、というような仕組みを作る場合もあった。
　しかし現在では、**どんな制度を作っても、人材の気持ちなど感情を理解して運用しなければうまくいかない**、ということがわかっている。
　また、昇格を嫌う人も増えている。特に個人で成果を出せる優秀な人材

73

ほど、現場を離れて管理職になるなどの昇格を嫌うこともある。

　だから1ステップ目でまず、会社として昇格を期待するというメッセージをしっかり伝え、昇格に対する対象者のモチベーションを上げる必要がある。
　昇格モチベーションを高めるためには、**まず対象となる人材が何を求めて働いているのか**、ということを把握しなければいけない。
　働く目的については様々な分類があるが、ここではシンプルに、お金が必要だから、ということと、その職務に楽しみを感じるから、という二軸で整理してみる。

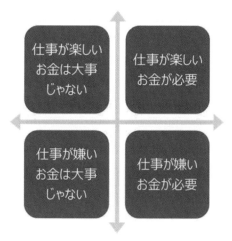

　昇格モチベーションが一番高まりやすいのは、右上の「仕事が楽しくてお金が必要」という場合だ。この場合には、期待を示すとともに、昇格したときに得られる給与額を伝えることで、本人の頑張りを引き出しやすい。「仕事が楽しくてお金は大事じゃない」という場合もモチベーションは高めやすい。昇格給与は刺さらないかもしれないが、より上位のポジションにつくことで、仕事の楽しさを広げる役割を担えるような期待を示せばよいからだ。

「仕事が嫌いだがお金が必要」という場合には、昇格モチベーションの高め方は工夫しなければいけない。昇格後の給与額が、仕事を嫌がる気持ちを超えるくらいの水準を示せればよいのだが、そうはいかないこともあるだろう。だとすれば、仕事を嫌う理由を確認し、その解消を支援することも必要になる。

なお「仕事が嫌いでお金が大事じゃない」という人はそもそも雇わないほうがいいだろう。

昇格したくない人にどう対応するか

時に個人としての職務に特化したいから昇格したくない、という人もいるかもしれない。

飲食店のホールでお客さんと接することが好きだ、という場合などがそうだ。私がこれまで見聞きした実際の例でいえば、研究職や営業、システムエンジニア、カメラマンや記者など様々な職種で、現場の担当者で居続けたい、というニーズがあった。

このようなニーズに対応するために、昇格しなくても給与が増える仕組みを設計する場合もあった。たとえば専門性が極めて高い場合に、それを処遇に反映する仕組みなどだ。

しかしそれらは本質的な対応にはなりづらい。なぜなら、一担当者がビジネスに貢献できる利益額には限界があるので、給与を増やすにも限界があるからだ。

それらの優秀な人材を生かすには、**現場作業のその先にある、生み出す価値そのものを意識するよう、視点の引き上げを促すこと**が望ましい。

たとえば飲食店であれば、目の前のお客さんを喜ばせるだけじゃなく、

より多くの人たちの笑顔を生み出すことがもっと楽しいのでは、という問いかけなどだ。

そのためには、自分が接客するだけでなく、接客指導が重要だし、さらにいえば店舗を増やしていくことも重要だ。どの店に入っても満足できる状態をつくるためには、指導だけではなくて、教育の仕組み化も必要になるだろう。

そうして視点を引き上げ、個人の成果を組織の成果につなげていけば、多くの人がさらに活躍できるようになるだろう。

2. 昇格基準は等級基準を活用する

昇格モチベーションをすり合わせたうえで、上位等級に求められる成果や職務、能力について改めて示せるようにしよう。

そのための基準は、1日目で作った等級定義をそのまま活用するとわかりやすい。

項目	詳細	詳細
職務名	ホールスタッフ	ホールリーダー
期待される成果	接する来店客の満足	全体来店客の満足
	-	-
詳細な職務	注文伺い	ホールスタッフ業務
	配膳	ホールスタッフ育成
	片付け	-
	-	-
求める能力	ビジネスマナー	ホールスタッフ能力
	コミュニケーション力	指導力
	気づき	気配り
	-	業務割り振り

飲食店を例にあげてみよう。

ホールスタッフに期待することは、接する来店客の満足だった。そのために注文伺いや配膳、片付けなどの職務を覚えてもらう。

その際に、ビジネスマナーを持ち、コミュニケーション力を発揮し、ちょっとしたことに気づく人であれば、職務を円滑にまわしやすくなるだろう。それは期待する成果の発揮にもつながりやすい。

そうして飲食事業をさらに拡大するため、次の店舗を出店するとしたら、ホールリーダーの役割が必要になる。

この時、ホールリーダーとして新たに求められる成果や職務、能力が昇格の基準となる。

この例でいえば、自分だけが接する来店客から、全体来店客の満足に成果の範囲が広がっている。

そこで、自分がホールスタッフとして活動するだけでなく、自分の後輩や部下が活躍できるような育成が求められる。育成のためには、指導力や、それぞれのスタッフの状況を把握する気配り、能力に応じて業務を割り振るバランス感覚などが必要になる。

だからホールスタッフの中で昇格候補となる人材に対しては、自分が接客しているお客様だけでなく、店舗全体を見る必要性を示す。

そうしてみると、うまく接客できていない他のスタッフが目に付くだろう。そこで指導の必要性についても示す必要がある。そして、指導するために必要な能力を示すのだ。

【 昇格に向けた役割の付与を仕組み化する 】

基準を明確にしたうえで、それらの基準を行動として具体化するチャンスを与えることも、昇格制度には必要だ。

その際にわかりやすい方法は、**上位のポジションに求められる職務の一部を担当してもらうこと**だ。まるっきり上位ポジションを任せてしまうのは、本人の納得感的にもよくはない。だから一部の職務に限定して、上位ポジションを任せてみることだ。

　大事なことは、これらを運用として行うのではなく、**制度として明文化すること**だ。
　たとえば前年度の評価でA以上を取得している場合で、本人に昇格モチベーションがある場合、優先的に上位ポジションの役割を付与することを義務化するなどだ。
　それらは職務によるが、たとえばたびたび例に出す飲食店の例でいえば、A評価を得たホールスタッフに対し、翌年度は新人教育の一部を任せてみるなどだ。注文伺いや配膳、片付けなど、それぞれのパートに対しての指導を担当してもらうことで、指導がそのまま個人の成長にもつながりやすい。

　なぜこのような仕組みをわざわざ作るのかといえば、**昇格判断のためには、卒業基準だけではなく、入学基準が必要**だからだ。
　人事用語における卒業基準とは、ある等級や職務について十分に習熟した状態をあらわす。その職務を卒業できるくらいに成長した、ということだ。
　一方で入学基準とは、今の仕事とは異なる職務について、少なくとも担当できるレベルになっている状態をあらわす。
　異なる職務の典型は、上位等級だ。平社員として活躍していたが、係長の職務についても、不十分とはいえなんとかこなせる状況になっているとすれば、入学基準を満たしたといえる。

3. 昇格判断は新年度に間に合わせることが望ましい

　役割を与えた結果、それらの仕事がちゃんとできているかどうかを判断する、入学基準審査の仕組みが重要だ。

　入学基準を用意せず、卒業基準のみで昇格判断を行う会社もある。たとえば高い評価を得た人材に対して、上位等級の職務を果たせるかを確認せずに、昇格させてしまう仕組みなどだ。このような運用は一見納得性があるが、やらせてみたらだめだった、という場合に、降格できないのなら、本人も周りも不幸になる。

　高度成長期など、年功が前提で、必ずしも上司や先輩が、部下や後輩よりも仕事ができるというわけではなかった場合なら、それでもよかったかもしれない。時間をかけて成長することが許容されたからだ。

　しかし今やそんなわけにはいかない。入学基準をしっかり審査して、人材の最適配置を実現しなくてはならない。

　では入学基準に基づく審査はどのようにすべきだろう。

　ファストトラックにおける審査は、基本的に任せた時のタイムリーな判断をお勧めする。言い換えるなら、**期末の評価とは別に審査を行う**ということだ。これは少しわかりづらいかもしれないので、年間スケジュールで示してみよう。

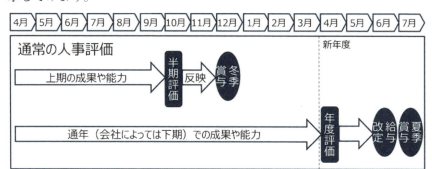

一般的な評価制度のサイクルは、半期や通年で実施する。その間の成果や能力発揮状況を評価して、給与改定や賞与などに反映する。一般的には冬の賞与は12月、夏の賞与は7月前後に支払われる。そして給与改定は4月〜6月の間だ。

　昇格審査は、この評価結果を待っていると間に合わなくなる。通常の昇格時期は、新年度が4月からだとすれば4月1日であることが多い。それは新年度から新しい組織が動き出すからだ。
　しかし年度評価をしっかりやろうと思えば、年度末である3月が完了した4月以降の実施となる。給与改定であれば、遡及精算という方法があるので多少時期ずれしても大丈夫だけれど、昇格はなかなかそうはいかない。
　そこで昇格審査はタイムリーに行っていき、4月1日の発令に間に合わせる仕組みをお勧めしたい。

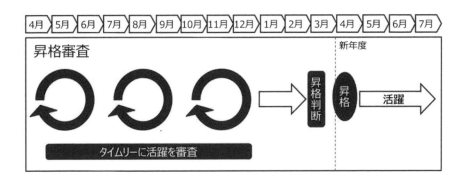

【　入学基準に基づく昇格審査の具体　】

　入学基準に基づく昇格審査をする場合、シンプルな方法は、上位等級向けの評価シートを活用することだ。
　ホールスタッフには、ホールリーダー向けの評価シートを用いることになる。

すでにあるフォーマットを使えば手間も省けるし、そもそも評価をする上司側も確認がしやすい。

上位等級向けの評価シートをチェックリスト的に活用することで、本人との対話も容易になる。

所属部署				
職務	被評価者氏名		職務	評価者氏名
ホールリーダー				

総合評価シート

	定義	上司からの期待	実績アピール	評価	点数
期待される成果1	全体来店客の満足				
期待される成果2	-				

	定義	上司からの期待	実績アピール	評価	点数
詳細な職務1	ホールスタッフ業務				
詳細な職務2	ホールスタッフ育成				
詳細な職務3	-				
詳細な職務4	-				

	定義	上司からの期待	実績アピール	評価	点数
能力1	ホールスタッフ能力				
能力2	指導力				
能力3	気配り				
能力4	業務割り振り				

期初コメント	来期に向けての期末コメント	

5日目
長期勤続のための インセンティブ 【賞与基準の設計】

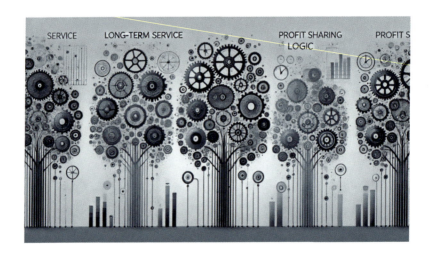

やるべきこと
- 長期勤続のためのインセンティブとして設計する
- 利益配分として設計する
- シンプルなKPIを設定する

メリット
- 成果を出す人が長く会社にいたいと思ってもらえるようになる
- 利益を出し続けることに従業員がコミットするようになる

1. 夏冬賞与の仕組みは中途採用が多い会社に向いていない

　日本で働いていると、夏冬賞与をあたりまえのものだと考えてしまう。けれども世界的にはむしろ珍しい仕組みだ。業績配分としての賞与はあっても、夏と冬にそれぞれ支払う賞与という仕組みはほとんどない。
　この本は日本企業を対象とした人事制度設計を指南しているので、夏冬賞与の設計方法を話すことも可能だ。
　しかし、ファストトラック編では、あえて夏冬賞与をなくして、業績賞与のみとする仕組みの設計方法を提唱する。夏冬賞与の設計方法については詳細編でお伝えする。

　「この本の使い方」にも書いたが、ファストトラックは「昇給のあるジョブ型」として設計する方法を示す。
　それは言い換えるなら、労働市場との親和性が高い仕組みのことだ。簡単に言えば、ビジネスで特定のスキルや経験が必要になったとき、中途採用しやすい仕組みということだ。
　そして中途採用において、年俸制の会社でない限り、夏冬賞与はマイナスに働くことが多い。

　具体例で考えてみよう。
　仮に夏冬それぞれ2か月の賞与の会社があるとする。この会社で11月に月給30万円で人材を採用することを想定してみる。
　この時、雇用条件通知書には月給30万円、夏冬賞与ありと書かれているだろう。丁寧な記述の会社では、昨年実績夏2か月、冬2か月、という記述もあるかもしれない。このような通知書を受け取った人材は、30万円×12か月＝360万円に、30万円×4か月＝120万円として、480万円の年収を想定するだろう。

しかし実際には冬の賞与は満額支払われないし、翌年の夏の賞与すら減額されることが一般的だ。

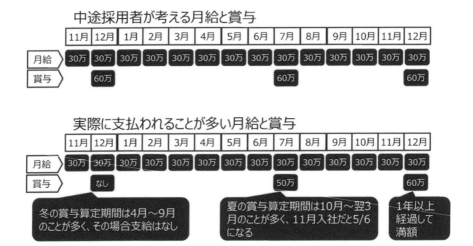

慣例としての夏冬賞与にはそれぞれ、賞与算定期間というものが設定されている。4月〜9月に勤務した人を対象に12月の冬の賞与が支給され、10月〜3月に勤務した人を対象に7月の夏の賞与が支給される会社が多いのだ。

賞与を後払い報酬として設定している場合、このような考え方になる。それは新卒採用からの名残である側面が強い。学卒で4月に入社した人材に対し、夏の賞与は大半が寸志だ。そして冬からようやく普通に賞与を支給するようになる。

しかしこの考え方を中途採用者に適用すると、極端な話、年収詐欺にも見えてしまう。採用時に480万円の年収を示すけれど、初年度の賞与は満額払わない、というように見えるからだ。

会社によってはこのような状況を避けるため、雇用条件通知書に、初年

度賞与については2か月分をそれぞれ保証する、という一文を入れている場合もあるが、それだと特別扱いに見えてしまう感はぬぐえない。

むしろ、年収480万円を提示したいのなら、月給40万円ずつのほうがすっきりするだろう。この場合いつ中途採用しても、期待外れになることはない。

【 いまどき賞与は長期勤続のためのインセンティブとして設計する 】

ジョブ型社会では、中途採用があたりまえになる。ということは、会社側が期待外れなことをしてしまうと、優秀な人ほど裏切られた思いから転職を選んでしまう。

一般企業における夏冬賞与のような後払い賞与の仕組は、採用から1年間は試用期間的な扱いを前提としたものだが、そのような扱いを待ってくれる優秀者はいないだろう。

だとすれば、賞与は利益配分として設計するほうがよい。利益が出たから社員に還元する、という仕組みは、今後も利益が出れば会社は従業員に還元するだろう、という前向きな期待感を醸成してくれるからだ。

また、利益配分としての賞与の仕組みは、従業員に会社全体の利益を考えてもらうきっかけにもなる。

長期勤続を奨励するためなら、退職金があるじゃないか、と思う人もいるだろう。それは正しいのだが、日本企業の退職金制度は、年金制度の側面が強い。在職期間に対する後払いではなく、引退後の生活資金としての性質が強く、高齢になってからでないと多額はもらえないようになっている。また税務的にも勤続年数がかなり長くないと得をしない。

たとえば30歳の人に対して、30年後の60歳になったら退職金をたくさん支払いますよ、という仕組みは、かなり先の話になってしまうので実

感がわきづらい。

　企業型確定拠出年金などは転職時に持ち運べる仕組みのため、今いる会社に引き留める要因にもなりづらい仕組みだ。

　その代わりに機能するのが利益配分としての賞与の仕組みだ。
　実際に欧米などの諸外国では、STI（Short Term Incentive）やLTI（Long Term Incentive）として、単年度や複数年度の業績に応じた賞与の仕組みを、会社に勤め続けてもらうための仕組として活用していることも多い。
　上場企業の場合、株式報酬をLTIとして設計し、さらにその支払い方法を四半期ごとに案分することで、「中途転職をすると本来もらえるはずの株式報酬がもらえなくなりますよ」、という仕組みにしている場合すらある。

2. 利益配分としての賞与設計時にはまず夏冬賞与の考え方を整理する

　では夏冬賞与をやめて、利益配分としての賞与にきりかえるにはどのように設計すればよいのだろう。

　最初にやらなければいけないのは、夏冬賞与を部分的にでも維持するか完全に廃止するかの判断だ。
　お勧めは夏冬賞与を完全に廃止して、これまで支払っていた固定的な賞与分を月例給与に割り戻してしまうことだ。近年はインフレに伴うベースアップや初任給引き上げのため、賞与から月例給与に一定額を割り戻す、リバランスの取り組みも増えている。
　先ほどの例のように、夏冬2か月ずつの賞与をなくしてしまえば、30万円の月給を40万円にできる。1か月分の賞与を割り戻せば約8.3％給与を増やせるので、大いに魅力的にうつるだろう。

ただし夏冬賞与を完全に廃止すべきかどうか、という点について議論の余地はある。なぜなら求人票に「夏冬賞与あり」と書けることが魅力になる場合もあるからだ。

また賞与を割り戻して月給を増やした場合、残業代算定基礎額もそのまま増えるため、残業が多い会社だと人件費もその分だけ増えてしまう。

なお、従業員の中に住宅ローンなどの支払いに賞与払いを採用している人がいるかもしれない、という懸念する場合もあるが、そもそもローンの賞与払いという選択肢は月給額が足りない場合の選択肢だ。さらに言えば賞与払いは金利負担で不利になるため、賞与から給与へのリバランスを行うのなら、従業員にも賞与払いをやめるよう提案したほうがよい。

これらの論点を踏まえ、実際に夏冬賞与をリバランスした際の検討ステップを示そう。

1. これまでどれだけ業績が悪くても支給してきた賞与額あるいは月数の確認
2. それらを月例給与に割り戻した場合の月例給与の増額確認
3. 増額した月例給与による、残業代やその他手当への影響確認
4. 上記が費用として許容できる場合、変動支給として夏冬賞与を残すかどうかの判断

私たちがコンサルティングをする場合には、特に第１ステップの**「どれだけ業績が悪くても支給してきた賞与額」**の確認を徹底する。

従業員から見れば得な面が多い夏冬賞与の廃止だが、経営者側では不安と恐怖が強い面もある。特にリーマンショックやコロナショックなどの経験が、日本企業に許されてきた変動費としての賞与の仕組にこだわらせる

ことも多い。

　だからこそ、そんな状況でも賞与をゼロにしなかったのなら、その分は廃止して固定的に給与に割り戻して払いましょう、と提案するのだ。

　近年特に育児休業や介護休暇など、男女を問わず一時的に職場を離れざるを得ない従業員も増えている。その場合の給付金算定基礎額は、賞与を除いて固定的に支払われる月例給与を基に計算される。
　安定して子育てや親の介護ができる会社になるためにも、賞与の割り戻しをお勧めする。

【　利益配分賞与設計の方法　】

　そうして残った割合分を利益配分賞与として設計する方法だが、ファストトラックでは、単年度の業績に応じて支払う仕組みを紹介する。
　具体的には営業利益に基づいて利益配分賞与を支払う仕組みの導入だ。その手順はごくシンプルで、従業員が10名未満の会社でも簡単に設計できる。

STEP1　残すべき利益額を定める

　残すべき利益額とは、残すべき会社の運転資金だ。会社が長く続いていて、現預金が潤沢だったとしても、単年度の利益から一定割合で残すことを考えたほうが良い。その目安として**原価を除く運転資金の6か月分をお勧めする。**
　たとえば実際に設計した例として、売上22億円の製造業をあげてみよう。従業員70名ほどで、原価が95％にまで膨らんだ危機的な状況だった。この会社での原価を除く運転資金は月額で2000万円ほど。そこで閾値を1.2億円においた。
　そして数年かけた改善の取り組みにより、2％に満たなかった営業利益

が10%ほどに改善し、営業利益は2.6億円を達成した。

STEP2 賞与として支払う総額割合を定める

次に賞与として支払う割合を定めてみよう。上記の製造業を例に挙げてみると、2.6億円の利益から閾値としての1.2億円を減算（厳密には金額が若干増えるが詳細は割愛する）し、1.4億円が賞与計算の基準額となる。実例としては、ここから支払う賞与割合を10%とした。約70名の会社なので、一人当たり平均20万円となる計算だ。

この賞与支払い割合だが、これは逆に**いくらぐらいを支払いたいか、ということから逆算**することが多い。今回の例では10%としたのも、一人当たり平均20万円くらい支払おう、という意思決定をもとにしている。

そうして支給実績が蓄積されていけば、自社では利益配分賞与の割合を何%にすべきかと目安が明確になっていく。

月次運転資金	20,000,000	←入力
安全月数	6	か月
残すべき利益額	120,000,000	
当期利益予算	200,000,000	←入力
当期実績予算	260,000,000	←入力
超過利益	140,000,000	
賞与配分割合	10%	←入力
賞与配分原資	14,000,000	
従業員数	70	←入力
一人あたり利益配分賞与	200,000	

STEP3 配分するロジックを定める

一人当たり平均額を算出した後、実際にここに支払う金額を定めていく。

この時の論点は、何を軸に賞与額を変動させるか、ということと、評価を反映するかどうかだ。

変動させる軸としては、等級が一般的だ。

等級ごとに係数を定め、その合計が総原資に合うように設計するとずれが生じなくなる。

前述の製造業の例でいえば、一般社員35名、主任15名、係長10名、課長7名、部長3名、として、賞与係数を一般社員を1として、0.5刻みに引き上げる案とした。そうして計算すると、賞与原資が約1400万円の場合、人数×賞与係数をかけた合計で割り戻すと係数1ごとの賞与は13万円となる。それを役職ごとの係数にかけ戻すと、一般社員13万円、主任19.5万円、係長26万円、課長32.5万円、部長39万円のように計算できる。

	人数	賞与係数	実際の賞与
部長	3	3	390,000
課長	7	2.5	325,000
係長	10	2	260,000
主任	15	1.5	195,000
一般	35	1	130,000

さらにここに評価を掛け合わせるかどうかだが、2つの理由からお勧めしていない。

第一の理由は、利益配分への個人貢献反映はあまり一般的ではないということだ。欧米企業などでも利益配分賞与は役職や等級ごとに一律であることが多い。

第二の理由は時期的な問題だ。評価を反映しようとすると決算完了後に何らかの評価を行って、それを反映することになる。
　しかし利益配分賞与を前年度の費用に組み入れるには、年度末までに配分金額が決定していなくてはならない。
　そして実際の支給期日も決算翌月末までだ。となると決算月の数か月前から評価をすることになり、その妥当性に疑問が生じてくる。特に個人業績であれば最後の駆け込みなどが評価できなくなるからだ。

　だから下手に不十分な評価を反映するよりも、同じ役職は同じ金額として、もっと利益配分賞与が欲しいのなら昇格を目指そう、というメッセージにしたほうがいい。
　また同じ役職で金額の違いがないほうが、会社が利益を生み出したことについて一体となって喜びやすい。それは会社に対する全体的な忠誠心を高めるきっかけになってゆく。

【　支給のタイミング　】

　夏冬賞与は年に２回という仕組みだが、利益配分賞与は通常、年に１回だ。その際に気を付けるべき点は、前述のように、決算月末までに配分金額を決めておかなくてはいけない。そして決算月の翌月末までに支給する必要がある。
　とはいえ、**安全のためには、決算月末までの支給**をお勧めしたい。何人かの経営者から直接聞いた話だが、翌月末支給とした際に、前期の費用として認められなかったケースがあるからだ。
　その理由は単に支給時期の問題ではないかもしれない。
　けれども否認された例があるのだから、安全のために決算月末までの支給を考えておこう。

6日目
新陳代謝により組織を活性化する
【採用&退職ルールの設計】

やるべきこと
- 合わない人材を採用しないという意思を明確にする
- 等級定義にあわせて採用基準を明確化する
- 採用ミスを是正する基準をつくる

メリット
- 早めの判断によりお互いにやり直しやすくなる
- 一体感ある組織風土が構築されるきっかけとなる

1. 求める人材像にあわせてつくるのが人事

　人事制度を作っても、その運用の軸となる思いがあいまいだったりするとうまくいかない。
　人事運用で最も重要な軸の一つが、**間に合わせの人材を採用しない**、ということだ。
　求めている人材だけを採用する。
　そんな明確な意思が求められる時代になっている。仮に間に合わせでなくとも、気の合う仲間を採用していろいろな仕事を覚えてもらう、というスタンスですら、スピードも遅くなるし、利益も出にくくなる。

　繰り返すが、**求める人材だけを採用するようにしなくてはいけない**。
　ファストトラック5日目までに決めた内容は、職務の基準であり、報酬の基準であり、昇給させるルールであり、上の役職へ任用する基準であり、長く働いてもらうための賞与基準だった。
　これらはすべて、求める人材の基準に沿って採用した集団であることが前提だ。求める人材像に合致した人を採用したうえで、それらの人に活躍してもらうための仕組として人事制度はつくってゆく。

　けれどももし社内に「合わない人材」が入ってしまっていたら？
　たとえば期待したほど仕事ができない。だから当初決めた等級を下げたいし、報酬もできれば下げたい。昇給もさせたくないし、役職者に任用もしたくない。できれば早く辞めてほしいから賞与も払いたくない。
　こんな状況になった会社からは、減給の仕組みや降格の仕組み、早期離職を促す仕組みの作り方について相談を受けることが多い。

　これらは会社の中のマイナスの仕組みだ。そしてマイナスの仕組みは、

合わない人材だけでなく、求める人材にも影響を及ぼしてしまう。

　減給の仕組みは、しっかり活躍できている人がたまたま失敗した場合に不安を与えてしまう。

　降格の仕組みも同様だ。昇格したてでうまく行動できないときに、降格される恐怖を覚えさせてしまうだろう。

　そして、いかに仕事が不十分だとはいえ、一緒に働いていた人が早期に離職する姿を見ると、自分もいつか会社を辞めなくてはいけない日が来ることを想像してしまうことになる。

　だからファストトラック６日目には、合わない人材を採用しない、という覚悟を持ってもらいたい。それは**採用時の基準と、合わない場合の退出の仕組みを作ること**でもある。

【　採用ミスの修正には多くの時間と手間暇がかかる　】

　優秀な人を採用したい。そう思わない企業はないだろう。

　しかしそれが難しい。だからつい妥協した採用をしてしまう。そうして後悔する企業はあとをたたない。

　後悔の典型例は、期待外れだ。

　期待外れというのは、採用時の履歴書や職務経歴書、面接時の印象と、実際の働きぶりが異なるときに生じる現象だ。

　そのような人物を採用してしまう原因は２つある。そもそもどんな人材を求めているかをわかっていなかったということと、見極めがうまくいかなかったことだ。

　一般的に採用に失敗する例は、見極めがうまくいかなかった、ということをとりあげることが多い。なぜ職務経歴書が盛られていたことがわからなかったのか。採用後にうまく成果を出せないということが面談でわからなかったのか、などだ。

しかしより重要なことは、**そもそもどんな人材を求めているかが採用時にわかっていること**だ。その基準があれば、必須の確認項目と、採用時に必須ではない確認項目が区分できる。

たとえば新規顧客開拓のために営業社員を雇いたいとする。そこで具体的な定義なしに、優秀な営業社員を紹介してほしい、と人材紹介会社に依頼すると、営業経験がある人材が紹介されるだろう。

そうしてやってきた人と面談をしたとしても、具体的にどんな行動を求めているのかが整理できていなければ「地頭がよさそうでコミュニケーション力がありそうな」人を採用してしまう。

けれども、あなたの会社が扱っている商材がネットインフラサービスで、新規顧客開拓に求める行動とは、テレアポによる見込み客獲得と、ほぼ決まったトークスクリプトによるリモート営業だとする。そして各顧客に時間をかけるのではなく、100件あたって1件成約すればよい、くらいの高回転での活動を求めているとしよう。

だとすれば本来見るべきは、地頭やコミュニケーション力ではなく、メンタルタフネスだ。そして工夫の余地が少ないルーチン的な業務を飽きずに繰り返すことができる根気の強さだ。

そういう人材は、地頭がそれほどよくなくてもよいし、ほがらかなコミュニケーション力も、あればよい、くらいのものだろう。

しかし採用時にそれらの定義が明確になっていなければ、なんとなくよさそうな人材を採用してしまう。そして本来採用すべき、メンタルが強くてルーチン業務に強いものの、コミュニケーション力が不十分に見えてしまう人材を落としてしまうかもしれない。

そうして、期待外れを生み出してしまうことになる。

2. 等級定義を採用基準として活用する

　ここまで読み進めてきたあなたには、ファストトラック1日目で定義した等級基準が手元にあるだろう。また、ファストトラック4日目で定義した昇格基準もあるはずだ。それは等級定義をもとにしたものだが、採用時にはこれらが見極めの基準となる。
　ここでは飲食店向けに簡易に整理した等級定義を見返してみよう。

項目	詳細	詳細	詳細	詳細	詳細
職務名	ホールスタッフ	ホールリーダー	キッチンスタッフ	キッチンリーダー	ストアマネジャー
期待される成果	接する来店客の満足	全体来店客の満足	期待レベルを満たす調理	店舗調理レベルの維持	店舗収益確保
詳細な職務	注文伺い 配膳 片付け -	ホールスタッフ業務 ホールスタッフ育成 - -	マニュアルに沿った調理 衛生管理 - -	キッチンスタッフ業務 キッチンスタッフ育成 仕入れ -	要員管理 集客管理 金銭管理 -
求める能力	ビジネスマナー コミュニケーション力 気づき -	ホールスタッフ能力 指導力 気配り 業務割り振り	ビジネスマナー 基本調理スキル - -	キッチンスタッフ能力 指導力 気配り 業務割り振り	リーダーシップ マーケティング 経理 -

　等級定義に記載された項目の中で、最初にみるべきは職務だ。
　ホールスタッフであれば、注文伺いや配膳、片付けなどについて、可能なら採用初日からしっかり行動してほしい。
　キッチンスタッフならマニュアルに沿った調理と、その際の衛生管理は必須だろう。
　だとすれば、採用時に確認すべきはそれぞれの職務経験だ。仮に新卒社員を雇うとして、学生時代のアルバイト経験などがあれば判断しやすくなる。

　次に確認すべき項目は、求める能力だ。
　仮に職務経験がなかったとしても、ホールスタッフであれば、ビジネスマナーを備えていて、接客に十分なコミュニケーション力として人の目を見て話せるとか、ちゃんとした受け答えができる、といった行動が確認で

きれば、職務経験がなくても早期の職務習得が期待できる。さらに、ちょっとした人の表情の変化にもすぐに気づけるようなら、来店客のニーズを読み取ることができるだろう。それらはホールスタッフとして活躍してもらうための基準に他ならない。

　キッチンスタッフなら、ビジネスマナーはもちろんだが、基本調理スキルがあるかを判断しなくてはならない。この場合には面談よりも実際に包丁を握ってもらうことも必要だろう。

　仮にそれぞれのリーダークラスを採用したいというのなら、ホールスタッフやキッチンスタッフ全体の業務についての知識を問うたり、指導育成の経験を確認したりすればよい。また求める能力として指導力や気配り、業務割り振りが必要になるのなら、そういった事例についての対応を確認することで、採用エラーが減るだろう。

　可能な限りこれらはチェックリスト式の採用シートとして、面接官に共通した確認プロセスを設定しよう。

	採用面接シート			
	定義	確認事項	ヒアリング事項	評価 4:即戦力 3:合格 2:若干不足 1:不合格
期待される成果1	接する来店客の満足	過去経歴の中で、お客様を意識した行動があるか		4
詳細な職務1	注文伺い	注文伺い時の留意点について確認		4
詳細な職務2	配膳	配膳時の留意点について確認		4
詳細な職務3	片付け	片付け時の留意点について確認		2
能力1	ビジネスマナー	メールや電話のやりとり、面接時の行動により確認		4
能力2	コミュニケーション力	質問や応答時のこちらの質問の聞き取りや回答の適切さで確認		4
能力3	気づき	接客時の成功体験及び失敗体験から確認		4
		面接官コメント		3.7
				期待以上

| 1日目 | ▶▶ | 2日目 | ▶▶ | 3日目 | ▶▶ | 4日目 | ▶▶ | 5日目 | ▶▶ | 6日目 | ▶▶ | 7日目 |

【　採用判断手順の設計　】

　ここでは採用候補者が応募してきてくれたとして、そこからの手順の設計方法をお伝えする。それもファストトラックとして10名程度の規模の会社としての採用判断手順の仕組み作りだ。

　小規模の組織の場合、実施すべき採用手順は、**書類審査⇒事前確認⇒採用審査⇒採用判断**の4ステップだ。

　事前確認を飛ばす手順もあるが、丁寧な対応をするほうが採用エラーは減るので、ステップとして取り入れることをお勧めしたい。

採用手順1 **書類審査**

　採用の応募書類としては、履歴書と職務経歴書が一般的だ。

　氏名に生年月日、住所などの基本情報とともに、卒業した学校や就業していた会社、取得している資格などが記載されている。希望する雇用条件として現在給与額や年収を記載していることもある。

　人事制度として、それらに対して、会社として確認すべき事項を規定しておかなくてはいけない。

　最初に確認すべきは、**提出された情報の真偽**だ。すでに採用経験のある方ならお分かりだと思うが、5%〜10%程度の応募者は何らかの形で履歴や職務経歴を詐称している場合がある。

　それらについて確認する方法を定めておくといい。

- 氏名と住所：住民票
- 学歴：卒業証明書
- 就業していた会社：社会保険番号／離職票の写し／給与明細など
  - 取得している資格：資格証明書
  - 給与額：給与明細＋源泉徴収票

これらについて虚偽があった場合にはもちろん採用対象外となる。些末な詐称であったとしても、詐称するような心構えの人を採用してよいことはないからだ。

履歴などの確認については、本人に取得の手間を求めることになるため、**まず最初の応募時点でこれらの書類の提出が必要になる旨連絡しておこう**。また、不採用とした場合には、きっちりと返還することも約束しておいたほうが良いだろう。

採用手順②　**事前確認**

次に、実際の面接に入る前に行っておいたほうがよいこととして、**適性及び資質の判断**がある。

費用負担をいとわないなら、SPIテストなどのような一般的な適性判断テストが望ましいだろう。

独自に適性判断を行いたい場合には、**簡単な質問票**などを作って答えてもらうことも有効だ。Googleアンケートなどを用いれば、無料でテストを実施することもできる。確認するための質問票の例を掲載しておくので、参考にしてほしい。

なお、事前確認については、よほど悪くない限り面接に進めるほうが良いだろう。また、良すぎる場合にもそれをうのみにすることなく面接を行う必要がある。自己客観視ができていない人は、テスト結果が実態と乖離していることがよくあるからだ。

採用手順③　**採用審査**

書類審査、事前確認を経て、直接の採用審査を行う。一般的には採用面談の形をとることになる。近年では、リモートでの採用面談も増えているので、その際のポイントについても後述する。

採用審査では、チェックリスト式の採用シート（前掲）を活用するが、**それぞれの確認事項に合わせて質問を事前に考えておくことが望ましい。**「接する来店客の満足」を成果として求める場合に、「過去経歴の中で、お客様を意識した行動があるか」を確認するなどだ。

ただし、そのまま確認したい内容をそのまま質問してしまうと、応募者にとってみてもどう答えればよいかがわかってしまう。そこである程度質問の意図が見え隠れしつつも、嘘がつきづらい質問をしなければいけない。それが **BEI（Behavior Event Interview）** という手法だ。

BEIの手順は、事実の確認を連続する、というシンプルなものだ。そのための質問トークスクリプトを用意しておくと、面接官の違いが出づらくなるとともに、抜け漏れも生じにくくなる。

詳細確認事項	
過去経歴の中で、お客様を意識した行動があるか	
質問トークスクリプト	
過去のお仕事の中で、お客様に喜んでいただけた経験を教えてください	⇒自慢話として聴けるので、相手の話を引き出す効果を期待
お客様に喜んでいただけたポイントは、あなたがどんな行動をとったことにあるのでしょうか	⇒話した内容が本当であれば具体的な行動が話される。もし創作が混じっているのなら、あいまいな回答になりがち
そのような行動をとるために、事前に準備したことはなんでしょう	⇒さらに深堀することで、事実確認をする。良い行動が本当の場合には、評価が高まることにもなる。
行動する際に難しかった点はどういう点でしょうか	⇒同上
その難しかった点を解消するために、実際にどんな工夫をしましたか	⇒同上／さらなる深堀も可能だが、他の設問とのバランスを考える
結果として、お客様にどのように喜んでいただけたのでしょうか	⇒あらためて最初の質問に近い内容に戻ることで、話のつじつまを確認する

このような質問を繰り返しながら、チェックリストを埋めていこう。

採用テストにおける工夫

　飲食店のキッチンスタッフなら調理スキルがなければいけない。だから実際に調理をしてもらうことが必要だ。採用してから、実は包丁の使い方が不十分だとわかったのでは問題になる。

　それと同様に、事務系などの職種でも、可能な限り実務テストを取り入れることをお勧めする。職務経歴書や口頭での返答では判断できないことが多いからだ。
　そのための手法はいろいろ工夫できるが、実際の例としては以下のようなものがある。

・**事務能力：OAスキルチェック**
⇒サンプルとして渡した資料を定めた時間内に再現してもらい、出来具合を判断する。

・**繰り返し作業チェック**
⇒反復での単純作業を指示し、それにかかった時間と正確さを判断する。

・**営業スキルチェック**
⇒トークスクリプトを渡して、面接官を顧客として営業トークをしてもらい、判断する。

採用手順4　採用判断

　採用審査の段階ですぐに合否判断をしてしまいがちだ。話が盛り上がると即決したくなることもあるし、逆に即座にダメだと判断したくなることもあるだろう。けれども、**可能なら後日回答するようにしたほうがよい。**面接時の興奮を抑えて、冷静に判断するためだ。

　採用判断に際しては、複数の意見を聞くことも有効なため、面接を複数メンバーで実施することもある。
　ただし、注意点があって、**採用に責任をとれる人のみを面接に含めるこ**とだ。実際に採用した後の上司になるとか、育成担当になるとかの人のみを面接に含めなくてはいけない。採用後に直接かかわる立場だと、採用ミスがあったら、苦労するのは自分だから、しっかり見てくれるはずだ。
　間違っても、同僚になる人を面接にいれてはいけない。同僚になる人を面接に入れると、一緒に働きやすい人を選んでしまうからだ。それは組織の雰囲気をよくするが、成長よりも安定を優先する風土を生みやすくなってしまう。

　そして最後には必ず、**経営者が一人で決断しなくてはいけない。**
　その際の基準は「かけた費用が無駄になってもあきらめがつくか」だ。
　仮に3人の応募者がいたとしよう。それぞれ、優秀そう、普通っぽい、ちょっと足りない、というABCランクの人だとして、いずれも試用期間は3か月で25万円の給与だとする。この時の判断基準は、25万円×3か月＝75万円を失っても仕方ないと思えるかどうかだ。1人なら75万円、2人なら150万円、3人なら225万円。そのうちどこまで許容できるかによって、採用人数を決めることをお勧めする。
　そして採用した後の見極めルールもしっかり設定しておこう。

3. 採用ミスが生じることを前提に仕組みをつくる

　どれだけ採用基準を精緻化して、面接を工夫しても、それでも採用ミスは生じる。その前提で、採用後の仕組みを作っておいたほうが良い。
　具体的な対策は2つ。**採用時の期待と実際の職務能力とを確認するプロセス**と、**実際にミスマッチが生じた際の対策**だ。

　まず採用時の期待と実際の職務能力との確認プロセスだが、シンプルに言い換えれば**試用期間の取り扱い**を決めておこう。
　その際にわかりやすい方法は、採用した等級についての評価表の適用だ。ただし給与改定のための評価とは見方を変えたほうがよいだろう。

職務	候補者氏名			評価者氏名	
ホールスタッフ					

			試用期間判断シート		
	定義	確認事項	実績	評価 4:即戦力 3:合格 2:若干不足 1:不合格	
期待される成果1	接する来店客の満足	試用期間中の接客において問題がなかったか		1	
詳細な職務1	注文伺い	注文伺いにおいてスムーズだったか		1	
詳細な職務2	配膳	配膳時スムーズだったか		1	
詳細な職務3	片付け	片付け時スムーズだったか		1	
能力1	ビジネスマナー	店舗の同僚からのクレームはなかったか		4	
能力2	コミュニケーション力	店舗の同僚から継続してほしい旨の推薦があったか		4	
能力3	気づき	気づきを感じられる行動があったか		4	
		評価者コメント		2.3	
				試用期間延長	

仮にファストトラック3日目で示した人物の評価結果が、試用期間中のものだと考えてみよう。

基本的なルールは、**試用期間中の総合評価**によって、正式採用とするかどうかをルール化しておくことだ。最低評価になる場合には、原則正社員登用なしとして通知することも考えなければならない。

平均点数			採用時評価	試用期間評価
3.5	〜	4	期待以上	臨時昇給検討
2.5	〜	3.5	合格	本採用
1.5	〜	2.5	要検討	試用期間延長
1	〜	1.5	不合格	解雇

試用期間満了に伴う解雇については、慎重になる必要がある。弁護士に相談しても、試用期間満了で解雇はできない、という回答が返ってくるだろう。

しかし実務の現場では解雇はある。1か月前に解雇を予告して最終出社を1か月後にするとか、あるいは即日解雇ならば日給×30日分を解雇予告手当として支給する方法がある（厳密な対応については法曹関係者に相談してほしい）。

経営者として考えるべきは、問題がある人物を、法的に争う可能性があるからといって本当は辞めてほしいのに雇用し続けるのか、覚悟をもって解雇するのかを意思決定するということだ。

問題児が組織に居続けたら、最悪の場合、組織が崩壊するかもしれない。まさにこの意思決定は覚悟の問題だ。

7日目
安心して働けるようにする
【勤怠&福利厚生の設計】

> **やるべきこと**
> - 働く場所と時間についての軸を定めて自由にできるところは自由にする
> - 職務に必要な費用は極力会社負担とする
> - 仲間で居続けたい仕組みをつくる
>
> **メリット**
> - 自立性の高い人材が集まりやすくなる
> - 採用した優秀な仲間が辞めにくくなる

1. いまどきの人事制度はお金だけではない

　10年ほど前、前著を記したころ、人事評価制度といえば給与のメリハリとか賞与の多寡などがテーマだった。そのために評価基準を定めて、信賞必罰の仕組みを作ろう、ということが主流だった。
　たしかに評価と報酬の連動の仕組みは重要だ。
　けれどもそれだけでは、優秀な従業員に長くいてもらえる組織風土は生まれない、ということが多くの企業でわかってきた。転職が容易になった時代だから、**同じ会社に長く居続けたいという思いは、会社に大切にされている実感によって強くなる**ことがわかったのだ。

　さらにそこにコロナショックがやってきた。定時とか出社とかの概念が一時的に崩れ去り、改めて各社がそれぞれの働く時間や働く場所について考えるようになった。
　そして最も大きな変化は、それらを踏まえて若い世代を中心に、自分たちが働くことについての選択肢がある、ということに気づいたことだ。だから今から作る人事制度では、お金だけではない仕組みを考えないといけなくなっている。

　ファストトラック最後の7日目には、どんな組織にしたいのか、ということをイメージしながら、働き方としての諸手当と福利厚生、そしてコミュニケーションの仕組みを考えてみよう。

【　皆と同じ場所で働く必要はどれくらいあるのか　】

　毎日出社することが当たり前の会社もあれば、そうでない会社もある。ここまで例にあげてきた飲食店であれば、リアルに店舗に出勤することが

当然だ。

しかしたとえばシステムエンジニアだとどうだろう。

いまどき、システムエンジニアを採用しようと思えば、毎日の出社を義務付けることは困難だ。個人の裁量を大きくできる場合には、働く時間すら定めることが難しいこともある。

その一方で、組織を立ち上げ、10名程度の状態でリモートワークがメインの働き方になると、組織としての一体感がなかなか醸成されない。

それぞれがまだどんな人かわからない状況だと、会社に対するエンゲージメントも決して高くはない。結果としてさぼりなどの良くない事象が起きないとも限らない。

重要なことは、**自社にとっての働き方の軸**だ。それを定めることが必要だ。まさにその判断基準が、ファストトラック1日目で設定した等級定義の、譲れない軸となる。

たとえば顧客第一の会社なら、働く場所や時間は顧客にとって最適な場所と時間になるだろう。ただ、そうして考えてみれば、24時間365日常に顧客の要望に応えることが当然、ということになってしまう。店舗ビジネスなら常にお客様を受け入れなければいけなくなるし、研究開発ではコストを度外視してでも必要な研究をすることになってしまう。

だから**譲れない軸を定めたのち、自社の経営資源でそこにどこまで対応できるかを考えてみよう**。その際には、**譲れない軸のコアがどこにあるのか、ということを検討**することになる。

働く場所において最も重要な検討要素は、一緒に働くことによる効果がどれくらい求められるかだ。現状ではリモートワークが当たり前になっている会社も多い。むしろオフィスの面積を絞って、全員が出社するだけの席を設けていない会社すらある。

ファストトラックにおける検討は、10名程度の会社を想定する。だとすれば、全員が一堂に会しているほうがコミュニケーションも取りやすく、意思決定も早くなる、と思うかもしれない。けれども本当にそうだろうか。

　音声だけのコミュニケーションよりも、顔動画を介してのコミュニケーションのほうが意思疎通を図られやすいという研究結果はある。また同じ場所で働くという、空間共有のほうが、微妙な表情や自分以外の他社とのコミュニケーション状況なども把握できるため、多面的な理解が深まりやすいという傾向ももちろんある。

　けれどもそのために片道30分〜2時間ほどをかけて出社を強いることは、どれくらい効率的だろうか。出勤によって損なわれるワークライフバランスがどれほどの大きさになるだろうか。

　コロナショック前であればそのことに疑問を持つ人は多くはなかった。しかしおおよそ2年間にわたるパンデミックの中で、自社がリモートワークに対応していなくとも、対応している他社があることがわかってしまった。だとすれば、ワークライフバランスを求める人材が他社に流出する可能性を減らす必要性は必ずある。

　だから少なくとも、**最低限皆に集まってほしい日や曜日を定め、それ以外は自由な出社にするような仕組み**が望ましい。譲れない軸を定めるということは、その軸以外の選択肢を広げるためなのだから。

【 顧客対応として長時間働く必要は本当にあるのか 】

　官公庁との取引が主体なとある建設業で、長きにわたって、官公庁の始業時間よりも30分早く業務を開始していた。また、どんなに遅い時間の問い合わせにも応える体制をとるため、残業があたりまえだった。

　しかし環境変化の中で業績がダウンし、従業員の残業代がコスト負担と

して大きくのしかかってきた。

　そこで試しに、部署を限定して、官公庁の始業時間よりも30分遅く業務を開始してみた。また定時を超えての問い合わせには、翌日の対応をすることにした。そしてそのことについて、取引のある官公庁に一方的に連絡し、そうなる旨を伝えた。

　結果は、どの官公庁も、なにも言ってこなかった。むしろ「そういえばいつも電話に出てくれるのは、そんなに早くから始めていたからなんですね。知りませんでした」という同情するような言葉すら返ってきた。

　あなたのビジネスにとって最適な始業時間がいつで終業時間がいつなのかは、環境や地域、顧客によって異なるだろう。

　気をつけるべきは世の中一般がそうだから、という理由で、9時始業18時終業、と決めないことだ。考えてほしいのは、**自社にいる従業員にとって働きやすい環境**だ。できれば**フレックスタイムを導入し、コアタイムを3時間程度に抑えて、出勤時間と退勤時間の自由度を増す選択**をしてみてほしい。

2．職務コストを極力会社負担にしてゆく

　リモートワークを促進し、出退勤時間の自由度を増していくと、通勤手当よりの通勤実費の精算が当然になる。細かい話だが、そのことによって会社も個人の社会保険料負担が若干下がる。負担が下がる分、将来の年金額も減ることになるが、多くの社員にとっては誤差の範囲だろう。

　そうしてリモートワークを促進した会社で、次に起きた問題がある。それはリモートワークにかかる各種費用の発生だ。それらは個人負担として始まった。

たとえば一人暮らしの人が在宅勤務を始めたが、会社なら備え付けのディスプレイがあり、ノートパソコンと併用してデュアルディスプレイとして作業効率を維持できていた。けれども家にはそもそも外付けのディスプレイがないし、あったとしてもそれを置けるだけの机もない。あえて言えば、食卓の椅子以外に仕事用の椅子もない。そんな状況におかれて、効率と能率の悪い作業をする人が生まれたりした。

また、配偶者がいたとして、二人とも働いていることがあたりまえの時代だ。一方が食卓でリモート会議をしている中で、もう一人は寝室のベッドに座って、窓枠を使って作業をしなければいけないということだってある。
　子どもが多い家なら、家では邪魔になってしまうので、毎日カフェやリモートワークのできるブースなどを借りて作業せざるを得ない場合もあるだろう。

　通勤手当が減った分、そういった**個別のリモートワークに対応する費用負担を、会社がとる**ようにすることをお勧めする。
　制度としてどこまで明文化するかは微妙だが、実際に弊社が支援してきた多くのホワイトカラービジネス、特にシステム系の会社でこれらの対応を徹底することで、離職率が大幅に減少する効果も得られた。自宅用の27インチディスプレイはせいぜい2万円で買える。座り心地の良い椅子は3万円で、広めではあるが安価な机も5万円でおつりがくる。
　ひとりあたり10万円の一時金負担で離職が激減するのなら、それは制度化すべきではないだろうか。

3. そのうえで仲間で居続けたい仕組みをつくる

　ワークライフバランスを整えることで、生活事情を理由とした離職は低減できる。そこでさらに必要なことは、この会社で働き続けるための意識付けだ。
　そのために必要なことは、**第一に経営ビジョンの魅力**であり、第二に**経営者や管理職をはじめとする幹部陣に対するあこがれ**であり、第三に**働く仲間たちとの関係性**だ。人は3メートル範囲に魅力的な人がいれば、その会社で働き続けてくれるのだ。

　細かい人事制度運用でいえば、そのために必要なことは**経営戦略に沿った人事戦略の策定**であり、それを踏まえた**経営層と管理職の体系的な任用と育成のためのサクセッションプラン**であり、上司と部下のコミュニケーションを適切なものにする**1 on 1 型の傾聴の仕組み化**だ。
　それらについては詳細設計編で具体的に示すが、ファストトラック編では少なくとも、二つのコミュニケーションパスを設計しておこう。

【　第1のコミュニケーションパス：上司による1 on 1　】

　従業員規模にかかわらず、上司が部下の話を聞く1 on 1は今や必須の仕組みだ。
　可能な限り毎月実施することが望ましいが、難しければ2か月～3か月に1度でもいい。大事なことは、それを仕組み化している、ということを従業員に示すことだ。
　なお、1 on 1で気を付けるべきは、上司が話す時間が長くないようにすることだ。30分だとすれば、そのうち少なくとも20分は部下側が話すようにしなければいけない。

そのために上司に求められることは、傾聴のための丁寧な質問のスキルなので、興味のある方はぜひそれらの書籍を参考にしてみてほしい。

なお、もし上司側の説教が増えてしまうのなら、1on1は全くの逆効果になるので注意しよう。

【　第2のコミュニケーションパス：従業員同士のコミュニケーション促進　】

今ファストトラック編を読んでいるのは、経営層かあるいはそれに近い人だろう。

それらの立場の方々に、従業員同士のコミュニケーションを増やしましょう、と話をすると、たいてい「全社集会」とか「朝礼（あるいは昼礼）」などを開催しようと提案される。飲み会を復活させたいとか、会社によっては週末に従業員の家族を帯同してのレクリエーション開催などを考える場合もある。

それらの取り組みが悪いとは言わない。しかしいまどきの企業として成長を目指すのなら、それらの取り組みから、一つの要素を省いた取り組みも設定しよう。

省くべき一つの要素。それは経営者の存在だ。社長あるいは経営幹部が参加しない、**従業員同士だけのコミュニケーション**を促進させよう。

ベンチャー企業でよく導入されているものとしては、従業員同士で何らかの取り組みをする際の費用支援などだ。それがお茶会でも飲み会でもゴルフでもサッカーでも何でもよいので、従業員同士が何かする場合、ひとりあたり1か月に3000円まで支援するような仕組みだ。

従業員同士のコミュニケーションが増えれば、時に会社に対する愚痴が出るかもしれない。けれどもそれを含めて、なんでも言い合える環境こそが会社の魅力を高めてゆく。

従業員数が少ない状況だと、経営者は会社についてすべて把握しておきたいと思うかもしれない。けれども経営者が知らないところでコミュニケーションがとられている組織のほうが健全だ。

もちろん、ここまでに示した1日目から6日目までの人事の仕組みがしっかり機能して、従業員にとって魅力的な会社になっていることが前提ではあるのだが。

【 自発的成長を促すための仕組み 】

可能なら福利厚生の一環として、**従業員が自発的に学びたいと思った時の支援制度**を作っておいたほうがよい。それらは金額的にも大した額にならないはずだ。できれば自社のビジネスに沿った形にするほうが望ましい。

たとえば研究機関などでは、研究に必要な書籍や論文を入手するための費用について、特に稟議を求めない仕組みにしている会社がある。稟議を求めている時間がもったいないという発想だし、かりに入手に1万円かかる論文だとしても、従業員の時間にすれば5時間にもならない。

そして従業員が5時間働いてその論文を書けないのであれば、入手費用はずいぶんとコストパフォーマンスがよいということになるだろう。

また、自社のサービスに興味を持った時、それを支援する仕組みも有効だ。

　たとえばゲームソフトウェア制作の会社なら、競合他社のゲーム購入費用を補助することには意味があるだろう。エンターテインメント系の会社が、今はやりのエンターテインメント観劇費用を補助することも大いに意味がある。飲食店の従業員に対して競合他店や人気店に行く費用を負担したり、ホテル従業員に対して他のホテルへの宿泊経験を持たせたりすることなどもよくある話だ。

　福利厚生は一見無駄な費用に見えたり、単に従業員を大切にするためだけの仕組みに見えたりするが、それ以上に成長を促し会社が求める譲れない軸に意識と行動を集約させる効果もある。ぜひうまく設計してみてほしい。

ファストトラック全体構成まとめ

制度分類	要素	詳細	概要	構成	フォーマット
等級制度	等級基準	等級軸	会社が従業員に求めるものの軸をどう定めるか	1日目	－
	人材ポートフォリオ	等級横軸	職種ごとの期待を分けて設定するか	1日目	－
		等級縦軸	組織ニーズと個人キャリアのバランスをとった等級数をいくつ設定するか	1日目	－
		職務等級	期待する成果、職務、能力をどう定めるか	1日目	F1職務記述書
	昇格・降格ルール	昇格判断基準とプロセス	等級基準を用いた設計と運用プロセス	4日目	－
報酬制度	報酬構成	給与と賞与の関係性	月給制、年俸制の検討	5日目	－
	等級別給与レンジ	給与水準設定	市場水準のどのレベルに対応させるか	2日目	F2給与テーブル＆給与改定表
		給与上下限設定	昇格モチベーションと同等級滞留年数との対比をどう判断するか	2日目	F2給与テーブル＆給与改定表
	給与改定ルール	標準昇給額	年収逆算が基本だが相場対比の選択肢も検討	3日目	F2給与テーブル＆給与改定表
		評価との連動性	どの評価項目と対応させるか	3日目	－
		メリハリ設定	高業績者モチベートと低業績者への対応判断をどうするか	3日目	F2給与テーブル＆給与改定表
	利益配分賞与	原資・金額設定	業績から個人賞与への反映をどうするか	5日目	F4利益配分賞与計算シート
		支給プロセス	決算賞与としての手順	5日目	－
	間接報酬	働き方関連手当	通勤、在宅などの手当設定の考え方	7日目	－
		コミュニケーション関連制度	従業員間のコミュニケーション向上のための各種対策をどう設定するか	7日目	－
評価制度	職務等級定義に基づく総合評価	職務等級定義に基づく総合評価設計	職務等級定義に基づき、評価する仕組みとしてどのように反映するか	3日目	F3職務定義に基づく評価シート
採用・代謝制度	採用制度	採用基準	等級基準に基づき採用基準にどのように反映するか	6日目	F5採用基準＆面接
		採用プロセス	採用基準に基づいた候補者の見極めプロセスをどのように設計するか	6日目	F5採用基準＆面接
	代謝制度	代謝基準	新規に採用した人材を試用期間で代謝する仕組みをどのように設計するか	6日目	F5採用基準＆面接

詳細設計編

すでにある
人事制度を
改定するには

STEP 0	今すでにある人事制度をさらに良いものにするために
STEP 1	グランドデザインとして人事戦略を定める
STEP 2	等級制度を体系化する
STEP 3	報酬を総合的に整理する
STEP 4	評価制度を基準とコミュニケーションで整理する
STEP 5	採用から代謝までのフローを定める
STEP 6	移行措置を定め丁寧な浸透を図る
STEP 7	企業文化として定着化させる

STEP 0
詳細設計編

今すでにある人事制度をさらに良いものにするために

　詳細編では、ファストトラックで網羅しきれていない各要素別の詳細検討方法をお伝えする。
　ファストトラックの7日間で示した等級制度、報酬制度、評価制度、採用・代謝制度に加え、前提としての人事戦略についてのパートを設けた。
　これらの内容は、すでに人事制度を導入している会社に役立つはずだ。また、ファストトラックで人事制度を構築した企業が、1年ほどの運用を踏まえて改定のために読んでいただいてもよいだろう。

　すでに人事制度を導入している会社が人事制度改定を考えるパターンはいくつかあるが、最も多いものが「**事業変革が求められるタイミングで、求める人材が変わりつつある**」というものだ。
　今までの事業戦略においては、今までの人事制度でよかった。
　けれども環境が変わり、事業が縮小してゆく可能性が高い中、新しいチャレンジをしなければいけない。そのために人材に期待することが変わっていく会社が増えている。だからこそ、人事戦略としてのグランドデザイ

ンから始めるような構成にしてみた。

またそれ以外にも人事制度改革のニーズはある。代表的な3つのニーズは以下のものだ。

> ・今の制度を作ってから時間がたつので見直したい
> ・現状で問題が生じていてそれを解決したい
> ・将来に向けてもっと良い制度にしたい

これらは過去、現在、未来の時間軸で整理できるが、根底にあるものはやはり「変化」だ。その観点で言い換えるとこうなるだろう。

> ・今の制度を作った当時と環境が変わったので見直したい。
> ・従業員が求めるものが変わって人事上の問題が生じるようになったから見直したい。
> ・これからの成長（変化）に向けて新たな手を打ちたいから見直したい。

だからやはり、すでにある人事制度を変えようとするのなら、変化を踏まえた戦略から整理するほうがよい。そうしないと「ダメな部分を変える制度改革」を目指そうとしてしまう。

しかし今「ダメな部分」でも、かつてはうまく機能していたことかもしれない。当時はその仕組みが目指す姿であったものの、環境や働き方や事業が目指す方向性が変化したことが、現状に合わなくなってしまったのかもしれない。

だから変えなければいけなくなったけれど、今の仕組みは決して悪いものではなかったのだ。

そうして前向きな制度として改定を始めよう。戦略を具体化し、一人一

人が活躍でき、事業も会社もうまくいくような仕組みを構築していこう。

　詳細編の構成は、ファストトラックとは若干異なっている。
　ファストトラックは、まずすぐに使えて事業に貢献できる仕組みをつくるものだった。
　詳細編では、事業をさらに成長させるために、人事を事業と有機的に機能させながら、ずっと使い続けられるものにすることを目指す。
　だからSTEP 1の人事戦略、STEP 2から4の詳細制度、そしてSTEP 5では採用から代謝（退職）までのフローをどのように設計すべきかを記した。その上で、STEP 6で浸透手順を示し、STEP 7で運用の肝となる評価者教育と定点観測の仕組みに減給した。
　専門用語が出てくる場合もあるが、順を追って読み進めてもらえれば、理解が促進されるように書いてみた。ぜひ自社に適用してみてほしい。

STEP 1
グランドデザインとして人事戦略を定める

今人事制度はあるが改定したい。そんな時、最初に考えるべきはグランドデザインとしての人事戦略だ。なぜなら制度改定を思い立ったきっかけは、何らかの変化だったはずだから。変化を踏まえた現状を可視化し、何を目指すべきか、経営層、そして従業員全員が合意した状態を作り上げるところがSTEP1だ。

やるべきこと
- 変化を可視化するために人的資本という概念を生かそう
- 市場対比と確定した未来を可視化する
- 運用の実際をヒアリングし事実として整理する
- 可視化された現状をもとに課題優先度を判断する
- 人事ポリシーを定義する

メリット
- 何を目指すべきかがはっきりする
- 今回どこまでやるかが明確になる
- 関係者の合意を得られる

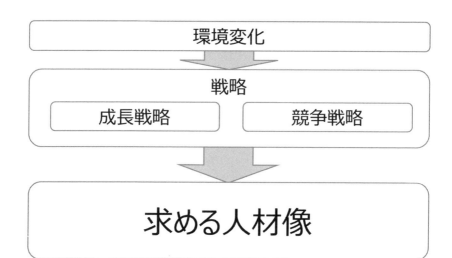

1. グランドデザインとは改革のキーパーソンたちが人事制度改革に合意するプロセス

　人事制度改定の最も多いきっかけが「事業変革が求められるタイミングで、求める人材が変わりつつある」というものだと記した。
　またそれ以外にも、3つのきっかけを記した。過去から現在、そして未来について変化を踏まえた改革のきっかけだ。
　再度示してみよう。

> 過去　今の制度を作った当時と環境が変わったので見直したい。
> 現在　従業員が求めるものが変わって人事上の問題が生じるようになったから見直したい。
> 未来　これからの成長（変化）に向けて新たな手を打ちたいから見直したい。

このようなきっかけを踏まえつつ、狙い通りに効果のある人事制度を作り、運用するために必須のことがある。それは、**関係者たちが人事制度改革に合意**することだ。

　関係者とは、広く言えば、経営者と従業員全員ということになる。しかしこの場合には、改革のキーパーソンたちを限定して考え、それらの人たちに合意してもらうことを目指す。

　たとえば新しいビジネス展開に向けて、これまで全社一律だった人事制度を、事業別とか職種別に区分する場合には、それぞれの事業や職種に関わる人たちの思いを反映したほうが、良い制度になりやすい。何らかの問題が生じているのであれば、現場の声を聴くのはなおさらだ。

　改革の内容によっては、時には、一部の人たちにつらい決断を迫らなければいけない場合もある。

　その場合には、**たとえ合意は得られなくとも、なぜその改革をするのか、ということを明確にしておいたほうがよい**。タイムリーな合意は得られなくても、将来わかってもらえるタイミングをつくるためだ。

　それは現状の可視化によって実現する。

　そのために「**人的資本**」「**給与散布図と市場対比**」「**人的動態確認**」「**ヒアリング**」「**エンゲージメントサーベイ**」という5つの手法の用い方を示す。

【　人事課題を経営課題として定義するために人的資本指標を用いる　】

　人事課題は経営課題として理解されづらい。人件費コストだったり、必要人材の過不足だけが議論になったりする。

　けれども人件費は単純に給与と賞与を足すだけのものではないし、また単年度だけで議論すべきものでもない。

　人材不足についても、足りないからすぐにどこかから連れてくることは

できないし、余っているからと言って去ってもらうわけにもいかない。

　だから人事課題を経営課題として理解、共有するために、わかりやすい見せ方が必要だ。

　『7日で作る　新・人事考課 CD-ROM 付』では経営層や幹部、管理職、従業員など、キーパーソンへのヒアリングによる思いの確認を優先すべきだと書いた。

　当時はそれでよかったのだが、人事について今では多くの事柄が数値で分析しやすくなっている。HRテックの浸透や、人的資本（※コラム参照）経営の機運の高まりなどがそれらを後押ししている。

　ではどのような指標を確認すべきだろうか。人的資本経営において示される指標は、場合によって数十にも上る。そんなにたくさんの指標を確認しても、逆に何を重視すべきかがわからなくなる。

　また、人事制度とは事業戦略達成のためのインフラではあるのだが、そこで活躍する従業員には心があり生活がある。だから感情のない経営資源として扱うような、コストとしてのみ見るようなことも好ましくない。

　そこでここではシンプルな6つの指標についての可視化を説明しよう。

　6つの指標はそれぞれ**生産性、組織力、リーダーシップの観点から2つずつ選んだもの**で、弊社では「**SV6指標**」と題している。これらは人的資本経営の観点に基づいたうえで、具体的に変革の方向性が見えやすくするものたちだ。

　だから皆さんはまずこれら指標について、自社で数値化できるか考えてみてほしい。

- SV指標1：一人あたり営業利益（生産性）
- SV指標2：一人あたり売上高（生産性）
- SV指標3：退職平均年数（組織力）
- SV指標4：実質一人あたり採用コスト（組織力）
- SV指標5：リーダー多面評価結果（リーダーシップ）
- SV指標6：マネジメント教育費用（リーダーシップ）

人的資本とは

　人的資本という言葉そのものは古い経済学の用語であり、人的資本理論として、従業員の学習に費やした費用が多いほど、生涯賃金が増えるという関係性を分析したものだ。主には最終学歴の差を示すものだが、会社が従業員に与えた教育費用なども含めて考えるものだった。

　従業員が得た教育は目に見えるものではないが、かけた費用なら見える。大学などの高等教育を受けることの意味がそこにあるものとして理解されてきた。

　一方でデジタル化が進む各種産業において、目に見える経営資源では説明できない成長や収益が観測されるようになってきた。

　工場や原材料などがなくても、PCの前に座って作るだけ（に見える）プログラムによって、なぜ製造業よりもはるかに多くの収益が生まれるのか。それはどんな経営資源に準拠したものなのかを解明しようという試みが進んだ。

　その答えの一つが**新しい意味での人的資本**だ。

　そうして目に見えない経営資源として、経営者や従業員が蓄積し発揮する能力が収益の源泉である、という考え方は一気に広まった。日本でも上場企業において人的資本の情報開示が義務化されるなど、積極的な動きが

強まっている。

で、**その本質はなにかといえば、ちゃんと従業員にお金と手間暇をかけましょう、というものだ。**報酬が高ければ優秀な人が集まりやすいし、優秀な人の割合が増えれば会社は成長しやすくなる。

また組織を導き成果を出せる人が経営者や管理職に増えれば、その組織で働きたいという人も増えていく。働きたい人が増えれば、そこに多様性が生じてくる。その多様性を生かせば、多様な顧客に選ばれるようになり、成長が一時的なものから永続的に変わっていく。

そんなことが、今成功している企業の分析から読み解かれた結果として、人的資本経営として広まっている。

もともとはデジタル産業などの、目に見える経営資源が少ない業種についての分析だったが、今では製造業やインフラ系産業など、目に見える経営資源に対する初期投資が膨大なビジネスにおいても、人的資本は重要な概念として適用されるようになっている。

結局のところ、ほとんどのビジネスには人が関わっているし、関わる人が優秀なほうが良い結果が生み出されやすい。

むしろ小規模な会社のほうが、一人一人の従業員が組織に与える影響が大きいので、人的資本概念は意識したほうがよいだろう。

◆指標1:「一人あたり営業利益(生産性)」
営業利益を高めることが人事改革の必須ゴール

最初に確認しなければいけないことは、**従業員一人あたりの営業利益額**だ。率ではなく額にしているのは、それが従業員に支払える報酬にも関わってくるからだ。

営業利益額は一般的に売上から原価と販売管理費を差し引いて計算できる。

この金額を、過去にさかのぼって計算してみてほしい。そしてグラフに

してみよう。これが右肩あがりになっていれば原則は問題ないのだが、横ばいだったりしたら注意しよう。そして右肩さがりだったら危険信号だと考えなければいけない。

そもそもなぜ人事制度改革をしなければいけないかが、この数値を見れば一目瞭然なことも多い。**ビジネスとして儲からなくなっていることが危機感につながる**からだ。

そして、**人事改革は一人あたり営業利益額を増やすことを必須ゴールにしなくてはいけない**。

インフレが進むとか、労働市場における報酬額が高まっていくとか、従業員の成長のために投資しなければいけないとか、そんな変化に対応した選択肢を得るためには、なんといってもお金が必要だ。

◆指標2：「一人あたり売上高（生産性）」
一人あたり売上の伸びが組織として伸びている証

利益さえ出ていれば売り上げはそれほど重要ではないと思う人もいるだろう。

けれども、ここで見たいのは、**売上高がちゃんと伸びているかどうか**だ。そもそも売上が増えているほうが営業利益も増えやすい。

ただし、一人あたり売上高は、企業規模が大きくなるとともに低くなりやすい点に注意しよう。なぜなら全体の売り上げを拡大するためには、将来のための余剰人員を確保し、育成しながらビジネスを伸ばすことになるからだ。

そのため、生産性指標として、営業利益とあわせて確認することをお勧めする。

◆指標1と2をあわせた生産性としての確認

生産性指標としてみる場合、売り上げと営業利益を、3×3のマトリク

スで判断するとわかりやすい。理想は売上と利益の双方が増えている状況だが、そのような状況で人事制度改革を行う企業はあまりないだろう。

　生産性について売り上げと営業利益で確認した結果の課題は、生産性とイノベーションあるいはその双方だという結論になることが多い。

　生産性課題は売り上げにかかわらず利益が横ばいか減少している状況だ。
　中でも**売り上げが増加していない状況**での**利益横ばいや減少している状況は、厳しい人事選択をしなければいけない可能性をはらんでいる。**
　なお、売り上げが増えているのに利益が減少している理由が投資であるのなら、それを除いて確認することをお勧めしたい。

　イノベーション課題は、利益にかかわらず売り上げが横ばいか減少している状況だ。
　売り上げを増やすための行動として、新規顧客獲得のための新規サービスや商品の提供を視野に入れた行動変革が求められる。あるいは事業が対象とするマーケットそのものを見直す必要性もあるかもしれない。
　利益が増えているのに売り上げが減少している理由が効率化によるものだとしても、縮小均衡に陥るリスクを考えて、やはりイノベーションに向けて新規サービス開発や事業開拓を考える必要があるだろう。
　やっかいなのは、**生産性もイノベーションも課題だと言う状況**だ。
　売り上げも利益も横ばいか減少状況という会社だ。そしてそんな会社はたくさんある。
　その場合、どこまで変革に踏み込むか、覚悟が求められるだろう。
　グランドデザインとしてのあるべき姿、そして人事ポリシーに落とし込む際にしっかりと考えてみよう。

	売上減	売上横ばい	売上増
利益増	効率化進みすぎ 将来にリスク	効率化進展	理想的状況
利益横ばい	新規事業必要	停滞	生産性懸念
利益減	危機的	生産性大いに懸念	生産性超懸念 投資状況なら良い

→ 生産性が課題
↓ イノベーションが課題

◆指標3:「退職平均年数（組織力）」

定年以外での退職者の勤続平均年数がそのまま組織の魅力になる

「優秀な若手が辞めるんです」という悩みは企業規模や業態を問わず共通だが、どれくらいの割合で辞めればまずいのか、ということについては明確な指針がない。

新卒は3年で3割が辞める、というのは数十年にわたって変わらない傾向だし、企業規模が小さくなれば辞める割合が多くなるのも昔から変わらない。

だから**見るべきは、自社で辞める人の傾向変化**だ。

となると毎年何人辞めたか、ということを見がちだが、むしろ「**何年目の人が辞めたか**」を見るほうが危機感を共有できるし、対策もとりやすい。

そこで定年退職以外で辞めた人の勤続年数平均を年度ごとに計算して退職平均年数として整理してみてほしい。

組織にとって良い辞め方の場合と悪い辞め方の場合があるので、両方の

場合を示してみよう。

　良い辞め方とは、会社が辞めてほしいと思っている人材が辞めている状態だ。
　日本では長らく「退職」は悪いことで悲しいことだという印象が強かった。
　今もそういう傾向があるが、合わない組織であれば早めにやめて合う組織を選んだほうがよい、という考え方も広がりつつある。そして合うか合わないかの判断はなるべく早いほうがよい。だから合わない人材が３年以内に辞めていくことは問題ではない、と考えるほうがよくなりつつある。
　良い辞め方が浸透している会社では、辞めた人も会社のファンで居てくれることが多いため、退職者の同窓会的組織としてアルムナイを形成したり、条件を悪化させずに戻ってこられるカムバック制度を導入することも増えつつある。

　一方で悪い辞め方については、人事対策が急務となる。
　悪い辞め方が目立つ状況で、退職平均年数が極端に短いのなら、組織がすでに崩壊していることをあらわしている。
　その場合、人を辞めさせてしまう悪い原因を放置していることがよくある。
　典型的には、ハラスメント行動をとっている管理職のもとに新人を配置してしまうことが常態化しているなどだ。

　その管理職がハラスメントしていることは薄々わかっていても、人材が足りないとか、個人として成績を上げてくれるから、という事情などから強く注意できないなどの状況で起きる現象だ。

退職平均年数	良い辞め方の場合	悪い辞め方の場合
1年未満	不適切な人材を早期に排除できている ⇒採用ミスを減らす取り組みが望ましい	組織崩壊 ⇒組織として成り立っていないので早急な対策が必要
1年〜3年	相対的に能力が低い人材を排除できている ⇒組織水準の底上げができた時点で相対評価割合の縮小が望ましい	退職させてしまう原因が存在 ⇒原因を特定して解消することが必要
3年〜10年	若い期間の人材活用が出来ていて退職後もファン化が促進されている ⇒アルムナイ組織形成が望ましい	ロールモデルの欠如 ⇒社内になりたい存在がいないことから、適材適所や管理職教育が必要
10年〜20年	セカンドキャリアの促進ができている ⇒副業制度やカムバック制度などの整備が望ましい	キャリアプラトーへの到達 ⇒高齢な管理職の入れ替えや、ワークライフバランスの拡充
20年以上		高齢者使い捨て ⇒高齢者処遇の見直しが必要かもしれないが、慎重な対応が必要

　3年以上勤務して辞める傾向があるのなら、それは社内にロールモデルがいないことが原因な場合が多い。「ああはなりたくない人」たちが多い場合にも3年〜10年くらいで辞める人が増えやすい。

　退職平均年数が10年以上だとすれば、それはポスト不足から昇進に対して期待を持てず、別の会社に新天地を求めるような場合だ。出世の踊り場としてキャリア・プラトーと定義する場合もある。
　会社側としては上が詰まっているのでどうしようもないから放置していることが多かった。

しかし最近は40才以上での転職も可能になってきているので、たとえば**能力があわなくなっている高齢者を管理職に就けたままで、優秀な若手に足踏みをさせてしまうと、あっさり転職されてしまう**ことになる。だから対策としては、管理職層の若返りを図ることだったり、ワークライフバランスを拡充したりして、辞めたくなる原因をつぶすことが求められる。

なお辞めてほしい40才以上が辞めているということならそれは許容すべきかもしれない。

ただそうした人たちの姿を見ている若手が、明日は我が身と考えて離職し始める可能性が高いので、やはり改革の課題にあげたほうがよいだろう。

◆指標4：「実質一人あたり採用コスト（組織力）」
　定常的に採用コストをかけているのに成長していないのなら問題

人が足りないから採用しないといけない。そうなったとき、採用コストの問題が見過ごされがちになる。採用コストが経理上の費目として表れにくいことも原因だ。

そこであらためて採用にかかっている費用を洗い出してみよう。計算の単位は基本的に年で構わない。

計算する費用はキャッシュアウトする外部コストと、給与などですでに支払っているけれども他の作業が出来なくなっている分の内部コストに分けてみると課題が見えやすい。

典型的な外部コストは「求人サイト費用」「採用時手数料」だ。また、書類審査や一次面接を外注している場合にはその分の費用も計算しよう。

内部コストは、採用担当人員の人件費に加え、面接官となる管理職などの時間コストだ。

これらを合計して採用コストの母数としてみる。

そしてそれらを、**実質的増員数で割り戻してみよう**。

気を付けてほしいのは、採用人数で割り戻さないことだ。**実質的増員数**

とは、採用人数から退職者数を差し引いた数だ。

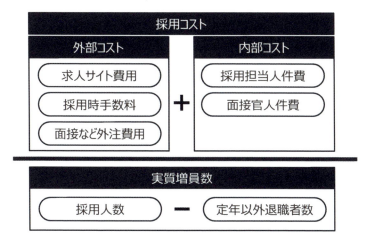

　仮に採用コストが年間500万円で、採用人数が10人だとすれば、採用コストは50万円／人となる。けれども退職者数が8人なら、実質増員数は2人だ。だから500万円÷2人＝250万円が実質一人あたり採用コストだ。もし実質増員がマイナスなら、採用コストはマイナスの異常値になる。
　もしこの分析が、採用サイトや人材紹介エージェントの見直しのためなら、採用人数だけで割り戻せばいい。
　けれども今回の分析は、人事改革のための課題明確化が目的だ。**いかに効率的に採用ができていても、バケツに穴が開いているようにどんどんやめてしまっていては意味がない、ということを浮き彫りにしなければいけない**のだ。

◆**指標3と4をあわせた組織力としての確認**
　人事制度改定のゴールは利益を生み出すことだ。
　そして利益は一人の力では生み出せない。ビジネスにおける利益創出の方程式は、**「儲けの単位」の掛け算**に他ならない。

飲食店であれば儲けの単位は店舗だ。儲かる店舗を増やすことで売上が増え、利益が増える。

人材派遣業であれば派遣先の数が掛け算の単位だ。そして派遣単価を超えないような給与設定と、成長にあわせた派遣単価引き上げ交渉で利益を生み出すことになる。

製造業なら、製品を作り上げるラインごとの収益性が確保されていなくてはいけない。もしそこで生産を担当する従業員がどんどんやめていって、採用が間に合わないような状態だとすると、利益は生み出せない。そうなってしまうと極端な場合、顧客との取引を守るために製造ラインに丸ごと請負業者を入れて、赤字での運営をしなくてはいけないことすら出てきてしまう。

指標3で退職理由について仮説を設定し、指標4でその危機感を具体的に数値化しよう。そうすれば、**人事制度改革によって、財務的な改善インパクトをどれだけ生み出せるのかという指針**にできるだろう。

◆指標5：「リーダー多面評価結果（リーダーシップ）」
組織力を高めるロールモデルだけを管理職にすべきだ

生産性、組織力を可視化したあとは、組織としてのリーダーシップを確認しよう。

掛け算で利益を増やすためには、掛け算の単位となるユニットのリーダーが必要だからだ。それも名ばかりのリーダーではなく、しっかりと利益を生みながら部下を育てられる人材が必要だ。

ちなみに実際の変革現場では、意外なほどリーダー不在の組織が多い。100人の従業員のうち、99人までが実質的にプレイヤーという組織だってある。これには原因があって、たとえばオーナー企業だと、優秀な従業

員が現場を離れて管理業務だけに就くことを望まないことが多い。また非オーナーの大企業では、周囲との競争を目指す人がリーダーポジションに就くことが多く、結果としてチームとしての成果を生み出しづらくなることもある。いずれの場合にも結果として、経営層の顔色をうかがう子分のような管理職と、プレイヤーとして活躍することに特化した名ばかり管理職が生まれやすい。

　今の自社のリーダーシップがどのような状況になっているのかを把握しておくことで対策が打ちやすくなる。
　とはいえ、リーダーシップについては財務数値のような定量的な指標がない。
　そこで多面評価方式のアンケートを導入し、今の管理職以上のリーダーシップ発揮状況を数値化してみよう。サンプルとして14の設問を示そう。

番号	設問例	設問タイプ	プラス設問	マイナス設問
1	周囲の人たちから、一緒に働きたいと思われていますか。	チームワーク	○	
2	激しい感情をすぐにあらわしたり、人が嫌がるような言動をしたりすることがありますか。	チームワーク		○
3	目標を前倒しで達成しようとしていますか。	業務態度	○	
4	依頼した仕事で遅れることがありますか。	業務態度		○
5	積極的に新しい知識を学ぼうとしていますか。	学習態度	○	
6	昔学んだことをいつまでも改善しようとしない人ですか。	学習態度		○
7	仕事の進め方を改善しようとしていますか。	改革姿勢	○	
8	決まった作業について疑問を持たずに実行することが多いですか。	改革姿勢		○
9	お客様のニーズに対して敏感な行動をとっていますか。	顧客志向	○	
10	お客様に興味がなかったり、クレームを言うお客様を悪く言ったりすることがありますか。	顧客志向		○
11	自分の意見を周囲にはっきりと示す人ですか。	主体性	○	
12	誰かの意見に黙って従う人ですか。	主体性		○
13	部下や同僚を育てようとしていますか。	人材育成	○	
14	人を褒めないところや、他人の意見を聞かないところがありますか。	人材育成		○

　もしあなたの会社ですでになんらかのHRシステムが導入されているのなら、対象となる人に対して多面評価者を選んで、これらの14の設問について社内アンケート形式で設問を投げてみるといい。シンプルに5段階評価で、その平均点を出してみればまずは使える結果になるだろう。

　アンケート結果を入力すれば分析まで自動で行うシートを用意したので、こちらも活用してみてほしい。

　もっと簡単な設問でいえば、「この人は管理職として尊敬できますか」「この人は管理職として不適切な行動をとることがありますか」という2つでもいい。

　できれば一度、経営層を含む管理職以上全員に対して多面評価をすることをお勧めする。

　そうして管理職としてのロールモデルになる人を確認し、その人の意見を改革に取り入れることなどを検討しよう。また、多面評価結果が低い場合には、それらの人の改善を促していこう。

STEP 1　グランドデザインとして人事戦略を定める

対象者氏名														
総合平均点	2.9	総合評価	若干問題											
設問別		チームワーク	業務態度	業務態度	学習態度	学習態度	改革姿勢	改革姿勢	顧客志向	顧客志向	主体性	主体性	人材育成	人材育成
		若干問題	極めて問題	若干問題	問題なし	若干問題	問題なし	若干問題	問題なし	若干問題	問題なし	若干問題	問題なし	若干問題
回答平均 (マイナス設問は逆計算済み)	2.4	1.8	2.7	3	3	2.9	3.2	3.7	2.9	3.3	3.2	2.4	3.5	2.8
		1	2	3	4	5	6	7	8	9	10	11	12	13	14
		この人物は、悲しい感情をすぐにあらわにしたり、周囲と一緒に人たちから一緒に働きたいと思われるような言動をしたりすることがあります。	この人物は、周囲の人たちから一緒に働きたいと思われるような言動をしたりすることがあります。		この人物は、依頼された仕事で選ばれることがあります。	この人物は、積極的に新しい知識を学ぼうとしています。	この人物は、普通の人だといっているまでもなく改善しようとしない人ですか。	この人物は、決まった作業についてその進め方を改善しようとしています。	この人物は、仕事のやり方を改善しようと開きかに進めていますか。	この人物は、お客様に関係のなかった作業のニーズに対してもクレームを言われて客様にとって感じる行動をとっていますか。	この人物は、お客様のニーズに対して熱意をもって応えようとすることがあります。	この人物は、自分のなかでの意見を言われたことを、リーダーや上司に伝えようとしていますか。	この人物は、部下や周囲に対して同様に接して応える意見を聞こうとしていますか。	この人物は、人を使う必要のないリーダーシップや、他の人の意見を取り入れようとすることがありますか。
設問タイプ		マイナス	プラス	マイナス	プラス	マイナス	プラス	マイナス	プラス	マイナス	プラス	マイナス	プラス	マイナス
回答者番号														
1	1	3	4	4	3	5	1	5	2	3	4	4	1
2	5	1	3	2	1	4	1	1	5	4	5	1	2
3	5	4	4	3	1	2	4	3	3	3	3	4	5
4	2	5	1	4	4	1	2	4	4	5	4	3	3
5	1	3	3	5	4	3	1	3	2	5	1	4	3
6	4	1	3	1	4	3	3	1	2	2	4	2	2
7	2	5	2	2	3	2	5	3	4	4	5	5	3
8	1	5	3	5	1	1	3	5	5	5	5	2	3
9	3	4	3	1	5	5	3	2	1	1	2	2	3
10	3	5	3	4	4	4	5	2	2	3	3	3	4

◆指標6:「マネジメント教育費用(リーダーシップ)」
教育こそが人材への投資だ
最後に確認すべきは、**教育にかけている費用**だ。
中でも、管理職以上へのマネジメント教育をどれほど行っているかを確認しよう。

かつて社会全体が成長していた時代には、現場仕事を中心にOJTとして教育に代替することができた。先輩や上司のスキルが、後輩や部下にとって有用な時代ならそれでもよかった。
けれども今や変化が激しくなり、10年先に入社した先輩が持つスキルが必ずしも後輩にとって有効でないことも増えている。社内で教えられないとなれば社外に教えを請わないといけない。そのために今いくら教育に費用をかけているか、年額で算出してみよう。

算出のための費用は、**教育機関に支払う金額に加えて、就業時間中に行っているとしたら、その分の人件費も計上**しよう。
社内研修を行っているのなら、社内講師の人件費に加え、参加者の交通費や宿泊費も計上しよう。また、自己研鑽への奨励金も出しているのならそれも計上しよう。
そうして計算された金額が、以下の基準値を超えているかどうかをチェックしてみるとよい。

> **対売上人件費率 × 期待売上高成長率 × 人件費**

例をあげてみる。
たとえば飲食チェーンで、対売上人件費率が25%だとする。そして事業計画における期待成長率5%だとすると、0.25 × 0.05 = 0.0125 = 1.25%となる。

つまり人件費の1.25％分の教育費用をかけているかどうかを閾値としてみてみればよい。

　ちなみにこの金額は、個人別にみるとさらにわかりやすい。年収400万円の人材であれば1.25％は5万円／年だ。年収800万円の人材なら10万円／年。これを超えていれば会社として従業員への教育投資をちゃんとしている、という基準となる。

　人件費率が高い業態だと閾値はもっとあがる。たとえば会計事務所で、対売上人件費率が60％で、期待成長率10％の場合、0.6 × 0.1 = 0.06 = 6％。人件費の6％とは、年収400万円の人材に対して24万円／年、であり、年収800万円の人材に対しては48万円／年となる。

【 可視化結果を1枚のシートにまとめ課題を浮き彫りにする 】

　SV6基準を計算したのちに、それらを1枚のシートにまとめてみよう。そうすることで読み取れる課題が整理される。

　ダウンロードサービスで用意しているシートでは、過去3年の数値を入力することで、課題の方向性が自動的に記載されるように加工している。もちろんそれがそのものずばり、ということではないだろうが、ぜひ参考にしてほしい。

　数値を可視化することで、少なくとも、人事制度改革に携わる人たちの間で、事実の認識がずれることはなくなるだろう。

　そして次に、なぜその数値になっているのかを確認しよう。

大項目	小項目	算出方法	望ましい状況	1年目 (実績値)	2年目 (実績値)	3年目 (実績値)	4年目 (予測値)	(平均値)	評価
生産性	一人あたり営業利益	営業利益÷従業員数	経年変化を踏まえて3×3のマトリクスでチェック	2,000,000	1,809,524	2,166,667	2,158,730	1,992,063	増加傾向
	一人あたり売上高	売上÷従業員数		10,000,000	10,476,190	9,583,333	9,603,175	10,019,841	縮小傾向
組織力	退職平均年数	定年以外退職者勤続年数平均	良い辞め方、悪い辞め方でチェック	3.5	3.8	3.4	3.5	3.6	縮小傾向
	一人あたり実質採用コスト	年間採用コスト÷(年間採用人数−定年退職以外退職者数)	マイナスだと緊急対策必要	2,000,000	2,250,000	1,840,000	1,870,000	2,030,000	縮小傾向
リーダーシップ	リーダー多面評価	役員・管理職多面評価点数平均	5点満点で3点以上	2.8	3.0	3.0	3.1	2.9	増加傾向
	マネジメント教育度	年間教育コストと関連比較	対売上人件費率×期待売上高成長率×人件費と比較して小さければ対	要対策	要対策	要対策			

　そのうえでSV指標5のリーダー多面評価結果が悪いということは、社内にリーダーが不足しているということだ。これは悪い退職の原因がリーダー不足である可能性も示している。

　二つの指標に共通するのは、評価制度の不具合だ。特に管理職層に対する**評価基準が現状に合致していない可能性**が高い。それらをチェックしたうえで、退職原因として金銭報酬と非金銭報酬の在り方をチェックしよう。
　また管理職層については、評価基準の前提となる管理職の職務定義などを見直し、等級の在り方を確認してみよう。

2. 市場対比と確定した未来を可視化する

【　給与の散布図をもとに市場対比状況を可視化する　】

　会社から見たコストとしての人件費は、従業員から見れば報酬水準だ。インフレなどの変動要因が大きくなっている現在、この報酬水準の確認が

必須となっている。

　ファストトラックでは、月々決まって支払う給与、つまり月例給について市場水準と比較することを示した。今まで人事制度がない会社の場合には、まず採用時にいくら支払うと約束するかが基本となるからだ。

　しかし詳細編では、すでに一定人数の従業員がいることが前提で設計を進める。となると月例給だけを比較するのでは、設計がうまくいかないだろう。なぜなら、既存従業員が報酬水準に不満を持つとき、それは月例給ではなく、年収についてのものだからだ。
　だから詳細編では、**月例給に加え、年収を前提として、労働市場との比較を行うこと**示す。
　そうして得られた情報を自社の報酬水準と比較してみるとわかりやすい。

【　自社の報酬を散布図で確認する　】

　月例給と年収について確認するには、散布図をつくるとわかりやすい。
　散布図作成用の標準フォーマットを用意するが、手順としてはまず、統計分析用の対象データを整理するところからはじめよう。
　従業員一覧には、以下の項目を含めておく。

[人事基本情報]
　・従業員番号（あるいは従業員を特定できる何らかの属性データ）
　・生年月日
　・年齢（関数で生年月日から算出する）
　・入社年月日
　・社歴（関数で入社年月日から算出する）

[職務関連情報]
　・等級
　・役職
　・職種
　・所属部署（必要に応じて）

[給与情報]
　・月例給を構成する各要素別給与
　・総支給額

[賞与情報]
　・夏賞与
　・冬賞与
　・賞与年額

　これらのデータを整備したうえで、散布図を作成しよう。
　散布図の縦軸は報酬額、横軸は年齢に置くが、それに加えてあと1属性での区分が可能だ。典型的には役職を属性として区分する。
　詳細は月例給の散布図作成のところで示そう。

◆月例級の散布図

　従業員一覧をもとに年齢、月例総支給額を算出したのち、散布図をつくる。

　今回は単純に年齢軸だけを示したもの、職種別に区分したもの、役職別に区分したものを示す。それぞれ特典ファイルで自動的に生成されるようにしているので工夫して使ってみてほしい。

　このような手順を踏むことで、わかりやすい散布図ができあがる。

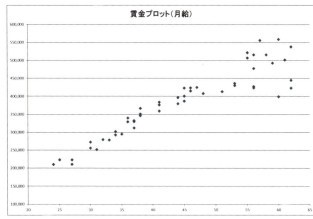

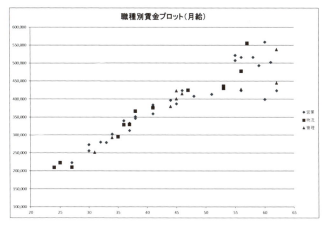

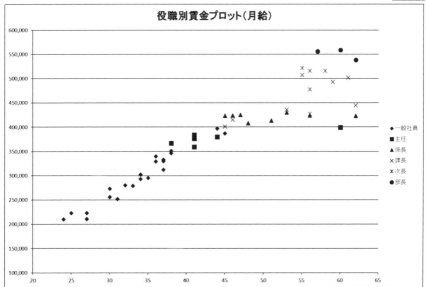

　その上で労働市場水準対比を行う。
　無料で簡単に手に入る労働市場水準との対比データは、厚生労働省が毎年公開している、賃金構造基本統計調査だ。
　このデータでは、産業別、企業規模別の所定内賃金、残業代、賞与と、それらを合算した年収額の統計情報を確認できる。
　弊社セレクションアンドバリエーションでは業界別、地域別での独自報酬データを提供しているので、有償になるが問い合わせていただくことも可能だ。

　散布図に対して、賃金構造基本統計調査で確認した給与水準を反映する線をひこう。これは厳密に適用することはグラフテクニックとして難しいので、描線ツールで描くくらいでいいだろう。

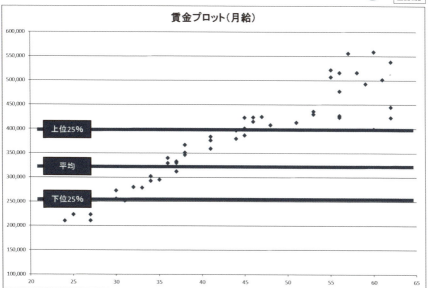

ここに示したのはイメージ図だが、そうして所定内給与において労働市場とどれくらいの乖離があるのかを確認しておこう。

これを踏まえて、報酬水準をどのように設定するかを検討するからだ。

◆年収の散布図

月例給の散布図をつくったら、年収の散布図もつくろう。

多くの場合、所定内給与と年収の散布図は似通っている。日本企業では賞与について、月数換算をすることが多く、その算定基礎額は所定内給与であることが多いからだ。

だとすれば、年収の散布図を作る意味はなんだろう。

それは、**年収ベースで、労働市場との比較をするため**だ。

そしてもしあなたの会社で中途採用を重視するのなら、報酬制度も年収

を前提に考えたほうがいい。なぜなら人が転職時に意識することは月収ではなく年収のことが多いからだ。

実際に先ほど示した所定内給与の会社で、年収で散布図を作ってみよう。
そして労働市場との比較をしてみる。すると所定内給与では36才くらいで労働市場水準を上回っていることが多かったが、年収だとそれが38才くらいになっている。また上位25％域だと月給は44才で到達しているが、年収だと55才くらいだ。

これはつまり、月給はそこそこだが、賞与が若干少なく、かつ上位層に対して十分に配分されていないという傾向を示している。

こうした傾向が見えてくれば、報酬制度の変革方向性も議論しやすくなる。例えば、賞与月数を減らして月例給にシフトさせることなどだ。

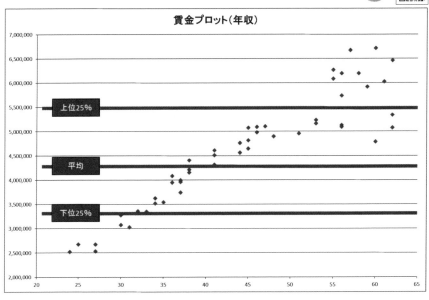

【 従業員動態分析 】

さらに、人事における確定した未来として、年齢別人員数を確認し、その5年後10年後を可視化しよう。

従業員一覧データがあれば計算は容易だ。ダウンロードできるシートで自動処理可能としているが、年齢別の人数を数え、5歳帯刻みなどで数値化する。また、元の年齢をそのまま5才加算、10才加算するなどして、5年後、10年後の各年齢人数を計算すればよい。

なお、前著では同グラフは59才までの表記としていたが、今回は64才までとしている。会社によっては69才までの表記が必要な場合もあるだろう。

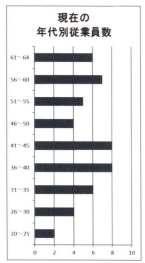
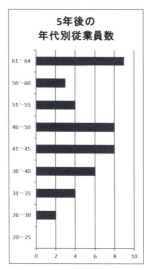
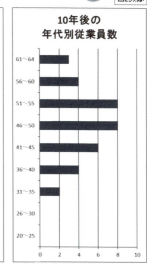

より重要なことは、そこで判明した人員数の凸凹をどのように課題として読み取るかだ。

ポイントは現時点の凸凹と、それが移動することによる課題だ。

例えばサンプルデータをもとにするなら、現在の凹凸は比較的なだらかに見える。

　しかし50才前後層と30才未満層がへこんでいることをどのようにとらえるかだ。50才前後層のへこみは、次の部長層候補が少ないことを示しているかもしれない。また30才以下のへこみは、若手採用に失敗するとともに若年層離職が進んでいることの表れかもしれない。

　そのような仮説を基に5年後を見ると、年長者のへこみはそのまま50代のへこみとなっている。合わせて60代が一気に膨れ上がっており、彼らへの処遇をどのようにするかを早急に考えなければいけないこと示している。また若手については深刻な状況が進む可能性があるため、こちらも緊急対策が求められることになる。

　そして10年後まで至れば、高齢層問題はある程度落ち着く。

　ただ、現在の40才前後の中心層が10年後に50才前後層となり、その先の高齢層問題を引き起こす可能性も見えてきている。そして若手対策が進んでいなければ、若手不足というより、中間層以下がいない状況になることを示している。

　このような分析をもとに、高齢者対応や採用改善、離職率引き下げなどを課題として打ち出していくことになる。

3. 運用の実態をヒアリングし事実として整理する

【　ヒアリングは巻き込み7割：事実確認3割で行う　】

　ここまでは定量的な分析により、人事の状態を可視化してきた。それは健康診断の結果を確認するということだ。だとすれば次に行うべきは生活

習慣の確認だ。

　たとえば昇格についての不満が高い理由は、基準があいまいなだけでなく、年功で昇格して仕事をしていない課長や部長がいるせいかもしれない。
　経営層に対する信頼度が低い理由は、経営層とのコミュニケーション頻度が少ないから、何をしているのかがよく見えていないというだけかもしれない。
　だからせっかく可視化した課題について、ストレートにヒアリングで確認しようと思うかもしれないがちょっと待ってほしい。
　ヒアリングによって、それぞれの指標についての質問を直接したとしても、最適な答えは返ってこないだろうから。
　たとえば営業利益や売上高が下がっていることに対して質問しても、それはあらためて人事制度改定の場で議論することではない、と一蹴されるかもしれない。
　退職平均年数が短いことについても、最近の若者はそうだから、として責任転嫁されてしまうかもしれない。
　実質一人あたり採用コストについて聞こうものなら、だから人事部がダメなんだ、と叱責される可能性すらあるだろう。

　ヒアリングの目的は、そもそも**当事者としてのまきこみ**が大半だ。
　改革のキーパーソンたちが人事制度改革に合意することが目的なのだ。そのためには、ちゃんと話を聞いたからあなたも当事者だ、という巻き込みをしなければいけない。
　その際のポイントは、**事実確認**だ。
　普段から人事のことを考えているわけではない人たちに、あらためて人事のことを聞いても、断片的な答えしか返ってこない可能性のほうが高い。しかし逆に人事部門は現場での従業員の行動を知っているわけではない。
　だからこそ、ヒアリングで営業従業員がどのように活躍し、生産ライン

でどのような協力関係が築かれ、企画部門が何に悩んでいるのかを確認することが重要なのだ。

そしてそれらの人たちがさらに活躍するために、人事が何を用意すべきか、ということをしっかり検討しなければいけない。

【　対象者・実施方法を整理しよう　】

人事改革についてのヒアリングは**巻き込みが主な目的**だ。その観点から、**必要最小限でありながら、なおかつなるべく多くの人を対象としよう**。

たとえば100人規模の会社であれば、役員と上位管理職の全員に話を聞いたほうが良い。さらにちょうど活躍中の世代と、気鋭の若手たちにも話を聞きたいところだ。

そうして整理してみると、社長を含めた役員5名、部長8名、課長の中のキーパーソン6名、期待される若手6名、という風に名前があがってくる。

この例だと25名になって、全体の25%にもなってしまう。

そしてヒアリングの人数が増えてくると、別の問題が出てくる。

それは「私は話を聞かれていない」と発言する人が出てくることだ。

そうならないようにするためには、対象によって聞き方を変えたほうがよくなる。たとえば個別ヒアリングは部長以上のみとして、課長に対しては3人ずつのグループヒアリングとするなどだ。若手6名へのヒアリング取りやめ、その代り全従業員に対して無記名アンケートを実施し、そこに自由記入欄を設ける、などの方法を考えたほうが良い。

人事改革へのまきこみのための各手法について、メリットと注意点を記してみる。

	メリット	注意点
ヒアリング	丁寧に意見を聞ける 本音を聞きやすい	時間がかかる 対象に選ばれなかった人が不満を持つ／時になんでも反対する人になる
グループヒアリング	聞き手がファシリテーターになるので話を引き出しやすい	強い意見の人にみんなが同調してしまうことがある
アンケート（匿名）	本音を引き出しやすい	不満だけが強く出る可能性がある
アンケート（記名）	責任のある意見を引き出しやすい	不満が出てきづらい

【 個別ヒアリングのポイント 】

個別ヒアリングを実施するにあたって準備する内容は、質問項目だ。

この時、**環境要因、事業の将来性、人事で気になっている点**、という順序で聞くようにしよう。

◆①環境要因の確認

ヒアリングに際して必要な前提がある。それは「**これまでの人事制度は間違っていない**」という前提だ。これまでの人事制度は、どこかの時点ではうまくいっていたはずだ。その仕組みに不具合が生じているということは、何かが変わったからだ。

それを環境要因として定義してみよう。そして事業をとりまく環境がどのように変わったのかを最初にヒアリングしてみよう。

もし呼び水が必要なら、2020年代における典型的な環境変化要因をキーワードで示しておくのも有効だ。

> - 転職の拡大
> - インフレと円安
> - カーボンニュートラル
> - リモートワーク
> - 共働き

 そんなキーワードを示しながら、自社を取り巻く環境がどのように変わったのかを確認し、そして次の質問につなげていく。
 このとき、**思いではなく事実を確認する**ことに注力しよう。
「私はこう思う」ではなく「今こんなことが起きている」という事実確認だ。もし思いが先に返ってきたら、「なるほど。そのように考えられたということは、どのような変化が実際にあったのでしょうか」と深堀りしながら聞くことがよい。

◆②事業の将来性確認

 環境が変わっても、事業は継続し続けなければいけない。環境要因を確認したあと、その中でも自社の事業をどう展開していくべきかを確認しよう。
 このとき、将来についての事実はまだないので、思いを確認することが主になる。ただ、それでも**なぜそう考えたのか、ということについて理由を深堀するほうがよい。**
 相手の役職によっては、対象とする事業範囲を限定することも可能だ。
 たとえ役員であっても自分の担当事業にしか興味がない人はいる。であればその事業に限定してよいので、意見を確認しよう。

◆③人事で気になっている点

 そして最後に人事課題についての確認だ。この時の対象者からの回答にはおおむね3つのパターンがある。

一つ目は、あらかじめしっかり回答を準備してこられるパターンだ。

このタイプの方は言いたいことがたくさんあるので、それらをどんどん確認しよう。もしいただけるなら、事前にまとめてある資料をもらうのもよい。

二つ目は、特定の人事課題について言及されるパターンだ。

営業のインセンティブが少ないとか、住宅手当が不公平だ、とか、さまざまな要素がある。それらをしっかり確認しておけば問題ない。

三つ目が少し面倒で、特に課題はない、というパターンだ。

だったらあっさりヒアリングを終了すればよい、と思うかもしれないが、それはまずい。というのも、このタイプの方は、自ら意見を発することは格好悪い、と思っている可能性が高い。時には、言いたいことを隠して、それを引き出してみろ、というスタンスの場合すらある。

だからこのパターンの方に対しては、あらためて①②で確認した環境要因と事業の将来性を踏まえて、人事、というおおぐくりではなく「昇進昇格は今の形で問題ないでしょうか」「報酬水準や給与改定ルールで、事業の方向性に合わせて修正が求められる点はなんでしょうか」とかみ砕いて質問したほうがよい。

それでも意見がない場合は確かにあるのだけれど。

【 グループヒアリングのポイント 】

ヒアリング対象者が多くなると個別に話を聞く時間的余裕がなくなることがある。また、ヒアリング対象者の在籍期間が短いなどで、総合的な意見が引き出せない場合もある。

そんなときには、**グループヒアリング**の手法を使おう。

対象者数は特にこだわらないが、3人～5人くらいが妥当だろう。
　グループヒアリングでも環境要因、事業の将来性、人事で気になっている点、という設問項目は変えなくてよい。
　ただし進め方については、個別ヒアリングとはちょっと違う工夫をしてみよう。

◆工夫1：心理的安全性を担保する
　個別のインタビューでは話せるが、他のメンバーがいる前ではなかなか本音を話しづらいという人がいる。
　だからお互いの関係性を自己紹介の形で確認しておこう。そして、お互いに、この場で聞いた話は他では話さないように、ということを念押ししよう。

◆工夫2：受け答えではなく司会者になる
　個別の意見が出てき始めると、中には質問が混じることがある。あるいは極端な意見を断言してしまうこともあるだろう。
　この時、インタビュアーが自分の意見を示してしまうと、一部の人との論争に発展するリスクがある。そこで質問や極端な意見に対しては、ほかの参加者に意見を聞くようにしてみよう。そして司会者として場をまとめていこう。

◆工夫3：意見はまとめない
　司会を進めていると、その場に集まっている人たちの意見をまとめたくなってしまうことがある。特に、意見が割れてしまう場合などだ。
　しかしそんな場合でもまとめずに、対立意見についてもそのまま受け止めよう。別の場ではまた違う意見が出てくることもあるのだから、あえてそこでまとめる必要もないのだ。

【 アンケートのポイント 】

　アンケートは全数調査に向いている。全員にヒアリングしている時間はないけれども、**全員を巻き込んでおいたほうが良い場合には、アンケートをとるほうがよい。**

　ただし**匿名と記名とで、アンケートの出方は大きく変わる**ものだと考えておこう。そして大切なことは、匿名アンケートを望む会社は、その時点で組織風土がまずいかもしれない、ということだ。
　匿名アンケートのメリットは本音を引き出しやすいことだが、逆に言えば、匿名じゃなければ本音が引き出せない状況に向いているということでもある。
　そしてそういう状況の会社では、匿名アンケートには、極端な否定の言葉が並びやすい。それはきっと、あえて聞かなくてもわかっているようなことばかりだ。

　一方で**記名のアンケートは責任ある意見が出てくる。**
　また誰の意見なのかがわかるということは、所属や等級、年齢帯などでの分析にも使えるということだ。否定的な意見が出てきづらい傾向はあるが、それでも責任感を持って否定的意見を示す人はいる。そういった意見を受け止めやすいのも、記名アンケートの特徴だ。
　匿名アンケートでもある程度の属性は入力してもらうことはできるが、それが本当の属性かどうかまではわからない。
　実際に、回答者が特定されるかも、という意識から自分と全く逆の属性を選んで回答した、という人もいた。たとえば40代の男性営業従業員の方が、20代女性事務従業員を装って、否定的な意見を書き連ねた、ということを自慢げに話されたこともある。分析する側はそんな状況は見抜くことができない。

だから**匿名と記名、どちらのアンケートがいいでしょうか**、と尋ねられたら、私は記名にしたほうが良いと答えるし、記名にできないというのなら、そもそも今の組織は危機的状況ではないですか、と尋ねている。

【 ヒアリングなど調査結果はまず事実を一覧化する 】

SV6指標の結果や、ヒアリングやアンケートの内容は、**事実一覧としてまとめていく。**

たとえば管理職ヒアリングで「新卒採用を控えていた時期があり、今の35才前後の人員が少なくなっている。そのため中途採用を試みているが、なかなかその世代にあった人材が採用できていない」という意見が出たのなら、それらを事実として分解し、エクセルなどの表計算ソフトを使ってまとめていく。

この例でいえば「新卒採用を控えていたため、35才前後の人員が少ない」ということと「35才前後世代を対象とした中途採用がうまくいっていない」と書き出す。

そのうえで等級、評価、報酬、教育、採用、退職などの人事機能ごとの分類をしておこう。

この例でいえば、35才前後の人員が少ないということは等級と採用にチェックがつくだろう。また中途採用がうまくいっていないということは、採用にチェックがつくとともに、等級と報酬にもチェックがつくかもしれない。たとえば別のヒアリングで「中途採用時に、会社が提示する金額と、候補者が要求する金額にずれがあることが多い」というものがあるのならなおさらだ。

この一連の作業は、単調であるが、かなり頭を使う。記憶力も求められる。そのため、**一人の人間が集中して行うことが望ましいだろう。**

STEP 1　グランドデザインとして人事戦略を定める

事実あるいは意見	確認手段	等級制度	評価制度	報酬制度	その他
信賞必罰が現在はない。できていない人は低く、できている人は高く。	インタビュー 社長		●	●	
報酬を年齢で決めてしまっている。利益配分型にした方がよい。				●	
今後高齢化が進む。若手をもっと採用したい。					●
できない管理職は降格させるべき。		●			
営業社員に対する教育が不十分。売ることだけを頑張っているが、入金まで確認できて、はじめて一人前の営業社員と言える。			●		●
…				●	
営業に決まった時間に出社させることには意味がない。フレックスなどの仕組みがほしい。	インタビュー 営業部長				●
他社に比べて給与が安い。営業だけでももっと給与水準をひきあげないと、育った人からやめてしまう。				●	
若手が育っていない。管理職が自分の顧客を持ってしまっているので、育成ができていない。		●			●
能力がない人間を育てても時間の無駄。もともと能力がある人を採用したい。		●	●		●
…					
営業管理職になれる年齢を早めて、３５歳にしたい。年を取ってから管理職にしても役に立たない。	中堅層グループ インタビュー	●			
モチベーションの高い人にチャンスを与えていく。モチベーションの低い人は、黙っていることだけやっていればよい。モチベーションの低い人が行動すると周囲に悪影響が出ることもある。			●		
今、公式な研修の仕組みがない。知識を持っているかどうかで、結果が変わってくる。					
…					
若手の採用を増やしたいが、初任給が安いのでなかなか採用できない。	アンケート			●	
評価の仕組みがあるが、営業成績などに関係なく、印象で評価されてしまっている。			●		
…					

【　人事機能別にまとめなおしてみる　】

　事実一覧分類表は、それぞれどこからどんな事実が読み取れたかを整理

したものだ。

　それぞれは因果関係が見えやすいが、このままで課題の検討を進めてしまうと、個別最適な解決策ばかりが出そろうことになる。それは時に大きな矛盾にもなる。

　先ほどまでの例のように、「35才世代が少ないから、その層を採用しやすくするために報酬制度を変えよう」、という話になったとする。
　しかしその一方で、管理職の高齢化が進むとともに、60才以降の再雇用報酬に対する同一労働同一賃金の法的対応が必要だ、という課題もあったとしよう。これらについての対応策は、管理職の若返りのための早期抜擢だが、その結果として管理職を外れた人の処遇体系の整備が必要だ。
　またそのうえで、管理職のまま60才定年後再雇用を迎えた人と、管理職をはずれて60歳定年後再雇用を迎えた人それぞれに対する報酬設定どうすべきか、という議論が生じる。
　このように課題毎個別に対応すると、35才くらいの報酬は引き上げるし、60才定年後再雇用後の給与水準も引き上げることになり、人件費の大幅な増額になってしまう。

　会社にとって人件費は有限の資産だ。となればこれらの課題に対して、中堅従業員の採用を優先すべきか、60才以降雇用の遵法を優先すべきか（60才以降の職務の明確化がセットになる）、という議論をまずしなければいけない。
　そのためにも、**事実一覧分類表を、人事機能別にまとめなおしてみよう。**
　そうすることで、人事機能ごとの課題のバーター関係も見えてきやすくなる。何を優先すべきかが判断しやすくなるのだ。

STEP 1　グランドデザインとして人事戦略を定める

事実あるいは意見	等級制度	評価制度	報酬制度	その他
能力がない人間を育てても時間の無駄。もともと能力がある人を採用したい。	●	●		●
若手が育っていない。管理職が自分の顧客を持ってしまっているので、育成ができていない。	●			●
できない管理職は降格させるべき。	●			
営業管理職になれる年齢を早めて、３５歳にしたい。年を取ってから管理職にしても役に立たない。	●			
信賞必罰が現在はない。できていない人は低く、できている人は高く。		●	●	
営業社員に対する教育が不十分。売ることだけを頑張っているが、入金まで確認できて、はじめて一人前の営業社員と言える。		●		●
モチベーションの高い人にチャンスを与えていく。モチベーションの低い人は、黙っていうことだけやっていればよい。モチベーションの低い人が行動すると周囲に悪影響が出ることもある。		●		
評価の仕組みがあるが、営業成績などに関係なく、印象で評価されてしまっている。		●		
報酬を年齢で決めてしまっている。利益配分型にした方がよい。			●	
…			●	
他社に比べて給与が安い。営業だけでももっと給与水準をひきあげないと、育った人からやめてしまう。			●	
若手の採用を増やしたいが、初任給が安いのでなかなか採用できない。			●	
今後高齢化が進む。若手をもっと採用したい。				●
営業に決まった時間に出社させることには意味がない。フレックスなどの仕組みがほしい。				●
今、公式な研修の仕組みがない。知識を持っているかどうかで、結果が変わってくる。				●

4. 可視化された現状をもとに課題優先度を判断する

　一覧となった制度と運用の課題が見えたことで、場合によっては人事部門側で優先度判断をして、対策を打とうとするかもしれない。
　しかしちょっと待ってほしい。
　詳細編を読んでいるあなたは、おそらく人事に詳しいはずだ。ということは、課題についても、人事の専門家として具体的な姿を描いてしまうだろう。たとえば35歳前後の採用を進めるために、該当する等級の給与レンジをもっと広げよう、とか、あるいは年功的な昇給制度が中堅従業員の報酬水準を低めに抑えてしまっているから、年功昇給を弱める必要がある、など。
　けれども人事制度は事業のためのインフラだ。
　だから課題をもとに、どの領域に優先して対応するかという判断は、事業を担当する経営層たちにゆだねなくてはいけない。仮にそれが人事の専門家からみて異なる結論になったとしても、それは受け入れるべきだ。

　ただ、明らかに間違った結論にならないために課題を共有するための手順はある。

> ① 意思決定プロセスを確認する
> ② 優先順位の問題であることを示す
> ③ 人事ポリシーを最初に議論してもらう
> ④ 上記を踏まえて、いつまでに何をゴールとすべきかを決めてもらう

　これらについて、企業タイプ別に対応を示そう。
　人事に関する意思決定は、たいてい、もめるからこそ、経営会議上程にも準備が必要だ。

【　オーナー企業の場合　】

　オーナー企業だったら意思決定が速いか、というとそうでもない。むしろ、決めきれない場合がほとんどだ、と思ったほうがよい。

◆①意思決定プロセスを確認する

　オーナー企業における意思決定は、オーナーが YES といった時だ。これは間違いない。

◆②優先順位の問題であることを示す

　オーナーは、いつも意思決定を求められ続けている。そのため、人事課題のままで示してしまうと、何を決めればよいか、というところまで理解が及ばないままに、再検討を指示されてしまうこともある。

　だから**人事課題の目的を整理してまとめ、どれからやるかを判断してほしい、ということに限定**してしまおう。

◆③人事ポリシーとしてどうまとめるかを問いかける

　オーナーに優先順位を判断してもらいながら、それは一言で言うと何を優先するということになるか、ということを問いかけていこう。

　この時点では人事ポリシーとしてまとめることは難しいだろう。ただ、それでも課題を解決しながら、**従業員に対してどう向き合いたいか、ということの言語化**を進めていこう。

◆④いつまでに何をゴールとすべきかを決めてもらう

　上記を踏まえ、**どの改革をいつまでにするべきか、という希望を引き出そう**。希望の形で引き出すことができれば、人事に対する期待も高まっていくだろう。

オーナー企業で人事改革の許可がでない理由はおおむね二つある。

一つは、オーナーが自信をもって意思決定ができない状況であり、もう一つは他の課題対策を優先する場合だ。

これらはいずれも同じ理由を原因としている。前者はたとえば2代目以降の経営者が陥りがちな状況であり、後者は、営業に特化したオーナーの場合などに置きやすい状況だ。

自信をもって判断できなかったり、他の課題解決を優先してしまったりする理由としては、**人事制度の不具合はわかるが、本当にそれだけの費用と手間をかけて人事制度を変えて効果がでるのか、ということに対して懐疑的になってしまうからだ。**

このような場合には、**「課題解決」の結果の数値的な成果を試算して示すことをお勧め**する。

たとえば離職が多い状況の改善については、穴埋め採用のための費用だけでなく、機会損失がどれくらい生じてしまっているかを金額に換算することも有効だ。人的資本における実質一人あたり採用コストなどはわかりやすい例になる。

また、一気に最終的成果までを目指すのではなく、まずわかりやすい結果を導き出せる改革を1〜3か月程度で実施してみることもよいだろう。離職問題についていえば、まずバケツの穴をふさぐことを目的として、小さめのプロジェクトについて許可をもらうことも考えてみよう。

【 非オーナー企業の場合 】

非オーナー企業とは、会社としての所有と経営が完全に分離されている状況か、あるいは一定割合以上の株を持っている特定のオーナーがいない場合などだ。上場企業に比較的多いが、非上場企業でも長い社歴の中でオーナー家が所有に特化し、経営陣はプロパーから任命されるようになって

いる会社もある。

　非オーナー企業における意思決定の特徴は一言でいえば、**利害関係者間の調整**だ。
　誰かが得をすることが、誰かの損になるとすれば、何を優先すべきかを共有したうえで判断してもらう必要がある。

◆①意思決定プロセスを確認する
　非オーナー企業における意思決定は原則として会議体によって行われる。そのため、**どの会議体で意思決定を行うのかを決めてもらおう**。

◆②優先順位の問題であることを示す
　意思決定者が複数いる場合、それぞれが検討課題を有している。
　そのため、**人事課題についてそれらの課題と比べて、どのような優先順位にあるのかをまず話し合ってもらうことが必要**だ。営業部門はインセンティブを重視しがちだし、生産部門は品質と生産性を意識する。そして管理部門は低コストであることを望む。
　それらを踏まえて、今回の人事課題の何を優先するかを検討してもらおう。

◆③人事ポリシーとしてどうまとめるかを問いかける
　部門によって重視する人事ポリシーが異なると、改革も進まなくなる。
　解決すべき課題を踏まえ、**自社の人事における共通ポリシーを言語化**し、共有しよう。ポリシーとなるキーワードは、わかりやすくシンプルなものがいい。

◆④いつまでに何をゴールとすべきかを決めてもらう
　上記を踏まえ、どの改革をいつまでにするべきか、というマイルストー

ンを決定しよう。
　それぞれの業務機能への悪影響を最小化し、良い影響を生み出しやすくするために、**年度や半期、四半期などの区切りに基づくマイルストーン設定が有効**だ。

5. 人事ポリシーを定義する

　ステークホルダーたちの意思決定を踏まえ、人事ポリシーを定めよう。それは従業員向けのわかりやすい説明のキーワードであり、今後の詳細設計において戻るべき起点となる。
　人事ポリシーを定める際には、3つの項目を具体化する。

- 事業計画を実現するために必要な従業員行動
- 従業員に求めること
- 従業員への向き合い方

【　事業計画を実現するために必要な従業員行動　】

　ここまでの分析は基本的に過去についての数値をベースにしていた。ヒアリングでそれらの運用状況を確認したうえで、経営層により課題優先度を議論し、人事ポリシーについて言及してきた。
　そうして**最終的に人事ポリシーとして定める第一の項目は、未来についての検討軸**だ。それはまさに**事業計画実現のために、一人一人の従業員がどのような行動をとるべきか**、ということの具体化だ。

　たとえば既存マーケットの拡大を目指すのであれば、品質向上や新規顧客開拓が必要だろう。

新規事業の成功を目指すのであれば、一人一人が挑戦し、創造性を発揮しなければいけない。
　社会価値そのものを向上させるためには、上位管理職層が倫理的に正しい行動をとり、SDGs などの理解を促進することが求められる。
　企業の事業計画における各項目に対して、従業員がどのように行動すればそれが実現できるのかを具体化してみよう。

【 従業員に求めること 】

　必要な従業員行動が明確になれば、次に定めるべきは、**それぞれの従業員にどのように変わってもらうかだ**。
　現在の事業計画が、従業員が変わらないままで達成できるのなら、あえてこの項目は定めなくてもよいのかもしれない。けれども人事改革を考えるということは、なにかが変化しているということだ。
　だとすれば、変わってもらうことを明確に示さなくてはいけない。

　たとえば既存マーケットの拡大のために品質向上や新規顧客開拓が必要だとすれば、そのために業務の正確性を高めるためのチーム活動が求められる。また新しいマーケティングやセールス手法を取り入れて対応しなければいけないだろう。DX などのシステム対応も求められることになるため、リスキリングとして IT 知識を学んでもらう必要もあるだろう。
　そういった変わってもらうこと、すなわち**成長してほしい具体的な事柄を明確**にしよう。

　新規事業の成功を目指し一人一人が挑戦するためには、失敗を恐れず行動してもらわなければいけない。創造性を発揮するためには新たな知識をどんどん吸収する必要があるし、今まで関係性がなかった異なるタイプの人たちとのネットワーキングを求めることになるだろう。

そして社会価値そのものを向上させるための倫理的行動促進や、SDGsなどの理解促進のためには、常に初心に戻って学び続ける意識変革が求められることになる。

時にそれは厳しい選択肢を示すことにもなるかもしれない。

それでも、**従業員に求めることをあいまいにしたままでは、人事改革は実現しないし、事業計画も達成できない。**

【 従業員への向き合い方 】

そして最後に、会社として従業員に求めることを実現してもらうために、**会社として従業員に何を用意するかを整理しよう。**

品質向上のためのチーム活動を求めるのであれば、それを評価する基準やプロセスが必要になる。IT知識を学んでもらうためには、費用負担だけでなく、学ぶための時間づくりが求められるだろう。それは個人に任せることではなく、会社が取り組むべき課題だ。

失敗を恐れさせないためには、心理的に安全な組織を作る必要がある。仮に今までが叱責によるマネジメントが主体だったとすれば、称賛するマネジメントに転換しなくてはいけない。

だとすれば管理職層の意識と行動を変革するための教育が必要になるだろう。

ネットワーキングを促進するには、社内だけの人間関係構築を促進するのでなく、積極的に社外に出ていく人を認める仕組みが望ましい。退職者に対してのアルムナイ構築も有効だろう。

そして倫理観を醸成していくには、経営層が倫理的な行動をしなければ

いけない。
　従業員に求めるだけでなく、会社が何を用意すべきかを考えることが極めて重要なのだ。

【　迷ったら人事ポリシーに戻る　】

　3つの項目を定めて人事ポリシーとし、それを社内に公表していこう。その上で具体的な制度の検討を進めていく。
　等級制度、報酬制度、評価制度。それぞれにおいて現状の課題解決だけでなく、あるべき未来を実現するためのポリシーに基づいて検討を進めよう。そしてもし迷うことがあれば、改めて人事ポリシーに立ち戻ろう。

STEP 2
等級制度を体系化する

具体的な人事改革を検討する際に、必ず最初に検討すべき項目がある。それが等級制度だ。報酬制度も評価制度も、その前提に「どんな仕事を任せるのか」「どんな能力を求めるのか」という定義がなくてはならない。
人事制度詳細設計の STEP 2 では、自社にとって最適な等級制度を設計する。

やるべきこと
- 会社として従業員に求める等級軸の選択肢
- 人材ポートフォリオとしての整理
- 管理監督者の区分
- 等級定義の明確化
- 昇格・降格ルールの設定

メリット
- 求める人材像が明確になり、会社と従業員とで共有できる。
- 報酬や評価制度を検討する軸となる。
- 役割や責任が明確になり、自発的な行動を促しやすくなる。

等級制度は求める人材についての設計図

「人事制度とは報酬の仕組みだ、という人もいるくらいだ」ということをファストトラックの2日目に書いた。

しかし人事制度は等級を基本として考えるほうが、会社にとっても、従業員にとってもわかりやすい。それはビジネスにおける期待の表明であり、従業員にとってのキャリアパスになるからだ。

つまり等級制度とは、求める人材像を具体化したものでもある。

ファストトラックでは等級制度の軸を職務として設定した。

詳細編では、それ以外の選択肢として**行動等級の軸**を示す。また職務等級と行動等級を併用する**ハイブリッド等級**についても説明する。

そうして定義した等級軸をもとに、複数の人材像を定義していく方法を示す。縦の人材像は成長段階を踏まえた人材像だ。また職種の違いや求める成果の違いに応じて、等級横軸を設定する。それらを一覧として図示することで、人材ポートフォリオが完成する。

また、等級定義における重要な検討事項のひとつが、**管理監督者の定義**だ。一般的に理解されている管理職と管理監督者は違う。法的な定義を踏まえつつ、自社にとっての管理監督者を明確に区分しよう。

特に上場を目指すような場合に、管理監督者定義を明確にしておかないと、残業代不払いなどの起訴に発展するリスクもあるので注意しよう。

そうして定義を明確にするとともに、運用ルールを定めていく。等級を上がっていく昇格と、等級を下がる降格についての運用ルールを設定して、等級制度は完成する。

1. 会社として従業員に求める等級軸の選択肢

【 人材の確保と活躍のための基準を定める 】

人事制度というと、報酬制度や評価制度をイメージする人が多い。けれども**人事制度の軸は等級制度**だ。

たびたび繰り返すが、人事制度改定のゴールは、企業として利益を増やすことだ。そのためのプロセスに、従業員のモチベーション向上や、成長がある。部下の育成と組織業績の達成を役割として管理職に活躍してもらう必要がある。

経営層であれば資本効率を考えながら事業の取捨選択と投資判断をしなければいけない。ビジネス構造の観点から定まった組織構造に応じて、期待される役割が定められる。

そのために、求める人材像に基づいた、外部労働市場からの人材採用基準を具体化しなくてはならない。また、内部労働市場における段階的育成の指針としての設計も必要だ。

だとすれば、等級制度はどのように作ればよいのだろう。

【 等級制度は2タイプ＋アルファで考える 】

ファストトラックでは中途採用メインの少人数の会社を想定して、労働市場を意識した職務型の考え方を示した。

詳細編ではそれを網羅する形で、3つの等級軸を示す。

「職務型」「行動型」の基本形2つと、それらを併用する「**ハイブリッド型**」だ。

今の日本の人事制度では、この3タイプのどれかが使われていることがほとんどだ。では自社に最適な等級の仕組みはなんだろう。その判断基準

はいろいろあるが、ビジネスタイプで選ぶことをお勧めしたい。

【 やることが決まっているのなら職務型がわかりやすい 】

組織がしっかり定まっている会社なら、やってもらうべき仕事が決まっているはずだ。営業や生産、企画、開発など。

それらが決まっているということは、それぞれについて労働市場における対価もわかりやすく定まっていることが多い。ファストトラックで例示した飲食店のように、配膳と調理のそれぞれの仕事がしっかり決まっているのなら、それぞれの仕事の要求にあわせて等級を設定するとわかりやすいだろう。

そして給与水準などもおのずと設定しやすくなる。

職務型の等級軸を作るには、**それぞれの役職あるいは職種などに応じた職務に対する定義を明確にする必要がある**。いわゆる職務記述書というもので、その構成は「**職務概要**」「**期待される成果**」「**詳細な職務（期待される行動）**」「**求める能力**」などにわかれる（職務記述書の作成方法については等級定義の明確化の章で示す）。

職務を等級軸にすることのメリットは次の3つだ。

- ・市場価値にあわせた報酬設定が可能
- ・期待の明確化による自発的職務遂行促進
- ・具体的評価軸設定による納得性向上

一方で、職務を等級軸にすることで、今までできて人事運用ができなくなる場合もある。その典型が会社都合の人事異動だ。

STEP 1 ▶▶ **STEP 2** ▶▶ STEP 3 ▶▶ STEP 4 ▶▶ STEP 5 ▶▶ STEP 6 ▶▶ STEP 7

職務等級	管理部				営業部			…
	部付	総務課	経理課	人事課	部付	法人営業課	営業企画課	
6					営業部長			
5	管理部長						法人営業課長		
4		総務課長	経理課長	人事課長			営業企画課長	
3		総務係長	経理係長	人事係長		法人営業係長	営業企画係長	
2	管理部 課員					法人営業課員	営業企画課員	
1								

← 職務の大きさ ／ 職種の違い →

【　職種を超える人事異動があるのなら職務型は運用しづらい　】

　もしあなたの会社で、**職種を超えた異動がされるのであれば、職務型の等級制度は機能しづらい。**

　職種を超えた異動とは、例えば最初に配属されたのが人事課だったけれども、2 年後に法人営業に異動し、そこで 10 年経験を積んで係長になったあと、営業企画課に異動しマーケティングを 5 年担当後、あらためて人事課に戻って課長になる、といった運用がされる場合だ。

　昔ながらの言葉でいえば、会社全体のことがわかる**社内ゼネラリスト**（経営者型のゼネラリストと区分するためにあえて「社内」とする）型の管理職を育てたい場合に、このような異動運用がされる。

　しかし、もしこの会社で職務型の等級制度を導入していたらどうだろう。この例でいえばせっかく法人営業で係長にまでなったのに、営業企画課では初めての仕事だから係長としての職務は果たせないだろう。せいぜい新人かそれに準ずる程度の仕事しか担当できないかもしれない。だとすれば新人程度の給与しか払えないことになってしまう。

実際には、職種間異動がある場合にも職務型等級制度を適用している例はある。

パターンは2つで、会社都合で職種間異動をするのだから、その人に限定して特例的に猶予期間を与えるような運用だ。係長相当で異動したのなら、2年くらいはその職務等級を保障してあげるという取り組みだ。

もう1つは、社内公募制度などの仕組みを導入し、本人希望と受け入れ先のニーズがマッチした場合に異動を認める場合だ。この場合も職務等級を保障することが多い。

とはいえ、職種間異動を踏まえた社内ゼネラリストを育てたいという会社は多い。その場合にはどのような等級制度にすればよいのだろうか。

【　職能等級型は避けたほうが無難　】

詳しい方なら、社内ゼネラリストを育成するための等級基準として、**職能等級制度**、を思いつくだろう。実際に長年にわたり日本企業の成長を支えてきた仕組みが、職能等級制度だ。

しかし極めて人間的な理由から、職能等級制度はお勧めしない。

それは「従業員に変化を促しづらい」からだ。

職能等級制度を提唱した楠田丘氏の語録をたどると、年功ではなく、生活給与でもなく、労働市場対価でもなく、経験の蓄積を認める人間的労務管理が重要だという記述にたどり着く。

人間基準の社員という日本の内部労働市場的なものに即応できる仕組みとして職能等級制度は発展してきたものだという。

であるなら社内に限定した内部労働市場向けの等級基準として、職能等級制度は十分に機能する。

しかし**職能等級制度は、本来自らが否定してきたはずの年功運用とあま**

りにも密接に運用されてきてしまった。

　年を取った人の経験が時代遅れになりづらかった時代だったということもある。仮に時代遅れになってしまっていても、それを伝えづらい以上、経験とは常にプラスのものだと言わざるを得なかった。その典型が退職までの毎年の昇給であり、卒業基準（※昇格運用の部分で後述）での昇格判断だ。

　職能等級制度は、年功制度としてあまりにも長く運用されてきてしまったため、環境変化に応じた人事制度改革というイメージを出しづらくなってしまっている。

　また、なぜ年功制度として運用されてしまったかといえば、当初否定したはずの生活給与として賃金カーブを設計してきたからだ。

　そもそも1990年より前の人事制度とは賃金制度のことであり、評価制度などは明確にはなかった。その根底に人は経験によって育つものであり、かつ一度得た経験を発揮できないとすればそれを解消してあげるのが経営側の任務だ、という発想をするものだったからだ。そして給与は生活給なのだから、増え続ける仕組みしかなかった。

　あなたの会社が目指す姿が、一度入社した従業員がずっと会社に居続けてくれて、環境的にもビジネススキルがなかなか陳腐化せず、先輩の経験は常に活かせるもので、世代を問わず活躍し続けるものだとすれば、職能等級制度という仕組みは適している。

　けれどももし中途転職もあり、中途採用もあり、時に時代に変化によって求められる能力が大きく変化する一方、これくらいの働き方で十分として努力をおろそかにする従業員がいて、彼らにリスキリングなどで学びなおすことを促したりするのであれば、**年功運用の代名詞的に扱われてしまう職能等級制度はお勧めしづらい。**

　「新しい制度になったけれど、何も変わってないよね」と言われてしまう

可能性が高いからだ。

【　いまどきの社内ゼネラリスト育成には発揮行動型の等級を設定する　】

　ここで改めて、社内ゼネラリストとは何かを考えてみよう。

　例えば、社内の多くの部署を渡り歩き、各所に知己がいて、それぞれの機能を理解している人、という定義をしてみる。

　そのような異動歴を持つことで、それぞれの専門部署にどのような人物が存在しているかを知ることができる。すると、**自分自身が特定の専門性を持たなくても、誰がその専門能力に長けているかを知っている、いわゆるKnow-Who情報を持つことで、総合的な判断ができるようになってゆく。**

　そうして、育った社内ゼネラリストが活躍するキャリアモデルだ。言い換えるなら、短期間での人事異動を前提するため、あえて専門能力は持たせないキャリアモデルともいえる。

　このような考え方は、もともと明治維新後の官僚育成の仕組みが企業に適用されていったものだという。人口が拡大する中で組織の中に優秀人員が不足していることから、学歴などで一定のスクリーニングされた潜在能力が高い人材を一括採用し、定期異動による育成と昇給によって育てていく仕組みだ。

　それは社内に優秀人材が少ない状況で機能しやすい仕組みだった。新卒一括採用をはじめて20年後くらいから定期異動を始めるニーズが高まるという研究もある。

　そうして社内ゼネラリストを育成し活躍させる仕組みができあがっていく。このような構造は、経営者がすべてを判断するのではなく、ミドルマネジャーとしての部長や課長層がそれぞれの業務範囲で意思決定をしてゆく組織で機能しやすい。

　つまり**社内ゼネラリストは、ボトムアップ型の分権組織で有効なキャリ

アパスであり、**育成システム**だといえる。

　もちろんいまどきの組織ではスペシャリストも重要だ。
　その一方で、分権組織における自律的活動のための社内ゼネラリストが大勢必要だとすれば、等級基準は**専門性を測ることができるものでありつつ、異なる職種間で共通する情報収取や意思決定行動などを網羅した、社内ゼネラリストに求める行動を具体的に示せるもの**が望ましい。それも、所有しているかどうか、ではなく、**発揮しているかどうかを見られるもの**がよい。
　だから人事異動を通じて社内ゼネラリスト育成を目指す分権組織では、**発揮行動型の等級制度設計**をお勧めしたい。

発揮行動等級	社内ゼネラリストに求める発揮行動
6	部長級
5	次長級
4	課長級
3	係長級
2	課員級
1	

（行動としての能力発揮度＆再現度）

経営ゼネラリスト育成には、社外を含めたキャリアモデルを設定する

　世界的に見れば、社内ゼネラリストを育てるような人材育成の仕組みは稀だ。
　そもそも学歴はスクリーニング機能ではなく、専門性の保証を期待されている。新卒採用は一括ではなく、かつ採用時点から職務が明確になって

いるため、早々に専門性の発揮を求められてゆく。

そして、キャリアアップは社内だけではなく、他社への転職を含めて行われ、その際には特定の専門領域での成長を目指してゆく。スペシャリスト型の人材があたりまえなのだ。

しかし、**世界標準でもゼネラリストが求められる場合がある。それが経営者であり、起業家**だ。

経営者は経営という専門性を軸にするが、経営が求める専門性自体、多岐にわたっている。それらは深堀していなくとも、一定知識として広く所有し、経験していなければいけない。

たとえば「商品・サービスに関する知識」「商品・サービスの企画力・開発力」「人的ネットワーク」「市場動向に関する知識」「販売先・顧客の開拓力」などについて、知識を持ち、かつ行動し他経験を広く持つことで、経営者は成果を導きやすくなる。

これを**経営ゼネラリスト**と定義してみよう。

経営ゼネラリストを育てるためにはやはりある程度の社内異動は必要になる。現在執り行っているビジネスを理解するには、自社組織で経験を積むことが有効だ。

ただしずっと社内だけで育成すべきかというと決してそうではない。経営者の役割が既存ビジネスを伸ばすことであれば、社内育成だけでも良いかもしれない。しかし新しいビジネスを創出したり、縦横それぞれの他社を統合するような意思決定をしたりするためには、むしろ社外での経験を持っているほうが望ましい場合もある。

そのためには、経営者が持つべき知識を網羅的に教育すてくれる MBA や MOT の習得も有効だ。

またアルムナイ組織を踏まえた離職人材のフォローによる、リターン人材確保なども仕組み化することが望ましいだろう。

2. 人材ポートフォリオとしての整理

【　職務等級型だと人材ポートフォリオが自動的に構築される　】

　職務等級型の設定をすると、所属や職種に応じた職務記述書を作成し、それらに基づき等級を設定することになる。そのため、社内にどのような人材が求められるのかを整理しやすくなる。あるポストが定義されたとき、その職務に見合った人材が社内にいないとすれば、社外から中途採用するか、誰かを育成しようという判断のきっかけになる。

　また、新たな事業計画が策定された際にも、新たに求められる専門性やマネジメントスキルに基づき職務が定義されるので、採用計画や育成計画に反映しやすくなる。

　一方で、社内ゼネラリスト育成を目指した発揮行動型の等級だと、基本的には単線型のキャリアしか用意できないことが多い。そのため採用計画や育成計画も単線型となり、多様な人材の活躍が難しくなる。
そこで**等級の複線化を検討する例が増えている**。要は社内ゼネラリストだけでは処遇しきれない人材タイプが生じるからだ。

発揮行動等級	社内ゼネラリストに求める発揮行動	スペシャリストに求める発揮行動
6	部長級	専任部長
5	次長級	専任次長級
4	課長級	専任課長級
3	係長級	専任係長級
2	課員級	
1		

行動としての能力発揮度＆再現度

詳細な職種の違いは実地経験と教育で補完

管理部　営業部　生産部

【 専門職としての等級の複線化 】

　典型的な複線化の方法は、社内ゼネラリスト等級を軸として、その横にスペシャリスト等級を設定する。

　スペシャリスト型の複線化を考えるきっかけとしては、前向きなものと後ろ向きなものがある。

　前向きな複線化は、特定の職種において高い専門性の発揮を求めるというものだ。典型的には研究開発部門やIT部門などで、社内ゼネラリストであることを求めず、それぞれの専門分野を深堀してもらうことを期待する。部長ではないが部長相当の給与を支払うことを可能にするような仕組みだ。

　一方で後ろ向きな複線化は、管理職不適格な人材のための退避場所としての設定だ。課長にするにはコミュニケーションスキルが足りていないが、年次的には管理職相当にしてあげたい、などの場合だ。残業代支払いがグレーな時代には、管理職としての役職はないけれど、管理職相当として残業代を支払いたくないから専門職等級を設定する、といった場合すらあった。

　さすがに今から人事制度を改定する会社で後ろ向きな複線化は考えないだろうとは思うが、本書としてもお勧めはしない。なぜなら退避場所であることはすぐに周知されてしまい、負け組の処遇として組織の雰囲気を悪化させてしまうからだ。

　ぜひ社内で求められる専門性を軸として、管理職以上の処遇を適用することも視野に入れてスペシャリスト型の複線化を検討してほしい。

STEP 1 ▶▶ **STEP 2** ▶▶ STEP 3 ▶▶ STEP 4 ▶▶ STEP 5 ▶▶ STEP 6 ▶▶ STEP 7

発揮行動等級	統治型リーダーに求める発揮行動	変革型リーダーに求める発揮行動	起業型リーダーに求める発揮行動
6	部長級	部長級	部長級
5	次長級	次長級	次長級
4	課長級	課長級	課長級
3	係長級		
2	課員級		
1			

（行動としての能力発揮度＆再現度）

【 リーダータイプの複線化 】

近年増えている例としては、事業計画に応じた**リーダータイプの複線化**がある。

両利きの経営を実践する人事の仕組みとして、既存ビジネスの維持拡大を目指すための行動と、周辺領域への展開を目指す行動、そして全く新しいビジネスを立ち上げるための行動をそれぞれ区分する考え方だ。
それぞれを「統治型リーダー」「変革型リーダー」「起業型リーダー」のように区分し、若手から段階的に育成したり、自分自身でキャリアを選択させたりする基準として用いる。変革型や起業型については、社内での育成が難しいと判断して、積極的に社外から中途採用する例も多い。

これらの区分はどれが優位だということではなく、あくまでも求められる行動の違いとして定義する。

統治型リーダー

社内ゼネラリストであることが求められるため、単線で考えてきた等級軸をそのまま適用できるだろう。

変革型リーダー

既存ビジネスを軸とした周辺領域への展開のため、既存ビジネスに対する理解も求められる。一方で、新しい環境に対応する必要もあるため、統治型リーダーを目指す等級軸の途中から派生させるようなことが多い。

起業型リーダー

既存ビジネスにおけるミッションまで立ち戻り、あらためてそのミッションを実現するために、ビジネスの制限をなくして考えた場合に何ができるかということを考え、実行することが求められる。そのため試行錯誤に耐えるメンタルや、やったことがないことに取り組める創意工夫が必要となる。

発揮行動等級	既存ビジネス		新規ビジネス		
	スペシャリストに求める発揮行動	統治型リーダーに求める発揮行動	変革型リーダーに求める発揮行動	高度スペシャリストに求める発揮行動	起業型リーダーに求める発揮行動
6	専任部長級	部長級	部長級	シニアマイスター	シニアプロデューサー
5	専任次長級	次長級	次長級	マイスター	プロデューサー
4	専任課長級	課長級	課長級	プロフェッショナル	
3		係長級			
2		課員級			
1					

行動としての能力発揮度&再現度

【 人材ポートフォリオとしての整理 】

スペシャリストとリーダータイプを組み合わせて、人材ポートフォリオとして整理することで、環境変化にあわせた人材の拡充が容易になる。

既存ビジネスでは、上位等級をスペシャリストと統治型リーダーとして整理し、新規ビジネス側に変革型リーダーや起業型リーダーに求める行動を定義する。

あわせて新規ビジネス側で求められる、特殊な専門性について処遇するための高度スペシャリスト等級を設定しよう。

プロパーとしての下位等級から直接昇格できるのはスペシャリスト、統治型リーダー、変革型リーダーのみとし、それぞれの役割で成果を創出したり、あらためて高い専門性を獲得した人材から、起業型リーダーや高度スペシャリストとしての異動配置を行うような設計も可能だ。もちろん外部からの登用も積極的に行えるような仕組みとする。

　一見するとこのような人材ポートフォリオを前提とした等級定義は複雑で運用が難しいと思うかもしれない。
　しかし事業が複雑化してゆく中で、会社からの期待を明確に示すとともに、従業員にとってのキャリアパスを明示するために、非常に有効に機能する。
　ぜひ**自社のニーズに合わせた人材ポートフォリオの整理を行ってほしい。**

【　職務型と発揮行動型をハイブリッドさせたポートフォリオ運用　】

　前述の人材ポートフォリオを実際に導入した際に、等級軸についての再検討を行った例がある。この例でいえば4等級以上については、発揮行動ではなく、職務として設定したほうが良いのではないか、という議論だ。
　若手である3等級の係長相当までは職務を限定せず、異動を繰り返しながら社内ゼネラリストとして育成することが望ましいだろう。しかし4等級以上になると既存ビジネスの維持成長と、新規ビジネスの創出それぞれにおいて求められる成果が明確になってゆく。
　またスペシャリストや高度スペシャリストについては、発揮行動よりは、専門性そのものに加えて専門性を発揮したことによる成果についても期待したい、という議論になった。
　であれば、3等級までは発揮行動等級として、4等級に昇格した時点でそれぞれの職務に基づいた職務等級にしてはどうかという結論となった。

あなたの会社でどちらの形が望ましいかを検討する際には、**今会社にいる人材を育成し活用する観点と、これから新しい人材を雇用する観点の両方で検討する必要がある。**

発揮行動型で人材ポートフォリオを構築すると、期待する行動を示しやすいが、短期的な成果を処遇に反映することは難しいかもしれない。しかしそのことが逆に心理的な安全性を担保することになって、チャレンジを促しやすくなる効果も期待できるだろう。

一方で職務型にすることで、労働市場からより優秀な人たちを引き付け、事業の成長を加速させやすくなるかもしれない。また若手に対して自律的なキャリア構築を促すきっかけにもなるだろう。

	既存ビジネス				新規ビジネス			
職務等級	研究開発	生産	法人営業	…	事業企画	マーケティング	営業	…
6								
5								
4								

職務 ↑

発揮行動等級	
3	係長級
2	課員級
1	

発揮行動 ↑

3. 管理監督者の区分

【 労務リスクを解消するために管理職と管理監督者を区分する 】

等級制度で定義する管理職と管理監督者は異なる。

管理職は会社が自由に設定できるが、管理監督者には設定するための要件が定められている。そして**管理職であっても管理監督者でない場合には、残業代を支給しなくてはいけない。**

だからたとえば課長を管理職として定義していたとしても、管理監督者の要件を満たしていないのなら、残業代を払う必要があるのだ。そのため、管理監督者の定義から整理しておくことが望ましい。

シンプルな定義は「労働条件の決定その他労務管理について経営者と一体的な立場にある者をいい、労働基準法で定められた労働時間、休憩、休日の制限をうけない」というものだ。

人事の実務的に言えば、残業代支給対象外となる、という風に理解できる。ただしそう考えて残業代を払っていなかったが、管理監督者でない、と判断されてしまうと過去3年分、将来的には過去5年分をさかのぼって支払うことになる。

仮に一人の課長が管理監督者ではない、と判断されてしまうと、他のすべての課長に対して管理監督者ではない、と判断されてしまう可能性も生じる。そうなったときの人件費の影響は極めて大きいものだ。

【 管理監督者としての定義 】

管理監督者の定義は、厚生労働省から指針が示されている。ただしそれを満たしたから絶対に管理監督者として認める、というものではない点に

注意しよう。

大分類は3つ、それぞれの分類が3～5つ存在する。内容の理解は難しくないが、実際に適用できるかの判断は難しい場合も多いだろう。

◆大項目1：職務内容、責任と権限

経営に携わっているかどうか、ということが管理監督者としての重要な要件だ。

そして経営とは、意思決定や経営資源への判断、特に従業員の処遇についての判断だと考えればわかりやすい。だから管理監督者を明確に定義するためには、経営層からの権限移譲が必須となる。

分類 1-1 経営との一体性

経営計画の策定や意思決定において関わっている度合いが大きいこと。

つまり社長などの経営陣と一緒になって、会社のこれからについてしっかり議論しているかどうかだ。そのための検討会議などへの出席実績などが求められることもある。

なお、全社的な経営だけにとどまらず、部や課の経営責任、権限がある場合にも管理監督者として認められる場合もある。

分類 1-2 採用

採用（人選のみを行う場合も含む）に関する責任と権限が実質的にあること。

これは必ずしも正社員だけでなく、アルバイトやパートについての採用判断権限でも許容される場合がある。たとえば面接官として採用判断を行い、その判断に基づいて実際に採用可否が検討されるプロセスなどだ。

また直接決定権があるといえない場合でも、その意向が採用活動に反映されている場合に、管理監督者としての要件を満たしていない、といえないとした判断もある。

分類1-3 解雇

解雇に関する事項が職務内容に含まれており、実質的にこれに関与すること。

現在の日本の実情で、解雇判断を行う例はあまり見られない。ただ、たとえば後述する人事考課の結果として、降格の末、解雇に至る判断を行っていると考えられるような場合もあるだろう。

分類1-4 人事考課

部下の人事考課に関する事項が職務内容に含まれており、実質的にこれに関与すること。

人事考課における評価者としての責任を持ち、実際に評価を行うようにしていれば、この要件は満たしやすい。

一方で社長が直接全員の評価を行っており、個別の意見を聴取などしていない場合には要件が満たされているとはいいづらいだろう。

分類1-5 労働時間の管理

部下の勤務表の作成又は所定時間外労働の命令を行う責任と権限が実質的にあること。

シフト制や勤務日を限定して業務を行うような職種においては、部下の労働時間についての命令権があるかどうかが、管理監督者要件として求められる。例えば店舗ビジネスなどで、アルバイトのシフト表作成などを行っていることが要件に含まれるだろう。

◆大項目2：勤務態様

勤務態様の項目は、簡単に言えば働く時間が自由であることだ。もちろん事業を進めるにあたって勤務時間の定めはあってもよい。

ただし管理監督者は、必要に応じて勤務時間の定めにとらわれない働き方を可能しなくてはいけない。

分類 2-1 遅刻、早退等に関する取扱い

遅刻、早退等により減給されたり、人事考課での負の評価など不利益な取扱いがされないこと。

管理監督者に対しては、遅刻しても早退しても給与を減らしてはいけない。遅刻や早退などで減給する仕組みは、日給月給制や時給制のような運用がされていると考えるほうがわかりやすいだろう。

だから管理監督者に対しては、勤務時間や勤務日数などで給与が増減しない、月給制を適用すると考えておこう。

分類 2-2 労働時間に関する裁量

自分自身の労働時間に関する裁量があること。

前述の遅刻、早退などとあわせて、いつ出勤し、いつ退勤するかを定められるのが管理監督者だ。極論すれば勝手に会社を休んでもよい、ということにもなる。

さすがにそれは現実的ではないので、許可を得る必要なく、出退勤してよい、というくらいの運用くらいが望ましい。

分類 2-3 部下の勤務態様との相違

労働時間の規制を受ける部下と同様の勤務態様でないこと。

部下より早く会社に来て、部下より遅く帰るべし、ということを定めておくことなどは論外となる。部下よりも自由でないといけないのだ。

◆大項目3：賃金等の待遇

賃金などの処遇面で、残業代をもらった方が儲かる、という状況があれば、それは管理監督者ではないということになる。

つまり残業代を払いたくないから管理監督者にする、という理屈は、大前提として通用しないということだ。

分類3-1 基本給、役職手当等の優遇措置

基本給、役職手当等の優遇措置が、割増賃金の規定が適用除外となることを考慮して十分であること。

管理監督者だから土日もフルに出勤することを求め、平日も長時間働くことを求める、ということができないことを示している。仮にそういう働き方を求めるのなら、残業代をもらったら得られるであろう金額以上を保障するような給与水準を示すことが求められる。

分類3-2 支払われた賃金の総額

年収が、部下の賃金総額より多いこと。

ここまでの検討を進めてくれば、おおむね部下よりも管理監督者の給与は高いはずだ。しかし稀にそういう設計になっていない給与制度もある。

だから残業代が出る社員の年収最高額と、なり立て管理監督者の年収額を比較して対応を検討しよう。

分類3-3 時間単価

時間単価に換算した賃金額において、部下よりも多いこと。

年収だけでなく、実質時給でも比較をして、それでもなお部下よりも金額が多い状況を保障しなくてはいけない。

なお、これらの基準確認表を用意したので、自社にとっての適合度を判断するきっかけにしてみてほしい。

また、管理監督者としての賃金等の待遇を満たす報酬設計については、報酬制度の項で示す。シンプルな考え方は、一般社員の最高額月給者が、自社で平均的な残業をした場合に得られる金額以上の差を設けるということだ。

STEP 2 等級制度を体系化する

判断の重要度	職務内容、責任と権限					勤務態様				賃金等の待遇		
	経営との一体性	採用	解雇	人事考課	労働時間の管理	遅刻、早退等に関する取扱い	労働時間に関する裁量	部下の勤務態様との相違	基本給、役職手当等の優遇措置	支払われた賃金の総額	時間単価
定義	必須	必須	必須	必須	必須	必須	補完的にあればよい	補完的にあればよい	補完的にあればよい	補完的にあればよい	必須
	経営計画の策定や意思決定において関わっている度合いが大きいこと	採用（人選のみを行う場合も含む）に関する責任と権限が実質的にあること	解雇に関する事項が職務内容に合まれており、実質的にこれに関与すること	部下の人事考課に関する事項が職務内容に合まれており、実質的にこれに関与すること	部下の勤務表の作成又は所定時間外労働の命令を行う責任と権限が実質的にあること	遅刻、早退等により減給の制裁、人事考課での負の評価など不利益な取扱いがされないこと	自分自身の労働時間に関する裁量があること	労働時間の規制を受ける部下と同様の勤務態様でないこと	基本給、役職手当等の優遇措置が、割増賃金の規定が適用除外となることを考慮して十分であること	年収が、部下の賃金総額より多いこと	時間単価に換算した賃金額において、部下よりも多いこと
部長											
次長											
課長											

189

STEP 1 ▶▶ STEP 2 ▶▶ STEP 3 ▶▶ STEP 4 ▶▶ STEP 5 ▶▶ STEP 6 ▶▶ STEP 7

4. 等級定義の明確化：職務等級設計

【　職務等級設計の詳細　】

　職務型等級制度設計の手順は、典型的には現在のすべてのポストについての職務記述書の作成から始める。

　ただ、それだと現状ポストを肯定したうえでの作業になるので、兼務が多かったり、ポストはあるが人がいない、というような状況に対応しきれない。また、組織再編や事業成長の都度考え直す必要が生じるため、実際に、とても運用しきれないことが多い。

　そこでまず、会社としての組織ニーズの整理から始めることをお勧めする。簡単に言えば組織図の作成、見直しだ。その上で職務記述書を作成し、職務測定を行う手順で等級を設計してみよう。

STEP 1：組織図の作成／見直しによる基本役職の具体化
STEP 2：基本役職への職務記述書の作成
STEP 3：職務測定による職務の大きさの点数化
STEP 4：等級数の決定

STEP1 組織図の作成／見直しによる基本役職の具体化

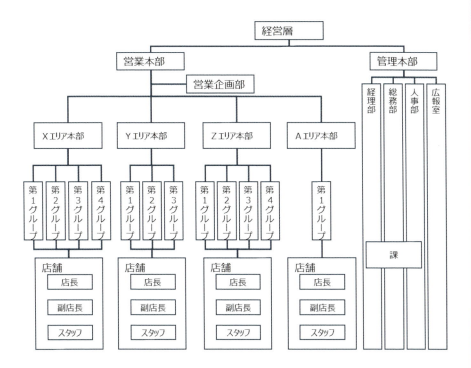

　ファストトラックで例に出した飲食店が拡大し、数十店舗に展開したとしよう。そうなると、店舗の上位に類似業態をまとめたグループや地域ごとのエリア区分が必要になってくる。

　また管理部門として、経理や総務、人事などの機能組織も必要になるだろう。

　それらを図示してみたものが組織図だ。これをつくることで、基本役職を具体化する。

　ただしこの時、いくつかの留意点がある。

> 第一に、明らかに職務としての責任や求められる行動が違うものを縦に置くこと。
> 第二に、それらの横の高さをある程度すり合わせておくこと。
> 第三に、職務としての責任や行動が縦に置けないものは横に置くこと。

職務としての責任や行動を縦に置くと、それぞれの序列がはっきりする。飲食店の例は比較的わかりやすく配置できるが、一般的な企業でも、部長、課長、係長、主任、課員といった縦構造はわかりやすく設定できるだろう。

次に職務の高さのすり合わせを行う際には、実際の職務としての責任や行動に基づきすりあわせよう。

一定年数を経た組織の場合、例えば同じエリア長であったとしても、古参メンバーが執行役員の肩書も持っていて、他のエリア長と一線を画した扱いを受けている場合もある。それは給与水準の違いなどだが、やっている仕事が同じなら、組織図では横に並べておこう。

最後に、**等級の横軸**だ。

製造業なら研究開発、生産、物流、営業、管理など異なる機能組織が複数あるだろう。**それぞれについて、個別の縦軸を作っておくことだ。**この時、無理に他の機能組織と横軸をすり合わせる必要はない。それらは職務測定によって自動的に行われることになる。

そうして、この例でいえば、営業組織については6つの基本役職があることがわかる。営業本部長、エリア本部長、グループ長、店長、副店長、スタッフ、だ。

一方で管理本部側については、横軸に経理部、総務部、人事部があるが、広報はなぜか室になっている。そして経理部、総務部、人事部に課はあるが、広報室には課はない。この様な場合でも、まずはそのまま組織図として整理しておこう。

実際に管理部門においては、個人への期待や経歴ごとに役職が定まることもあるため、基本役職の定義が難しいこともある。

そのため、後で実施する職務測定を踏まえた定義を行うほうが望ましい。

STEP2 基本役職への職務記述書の作成

各基本役職への職務記述書の作成は、ファストトラックと同様の作業を行う。

個別にシートを作成することもあるが、それよりも一覧性を保つほうが作成しやすい。そうしてエクセル表など一覧で作成したものを、個別のシートにリンクで転載し、それらを各ポストの上司に確認してもらう手順のほうが進めやすいだろう。

ファストトラック時と同様に、**期待される成果**、**詳細な職務**（期待される行動）、**求める能力**、の3つについて記述してゆこう。

このとき、**なるべく包括的な記述にする**とよいだろう。そうすることで、役職ごとの違いを明確にしやすくなるからだ。

今回はサンプルとして、法人営業部門の部長、課長、係長、課員についての職務記述書を作成した。ダウンロードファイルではマスターシートに横並びで記載できるようにしたので、違いを明確にしやすいだろう。

この例では職務概要の違いを以下のように定義している。

> 部長：戦略立案と実行統括
> 課長：売上目標達成とチームスキル向上
> 係長：チーム活動のリードと顧客対応による目標達成
> 課員：個人としての売上目標達成と顧客満足向上

このような職務概要に基づき、期待される成果を2つ、詳細な職務を5つ、求める能力を5つそれぞれ定義した。

期待される成果は、職務概要を具体化して記すことができるだろう。

詳細な職務は、成果を出すための行動の中で、重要かつ優先度が高いと思われるものを記載する。今回の例でいえば、部長の職務は「営業戦略策定」「重要＆新規顧客開拓計画」「人材育成」「部門間連携」「意思決定」などだ。

そしてそのために求められる能力について記載する。なお、ここに記載する能力を育成要件として用いるのならある程度整合性が取れていなくても大丈夫だ。その職務を担う人が自己研鑽の基準として用いればよいからだ。

しかしもしこの能力についても詳細な評価を行うのであれば、整合性の確保が必要となる。これはかなり手間がかかる作業だが、発揮行動等級設計の項などを参考に、社内アンケートを実施するなどして作成してみほしい。

なお、ダウンロードファイルでは、上記の記載をもとに職務ごとに1枚の職務記述書となるようなリンクも設定しておいた。ぜひ活用してみてほしい。なお、求める能力については、本部長とエリア本部長について同種とすることで、エリア本部長の中で優れた能力を発揮した人物を本部長昇進候補とすることをイメージさせている。

グループ長は、職務においてはエリア本部長と広さの違いがあるのみだが、その違いの前提が求める能力の違いであることを示している。

STEP 2 等級制度を体系化する

職務名	法人営業部長	法人営業課長
職種	法人営業	法人営業
役職	部長	課長
職務概要	法人営業部門全体の戦略立案および実行を統括し、売上目標の達成と顧客満足度向上を推進する。	営業課のマネジメントを通じて、売上目標の達成とチームのスキル向上を図る。
期待される成果①	売上目標の達成（部門単位の目標達成率95%以上）	営業課の売上目標の達成（個人営業実績を含む）
期待される成果②	部門全体の生産性向上（前年同期比10%以上の業績改善）	チームメンバーのエンゲージメント向上（サーベイスコアの向上）
詳細な職務①	法人営業戦略の策定および見直し	営業課の活動計画作成および進捗管理
詳細な職務②	重要顧客との折衝および新規顧客開拓の計画推進	課員の営業スキル指導およびコーチング
詳細な職務③	部門メンバーの人材育成およびパフォーマンス管理	部長への課の状況報告および提案
詳細な職務④	部門間連携の促進（例：マーケティングや製品開発部門との協業）	既存顧客の深耕営業と新規顧客アプローチ支援
詳細な職務⑤	市場分析および競合動向の把握による迅速な意思決定	チーム内での知識共有およびナレッジ管理
求める能力①	戦略的思考力	チームマネジメント力
求める能力②	高度なリーダーシップ能力	問題解決能力
求める能力③	データ分析力および意思決定スキル	営業スキル（提案力・交渉力）
求める能力④	顧客折衝スキル	計画立案および進捗管理スキル
求める能力⑤	組織マネジメント能力	コミュニケーションスキル

STEP3　職務測定による縦横軸の差の明確化

　職務記述書をもとに、各職務を点数化し、等級化を進める。そのために用いる職務測定表として、詳細版と簡易版を示そう。

　基本役職が多い場合には、詳細版で測定することで細かい点数の違いを示しやすい。しかし基本役職が10以下であれば、簡易版でも十分に役に立つ。紙面には簡易版のみを掲載するが、ダウンロードファイルには詳細版も含めておく。

STEP 1 ▶▶ **STEP 2** ▶▶ STEP 3 ▶▶ STEP 4 ▶▶ STEP 5 ▶▶ STEP 6 ▶▶ STEP 7

社内での責任	定義	レベル					
		1	2	3	4	5	6
社内での責任	付与される役職		業務の遂行	業務の監督	事業の遂行	事業の監督	全社の先導
対外的な責任	対外的な関係に基づく社外への影響度	社内関係が主たる役割	上位者の代行として一部対外折衝役割を担う立場	単体企業の一部署あるいは一部機能において、責任者として、社外折衝の前面に立つ	単体企業、あるいはグループ全体の一部事業あるいは一部機能において、責任者として、社外折衝の前面に立つ	グループ企業価値に直結する社外折衝において、前面に立つ	
職務の内容	求められる高度さ			慣習的な業務を担当し、品質の維持が求められる	業務について品質を維持しながら、改善のための活動が求められる	従来の方法の変更や、効率化・高度化が求められる	前例のない新たな取組みや、根本的な発想の転換が求められる
求められる専門性	専門性の希少度合	いつでも獲得できるレベルの専門性	業務に習熟することで獲得できるレベルの専門性	経験と知識の双方を獲得することで発揮できるレベルの専門性	経験と知識に加え、独自の付加価値を発揮することが求められるレベルの専門性	専門性について公に認められていることが必要であり、入手難度が高いレベル	極めて高い専門性が求められ、その獲得も極めて困難であるレベル
影響する範囲	監督する人員の範囲	監督対象は、主に単純作業者であるか、自分自身のみである	監督対象は自分自身と同様の専門性を持っている	監督対象は、異なる複数の専門分野にわたるか、自分自身よりも高い専門性を持っている			

　職務測定時には、どの測定表を用いるかということとともに、誰が測定をするかが重要になる。

　この場合のステップは2パターンある。

　望ましいのは、**すべての基本役職を理解している誰か一人がすべての役職について測定すること**だ。小規模組織ならそれは可能だろう。しかし従業員数が100を超えてきたりするとそうはいかなくなる。

　代替手段としては、**それぞれ個々の基本役職を理解している複数のメンバーが集まって、合議で点数をつけること**だ。そうすれば特定個人に頼らずともバランスの取れた測定が可能だ。

　もう1つのパターンは、**複数の方に、わかる範囲での測定を依頼して、それらを集計して測定する方法**だ。

　信頼度は若干低くなるが、皆の総意で決定した、というプロセスが好まれる組織ではこのほうがよいだろう。ただし、異常値が生じることがあるため、回答者ごとの甘辛を点数に反映する手法をとる場合もある。

そうして測定した点数を合計して、それぞれの役職の合計点数を算出しよう。

STEP4 等級数の決定

今回用意した詳細測定表では5つの定義と、それぞれに基本レベルと拡張レベルを用意している。合計10の定義を確認し、それぞれのレベルを点数として合計する。

結果として測定結果は、17点～53点の枠内に収まることになるだろう。もちろん点数の範囲をすべて使う必要はない。

例えば今回のサンプルでは以下のような測定結果を試算した。

役職番号	役職	職種	社内での責任 基本レベル	社内での責任 拡張レベル	対外的な責任 基本レベル	対外的な責任 拡張レベル	職務の内容 基本レベル	職務の内容 拡張レベル	求められる専門性 基本レベル	求められる専門性 拡張レベル	影響する範囲 基本レベル	影響する範囲 拡張レベル	合計点数
1	部長	営業	5	6	4	4	3	5	6	5	4	3	45
2	部長	物流	5	5	3	4	3	5	5	5	4	3	42
3	部長	管理	5	5	3	4	3	5	5	5	3	4	42
4	次長	営業	3	4	2	3	2	4	3	3	2	3	29
5	次長	営業	3	4	2	3	2	4	3	3	2	3	29
6	次長	営業	3	4	2	3	2	4	3	3	2	3	29
7	次長	物流	3	3	2	3	2	4	3	3	2	3	28
8	次長	管理	3	3	2	3	2	4	3	3	2	4	29
9	課長	営業	2	4	2	3	2	3	3	3	2	3	27
10	課長	営業	2	4	2	3	2	3	3	3	2	3	27
11	課長	営業	2	4	2	3	2	3	3	3	2	3	27
12	課長	物流	2	3	2	3	2	3	3	3	2	3	26
13	課長	管理	2	3	2	3	2	3	3	3	2	3	26
14	課長	管理	2	3	2	3	2	3	3	3	2	3	26
15	課長	管理	2	3	2	3	2	3	3	3	2	3	26

この測定に基づくと役職ごとの点数は以下のようになる。

部長	42点〜45点
次長	28点〜29点
課長	26点〜27点

　次長と課長がそれぞれ2点幅なので、部長も2点幅として、上位部長と標準部長に分けてみた。

職務等級	職務点数	対応する役職
4	44〜45	上位部長
3	42〜43	標準部長
2	28〜29	次長
1	26〜27	課長

　この例では、30点〜41点についての測定結果は現れなかった。そのため、現時点でその等級を用意する必要はない。もちろん将来のために等級を設定しておくことは可能だが、新しいポストが生まれた時点で改めて測定し、その結果として職務等級数を変更しても問題はない。
　また、次長相当と部長相当の職務点数に大きな差がついているが、ここで現れた差をもとに、職務給部分での差を大きくすることが考えられる。

　重要なことは、社内に存在しているポストに対して明確な点数を設定し、それによって職務等級を決定するということだ。
　こうして職務等級の数が決まる。これらを簡単な図に示しておくと後々わかりやすいだろう。

5. 等級定義の明確化：発揮行動等級設計

【 発揮行動等級設計の詳細 】

　発揮行動型等級設計も、STEP 1として組織図の作成を行うほうがわかりやすい。基準となる役職の上下や職種の違いが明らかであれば、設計の軸になりやすいからだ。

　とはいえ設計の方法は大きく異なる。発揮行動のアンケートを軸に統計処理を行ったうえで、評価基準としての設計を行うことからはじめよう。そして行動評価基準をまとめる形で、等級定義として整理する。

　そもそも発揮行動型の等級制度は、社内ゼネラリスト育成に向いていることを思い出そう。それはキャリアの階段と従業員の成長とを一致させるのに適しているということでもある。

　だからまずキャリアの階段としての組織図を前提としながらも、どのような行動を発揮してもらい、どう成長してもらいたいかを設計するのだ。

　具体的なステップを示そう。

STEP 1：組織図の作成／見直しによる基本役職の具体化
STEP 2：全社員への発揮行動アンケートによる行動統計データ作成
STEP 3：行動統計データに基づく求める行動の具体化
STEP 4：行動評価項目の取捨選択
STEP 5：行動評価基準一覧作成
STEP 6：等級定義作成

|STEP1| 組織図の作成／見直しによる基本役職の具体化

発揮行動等級を作成するときにも、職務等級設計における組織図の作成、基本役職の具体化という手順を踏む。

ただし職務等級設定とは異なり、ここで定めた等級の数や階層は、発揮行動分析によって変更になる可能性が高い。また、ポジションと連動しないからこそ、昇格機会の回数設定を意識した階層かも考えられる。あくまでも参考基準として作成しよう。

例えばシンプルに「上位管理職」「管理職」として管理職2階層、「記録スタッフ」「上位スタッフ」「スタッフ」として一般3階層くらいでも構わないだろう。

|STEP2| 全社員への発揮行動アンケートによる行動統計データ作成

発揮行動状況を把握するためには、全社員アンケートの手法を使うことをお勧めしたい。

1990年代に日本にコンピテンシー評価制度が広まった際には、**BEI (Behavioral Event Interview)** という手法を使うことが望ましいという意見が多かった。

先ほどピックアップした高業績者を対象に、彼らがどのような行動を重視しているか、ビジネスプロセスにそったイベントごとの実際の活動をヒアリングすることで、発揮すべき行動の手本を明確にしようとするものだ。

しかし現在では、2つの理由から、BEI手法をお勧めしていない。

第一にインタビュアーの知識や経験への依存度が大きいことと、第二にいかに熟練のインタビュアーだとしても認知バイアスによるゆがみがあるからだ。認知バイアスがその企業の成長において有効なものであればよいのだが、インタビュー手法だとその判断がインタビュアー個人の判断にゆだねられてしまう。

一方で全社員アンケートの手法の場合、分析結果を事実として、どのように最適化していくか（ゆがめていくか）をステークホルダー同士で意識、判断しやすい。だからまずはアンケートの実施を考えてみてほしい。

- 発揮行動アンケート手順
- 基本行動項目の設定
- アンケート実施
- アンケート結果基本集計

　基本行動項目については、サンプルを用意した。
　16の発揮行動基本形に基づく確認によって、網羅的な行動確認が可能となる。ただし自社にとって不要な項目があるかもしれない。必ずしも16項目すべてを使わなくてもよいだろう。
　また、特に確認したい行動項目があるのなら、自由に追加してかまわない。
　また、職務等級定義に基づく能力項目の標準化のためにこの手法を用いるのなら、自社独自の能力項目でアンケートをとっても良いだろう。

STEP 1 ▶▶ **STEP 2** ▶▶ STEP 3 ▶▶ STEP 4 ▶▶ STEP 5 ▶▶ STEP 6 ▶▶ STEP 7

カテゴリー	評価項目	概要
業績への貢献	リーダーシップ	自分の方針を明確に示し、チームや組織が一貫して行動できるよう努めている。
	チャレンジ	新しい挑戦や難しい状況に前向きに取り組み、現状を打破しようとする姿勢を持っている。
	倫理意識	どんな状況でもモラルを重んじ、社会的・組織的ルールを守る行動を徹底している。
	財務成果創出	株主が期待する財務リターンを理解し、その達成に向けて優先度の高い行動を計画・実行している。
利害関係者との関係構築	顧客とのコミュニケーション	顧客との接点を増やし、効果的なコミュニケーションを通じて信頼関係を築いている。
	顧客視点の理解	顧客のニーズや期待を深く理解し、それに応じた価値を提供する行動を取っている。
	思いやり	他者の立場や感情を理解し、相手を尊重しながら行動する。
	取引先との関係構築	取引先との信頼関係を築き、継続的で良好なパートナーシップを維持している。
業務効率への貢献	効率的な業務遂行	業務プロセスを効率化し、成果を最大化するために作業手順やリソースの最適化を実践している。
	工程管理	プロジェクトや業務プロセスの進捗を的確に把握し、計画通りに成果を達成できるよう効果的に管理している。
	改善のための行動	業務やプロセスの課題を的確に把握し、効果的な改善策を計画・実行している。
	チームワーク	チームメンバーと信頼関係を築きながら協力し、目標を達成するために積極的に貢献している。
学習と成長	自己研鑽	自身の能力を常に見直し、成長のために積極的に学び、新たな機会を切り拓いている。
	人材育成	他者の能力向上や成長を支援するため、的確な指導やフィードバックを提供している。
	専門的な知識・経験	業務に必要な専門知識と経験を深め、的確に活用して成果を生み出している。
	情報収集	目的に応じて必要な情報を的確かつ効率的に収集し、業務や意思決定に活用している。

　行動評価項目アンケートでは、これらの項目ごとに「重要度」と「発揮度」について質問する。

　重要度の確認方法としては、16の指標に対して、特に重要な項目5つ、比較的重要ではない項目5つを選んでもらう。発揮度の確認方法としては同様に、十分発揮できている項目5つ、比較的発揮できていない項目を5

つ選んでもらう。

アンケートはWEBツールなどを用いれば集計も容易だが、ダウンロードファイルとしてエクセルによるサンプルも用意した。設問は下記のものだ。

設問1：あなたの現在の仕事／現在の役職における、行動の重要度についての質問です。以下の項目のなかで、「今の仕事／現在の役職」を遂行するうえで、特に重要と考えている行動と比較的重要ではないと考える行動をそれぞれ5つずつ選んでください。

※一般論ではなく、あくまでも「現在の仕事／現在の役職」に基づいて答えてください

設問2：あなたの現在の仕事／現在の役職における、行動の発揮度についての質問です。＝以下の16項目のなかで、「今の仕事／現在の役職」を遂行するうえで、十分発揮できていると思われる行動と比較的発揮できていないと思われる行動をそれぞれ5つずつ選んでください。

※一般論ではなく、あくまでも「現在の仕事／現在の役職」に基づいて答えてください

STEP3 行動統計データに基づく求める行動の具体化

アンケート回答結果を基に、重要度と発揮度による4象限への分析を行う。そのための方法は様々で、弊社ではかなり複雑な統計処理を行っている。

今回はシンプルに、それぞれの項目に対する肯定的な回答と否定的な回答の差を計算し、それを回答者全員の数で割り戻した結果をグラフにしてみる。横軸が重要度で縦軸が発揮度だ。そうして各象限にプロットされた指標を確認する。

STEP 1 ▶▶ **STEP 2** ▶▶ STEP 3 ▶▶ STEP 4 ▶▶ STEP 5 ▶▶ STEP 6 ▶▶ STEP 7

> 右上＝重要度高＆発揮度高・・・現状結果に繋がっている行動
> 右下＝重要度高＆発揮度低・・・将来に向けて働きかけが必要な行動
> 左上＝重要度低＆発揮度高・・・定型業務に必要な行動
> 左下＝重要度低＆発揮度低・・・優先度・必要性が低い行動

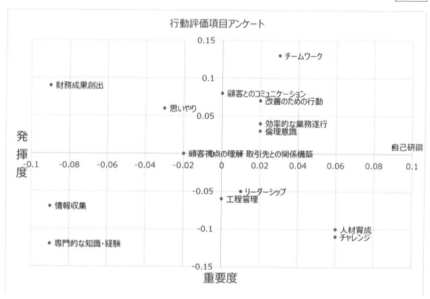

「重要度高＆発揮度高」と「重要度高＆発揮度低」を中心に行動評価項目を検討していくが、「重要度低＆発揮度高」や「重要度低＆発揮度低」の内容も確認する必要がある。

　例えば、不祥事が発生したにも関わらず、「倫理意識」の重要度、発揮度ともに低くなっている場合、今後は不祥事を許さないというメッセージとして、行動評価項目に設定するのが妥当だろう。そのように会社が目指す姿や従業員の成長を考えながら、行動評価項目を検討していこう。

今回のサンプルでいえば、以下のような区分となる。

- 右上＝重要度高＆発揮度高・・・現状結果に繋がっている行動
  「全社共通あるいは一般社員層に求める行動」
  チームワーク、自己研鑽、改善のための行動、効率的な業務遂行、倫理意識
- 右下＝重要度高＆発揮度低・・・将来に向けて働きかけが必要な行動
  「管理職層など上位等級に求める行動」
  人材育成、チャレンジ、リーダーシップ
- 左上＝重要度低＆発揮度高・・・定型業務に必要な行動
  「必要に応じ一般社員の下位層にアレンジ」
  株主価値の理解と行動、思いやり
- 左下＝重要度低＆発揮度低・・・優先度・必要性が低い行動
  「自社では用いる必要がない」
  情報収集、専門的な知識・経験

これらを踏まえ、自社版の行動評価基準一覧を作成することが基本となる。

今回の分析例では、管理職向けが3つ、一般社員向けが5つの指標案となることがわかる。

STEP4　行動評価項目の取捨選択

　このサンプル分析では行動評価項目が8つだが、アンケート結果によってはもっと数が増える可能性もある。例えば行動評価項目が10個を超えるような場合だと、従業員にとって何を意識して行動すればいいのか不明瞭になり、行動評価が従業員へのメッセージであるという意味合いが薄れてしまう。そのため、**従業員が何も見ないでも言えるくらいの項目数、具体的には6個程度にすること**を推奨している。

　しかし、どうしても評価項目が多くなりそうな場合は、以下2つの対応策を検討していただきたい。

　1つ目は**いくつかの項目を統合すること**だ。行動の結果が連続性をもって発揮されている可能性に着目して、項目を統合するのである。

　例えば、「効率的な業務遂行」と「改善のための行動」の重要度と発揮度が近しい結果であった場合、「効率性改善」といった項目に統合することなどが考えられる。

　2つ目は**部署別や等級別の項目を設定すること**だ。先に示した散布図を、部署別や等級別に分析しなおしてみて、その中での傾向を判断する。

　例えば会社全体として「人材育成」の重要度が高く・発揮度が低いが、等級毎に特徴を確認していくと管理職相当である課長以上で「人材育成」が右上の象限に来る場合などだ。その傾向が顕著であると確認できた場合、「人材育成」を管理職限定の評価項目とするのが良いだろう。

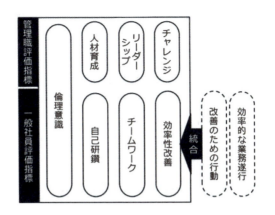

STEP5 行動評価基準一覧作成

　ここまでで検討した行動評価項目を、等級毎に期待するレベル感に応じて文章化したものを「行動評価基準一覧」と呼ぶ。これが完成すれば従業員への浸透が可能となる。
　またそれらを集約することで等級定義が完成するだろう。

　行動評価基準一覧の作成においては、設定した行動評価項目を簡単な文章にする必要がある。例えば、「リーダーシップ」といっても、従業員によってイメージする内容が異なるため、文章にすることで従業員の共通認識を合わせるのである。
　文章はサンプルをそのまま活用しても構わないが、なにより社員がイメージできる内容となっていることが重要だ。

　そして、文章化した内容を等級毎にレベル分けしていく。その際には事前にルールを設定しておくことを推奨する。
　ほとんどの企業で、新入社員に求める「リーダーシップ」と管理職相当に求める「リーダーシップ」のレベル感は異なるはずだ。その違いを示す

基準などを定めて区分するとわかりやすいだろう。

サンプルでは、「準備」「学習」「貢献」「指導」「革新」として区分しているが、他にもぜひ検討してみてほしい。

本書では16の指標についての全体サンプルを用意した。

これらをもとにしながら、自社で用いる行動指標を抜粋して自社版としての行動評価基準一覧を作ってみよう。

こちらもサンプルを用意したが、縦軸に等級を置き、横軸に評価項目を記載するとわかりやすい。

この例では、全等級に共通する項目として倫理意識を設定している。それ以外の項目は一般社員あるいは管理職のみに適用している。

そして一般社員には各評価項目の1〜3ランク（準備、学習、貢献）の定義を適用し、管理職には4〜5ランク（指導、革新）の定義のみを適用している。

また、「効率的な業務遂行」と「改善のための行動」を統合した「効率性改善」項目についての定義はあえて記載していない。頭の体操として作成してみることをお勧めしたい。

STEP 2　等級制度を体系化する

（行動評価基準一覧の全体サンプル）

区分	等級	倫理意識	自己研鑽	チームワーク	効率性改善	人材育成	リーダーシップ	チャレンジ
管理職	5	倫理的な行動の新たな基準を提案し、組織全体に浸透させている。				革新的な育成プログラムや仕組みを提案・実施し、組織全体の人材育成力を強化している。	状況に応じたリーダーシップを柔軟に発揮し、組織全体の成長をリードしている。	組織全体で挑戦を文化として根付かせ、継続的な成長を実現している。
管理職	4	倫理の重要性を周囲に伝え、問題があれば正す役割を果たしている。				育成に関する知識やスキルを他者に指導し、育成担当者全体の能力向上をサポートしている。	リーダーシップの重要性や実践方法を説明し、他者を指導している。	挑戦することの重要性や方法を他者に教え、支援できる。
一般社員	3	倫理的な行動を通じて、組織の信頼性を高めている。	学んだ知識やスキルを活かし、業務効率や成果の向上に具体的に貢献している。	チームの成功を優先し、成果を最大化するために積極的に協力・貢献している。	要作成			
一般社員	2	組織の規範や社会的なルールを学び、理解している。	自己成長に必要なスキルや知識を積極的に学び、それを実務に活かしている。	チームの一員として効果的に機能するためのスキルを学び、協働の質を高めている。	要作成			
一般社員	1	自分の行動がルールに従っているかを確認し、必要な準備を行っている。	学習の必要性を認識し、成長に向けた準備を進めている。	チームの目標と自分の役割を明確に把握し、協力するための準備を整えている。	要作成			

STEP6 等級定義作成

こうして作成した行動評価基準一覧をもとに、それぞれの等級定義を作成しよう。

なるべくシンプルで文章量を少なくすることがよいだろう。それぞれの等級に属する人たちが、要は何をすればよいかを把握できるようにするためだ。

区分	等級	等級定義
管理職	5	倫理基準の浸透、人材育成の革新、柔軟なリーダーシップ発揮、挑戦文化の定着を通じて、組織の成長と発展を促進している。
管理職	4	倫理、育成、リーダーシップ、挑戦の重要性と実践方法を伝え、他者の成長と能力向上を支援している。
一般社員	3	倫理的行動で信頼性を高め、知識やスキルで成果を向上させ、チームの成功に貢献している。
一般社員	2	規範やルールを理解し、自己成長と協働の質向上に向けたスキルを実務で活かしている。
一般社員	1	ルール遵守、成長、チーム協力のために行動や準備を適切に整えている。

6. 昇格・降格ルールの設定

【　昇格ルールは等級制度によって原則が異なる　】

　等級制度によって昇格ルールは変わる。まずその原則を知っておこう。

　たとえば職務等級型の仕組みを選んだということは、職務における責任の大きさや求められる専門性をもとに等級を定めたということだ。

　だとすれば当然ながら、その職務を任せられる人をあてるということになるだろう。となれば、昇格ルールは職務にふさわしい責任を果たせるか、求められる専門性を持っているかを確認することになる。

　一方で発揮行動型の等級制度を選んだということは、その判断に期待値が混ざってくる。その職務やポジションに期待される行動をすぐに発揮できなくとも、発揮できる期待があれば昇格させたいと思うことが多いだろう。

　また発揮行動型を選ぶ組織では、やらせてみて育てる、という発想の経営層が多い気がしている。となると少なくとも、今いる等級でしっかり行動できている人のうち、次の等級に向けた成長を期待できる人を選ぼうとするだろう。

　これらの違いを踏まえて、それぞれの等級タイプでの昇格ルール設定を考えてみよう。

> **卒業基準と入学基準**
>
> 　小学校を卒業した証明書があれば、誰でもどこかの中学校には入学できる。けれども高校からはそうではないし、大学ももちろんそうだ。
> 　卒業すれば次のステップに進める仕組みが卒業基準であり、入学試験に受からなければ次に進めないのが入学基準だ。
> 　これらはシンプルにどちらかだけが用いられるわけではない。たとえば大学受験資格を得るために、高校卒業あるいはそれと同等の試験に合格する必要があるなどだ。

【　昇格に必要な年数をどう定めるか　】

　昇格基準を検討する際に、何年で昇格の機会を与えるかということも考えなくてはならない。

　かつての日本企業には滞留年数という概念があった。後述する昇格基準としての経験年数とは異なり、何年間その等級にいなければそもそも昇格のチャンスを与えない、という発想だった。

　逆に、年功的処遇の会社では、何年間かその等級で過ごせば、自動的に上位等級に昇格させる会社もあった。

　能力が見えづらいからそもそも昇格判断のための評価基準がなかったとか、年功的な序列を大切にするとか、あるいは上司が好き嫌いで判断することがあたりまえだったのでむしろ年功で判断するほうが公平だった、とかの諸説はある。

　しかし、今から設計する人事制度で、滞留年数という概念を適用することは現実的ではないだろう。

　ただ、それでもなお、**標準的な昇格年数を何年にするのか**、という検討

は必要だ。あわせて、**最短で昇格できる年数をどれくらいにするかとか、そもそも抜擢などによる飛び級を可能にするか**、という検討もしなくてはならない。

　標準的な昇格年数とは、つまりその人が上位等級にふさわしい意識や行動や成果を発揮しているということを確認するために必要な期間でもある。

　実際にはその確認とともに、育成の期間もあわせて検討することになるので、たとえば2年で見極めは可能だが、標準的な育成に4年はかかるので、標準昇格年数を4年として、抜擢は2年を最短とする、というような設計だ。

　このような考え方は、昇格基準の設定だけでなく、報酬制度における給与改定ルールの設定でも用いることになるので、覚えておこう。

【　昇格判断のための手法一覧　】

　典型的な昇格審査の方法は7つある。

　多くの会社ではこれらを組み合わせて昇格審査を行っている。それぞれの手法ごとに、卒業基準、入学基準のどちらに適しているかを示すので、ぜひ活用してみてほしい。

- ・現職の経験年数
- ・過去の評価実績（業績や行動、あるいはその複合系）
- ・上司推薦
- ・課題レポートなどによる審査
- ・上位者あるいは外部者による面接
- ・部下や同僚からの多面評価
- ・各種試験の実施

　これらの審査プロセスは、それぞれメリットと課題がある。

	卒業基準	入学基準	メリット	課題
現職の経験年数	△	×	客観的基準としてわかりやすい	その年数を経たからと言って、卒業あるいは入学に資する専門性や行動発揮ができるかどうかは判断しづらい
過去の評価実績	○	△	現職務における評価として妥当性が高い	未経験の職務における判断基準としては用いづらい
上司推薦（昇格）	○	○	卒業基準、入学基準いずれとしても総合的判断がしやすい	上司との相性によっては適切な判断がされない場合がある
レポート審査	○	○	全社視点での確認など、新しい職務に求められる専門性や意識、行動などの総合的判断が可能 特に論理性や課題解決力などを確認しやすい	提出型の場合、代筆の懸念がある 知識はあるが行動に移せない人の見極めが必要 審査そのものに知見が求められる
上位者／外部者面接	△	○	情実などを薄めた客観的な人間判断が可能	外部者による場合スケジュール調整や依頼費用がかかる 面接者ごとの認知バイアスはぬぐえない
部下や同僚からの多面評価	○	○	普段の行動を踏まえた判断が可能／特にハラスメント的要素の確認に最適	低い評価が出る場合の対応が必要
各種試験や外部期間研修などの受講実績	○	○	知識についての客観的確認が可能／資格を伴う場合には公的な判断基準ともなる	最適な試験や研修などの見極めが難しい

なお、職務型や発揮行動型、いずれの等級制度の場合でもこれらを組み合わせて行うことが一般的だ。

典型的なプロセスは、過去の評価実績を踏まえ、上司による推薦によってノミネートされ、レポート審査や二段階上位者などによる面接を経て総合判断されるパターンだ。

【　昇格審査基準は公表すべきか　】

昇格プロセスについて、公表すべきかどうかの議論は常にある。

今回示す原則はシンプルだ。**プロセスは公表する。ただしどの基準で落ちたのかは伝えない**、というものだ。

たとえば社内ゼネラリスト型を求める会社においては、昇格が権利として組織風土に根付いている場合がある。新卒一括採用で年次管理をしている会社では、厳密な昇格判断よりも、現職の経験年数などで自動昇格させるほうが運用しやすいからだ。

しかしそういう会社の場合でも、係長昇格や課長昇格など、どこかのタイミングで厳密な卒業あるいは入学基準による判断がされて頭打ちにはなる。

けれども、その段階まで年次管理で昇格してきた組織風土に慣れていると「なぜ彼は昇格出来て、私は昇格できなかったのか、説明が欲しい」という風に思う人も出てきてしまう。

昇格審査が適切に行われていた場合、その人は何らかの理由で上位等級にふさわしくないと判断されたわけだ。職務を任せるだけの資質がないのか、あるいはその期待が十分でないのか。そしてそのことを本人に伝えることによって、その人は改善し成長できるだろうか。

時には、すべての基準に合格しているが、会社の業績都合などで昇格を見送る場合もある。

であれば、なぜ今回昇格できなかったのかをあえて伝えてしまうのは逆

効果にもなる。

　STEP 4の評価の部分で詳しく説明するが、**企業の人事における厳密な納得性や公平性、というものは存在しない**。私人による企業であれば、偏った判断基準の組織だってありうるし、実際に存在する。

　また、どれだけ論理的に作りこまれた基準だとしても、その判断によって低い評価を示された人が納得する可能性は極めて低い。人は他責でなければ生きていけない生き物だからだ。

　だとすれば、あらゆる評価は、**期待の表明を軸に設計しなければいけない**。そして評価結果についての**納得性は求めず、次の期待につなげていく**プロセスを回すしかない。

　昇格判断についても、昇格した人にはあらたな職務や行動の基準を期待として示せばよい。

　昇格できなかった人には、昇格できなかったことについてではなく、今の職務を軸に今後の期待について話せばよい。

【　降格プロセスは会社の類型によって異なってくる　】

　1990年代から人事制度を作っていると、降格基準の設計に携わることも多かった。そこでわかったことは降格基準というものは、その企業が現在のどのような状況におかれているかによって、使われ方が全く異なってくるということだ。

　類型は3つあり、それぞれ時代背景が影響している。

> 第一の類型：不適切な人がポストに多く就いている組織
> 第二の類型：求める職務や行動の変化が激しい組織
> 第三の類型：安定的な経営が維持されている組織

第一の類型：不適切な人がポストに多くついている組織

　社会構造が変わったタイミングで浮き彫りになった問題だ。典型的には年功処遇があたりまえだった組織において、それではビジネスが立ち行かなくなっていったタイミングなど。つまり1990年代以降の一連の構造変化によって課題となっていった組織だ。

　年功処遇にはもちろん良い面があって、組織内の序列を維持しやすいとか、若手に対して低い処遇でも将来報いられる期待感で働かせられるとか、企業にとってメリットがあった。また従業員にとっても若い間辛抱すれば報いられるという期待感が醸成された。
　このような会社は実際に今でも存在しているし、20代の頃年功処遇を嫌っていた若者がやがて40代になり、年功を礼賛するような状況も多くの会社で起きている。

　けれどもこのような会社がこれからの時代を生き延びようとするのなら、間違った年功や情実などでポストについている人を排除しなくてはいけない。
　このような場合に対応するために降格制度は設計されることが多かった。ただ、使われたかどうかはまた別問題だ。

第二の類型：求める職務や行動の変化が激しい組織

　第一の類型を経て変革が進んだ組織や、起業後にピボットするなどしてビジネスを変革した若い組織でも起きた問題だ。
　つまりこれまで求められていた職務が求められなくなり、新しい職務に適した人に責任と期待とを示す必要が生じた企業だ。
　このような場合には、変化を示しやすいので降格など、役職の変化を示しやすい。ただしそれは職務等級型の組織だったら、の話だ。

職能型や発揮行動型の等級制度を用いている組織の場合、職務が変わったとしても、求められる能力や行動の変化までは示しづらい。

たとえばこれまでBtoBのルートセールスがメインだった営業において、BtoCを主体としたマーケティング起点での営業が求められるような変化が起きた場合を想像してみよう。職務は大きく変わったが、仮に発揮行動の基準が「チームワーク」や「リーダーシップ」などであるなら、それらは変わっていない、と判断できてしまう。

だとすれば、こういう能力や行動が発揮できていないから降格する、という基準は別途つくらないといけないだろう。

第三の類型：安定的な経営が維持されている組織

第一の種類、第二の類型のような状況がない組織だ。

安定的な活躍によりビジネスが維持存続できるので、過去の功労者に未来の活躍も期待できる。

このような組織においては、降格基準というよりは、世代交代の基準を設けることが求められてきた。その際には年齢や、役職への任用年数など、角が立たない基準が用いられることが多い。

さて、あなたの会社はどの類型に近いだろうか。

【 降格プロセス設計のポイント 】

昇格判断に用いる基準を、降格判断に用いる際の使い方を紹介しよう。それぞれ3つの会社類型に応じて使い分けることをお勧めする。

- ・現職の経験年数や年齢
- ・過去の評価実績（業績や行動、あるいはその複合系）
- ・上司推薦（降格）

- 上位者あるいは外部者による面接
- 部下や同僚からの多面評価

	第一類型	第二類型	第三類型	メリット	課題
現職の経験年数や年齢	×	×	○	降格基準として用いる場合には役職定年的な扱いとなり、恣意的判断が混じらない	年齢によって必ずしも職務に不適格になるとは限らない
過去の評価実績（業績や行動、あるいはその複合系）	△	○	△	現職務において低い評価になっているということは、降格対象とする根拠としてわかりやすい	評価基準の妥当性や、評価者の評価能力に疑問がある場合には適用が難しい
上司推薦（降格）	△	○	△	総合的判断がしやすい	年功型の第一類型や、業績が悪いわけではない第三類型の場合、そもそも判断が難しいこともある。
上位者／外部者面接	○	○	△	情実などを薄めた客観的な人間判断が可能	外部者による場合スケジュール調整や依頼費用がかかる／面接者ごとの認知バイアスはぬぐえない
部下や同僚からの多面評価	○	△	△	普段の行動を踏まえた判断が可能／特にハラスメント的要素の確認に最適	低い評価が出る場合の対応が必要

第一の類型では、**不適格者の排除を合理的に行う必要がある。**

そのために用いやすいのは、**客観的な判断基準**だ。部下や同僚からの多面評価の納得性が高い。また外部者による面接も有効だ。

なお、過去の評価履歴や経験年数に加え、直属上司判断はあまり信用できない。そもそも直属上司がしっかりマネジメントできているのなら、降格候補になる前に意識や行動の改善が可能なはずだったからだ。

第二の類型では、職務等級型の場合にはどの基準を用いてもそれほど効果は変わらない。

職務が変わったらその職務に応じた等級に移行する、という運用ができるからだ。

ただ、**発揮行動型の等級設定をしている場合には、新しい評価基準にもとづく評価を行う**ことが望ましい。評価とは結果を示すものではなく、まず新しい行動を期待として示すところから始めるからだ。

期待を示し、育成し、変革を促し、それでも行動に反映できなかったのなら、降格しても仕方ないと判断できるだろう。

第三の類型では**適切なタイミングでの交代を促す仕組み**があればよい。基準そのものよりも、年齢や年数による交代を促すことができればよいだろう。

STEP 3
報酬制度を総合的に整理する

　人事制度とは報酬制度のことだった時代がある。月給が生活給であり、賞与も生活給だった時代だ。けれども、今設計する場合に求められる視点は4つだ。
　会社の視点では、コストであり、人的資本としての投資。
　従業員の視点では、生活費であり、行動のインセンティブ。
　そして労働市場の視点では、労働力の取引価格。
　最後に、社会の視点では、消費の源泉であり社会保障の一環でもある。
　これらの視点のバランスをとりながら、自社のビジネスにとって最適な仕組みを構築しよう。

やるべきこと
- 報酬構成の設計
- 月例給与のレンジを定める
- わかりやすい給与改定ルールを定める
- 役職など職務にかかる手当を設計する
- 定期賞与ルールを定める
- 報酬ポリシーとして整理する

| STEP 1 | STEP 2 | **STEP 3** | STEP 4 | STEP 5 | STEP 6 | STEP 7 |

> メリット
> ●優秀な従業員を集め、引き留めるツールができる
> ●長く働きながら成果を出し続けるための基準ができる
> ●今後の環境変化において報酬制度のどこを変えればよいかがわかる

従業員にとってわかりやすい仕組みとして報酬を設計する

　ファストトラックでの報酬設計は、給与レンジと給与改定、利益配分賞与として示した。わかりやすくシンプルな仕組みを示したわけだが、実際に各社で導入されている報酬制度は多岐にわたる。
　その選択肢を示しながら、いまどきの改定の方向性を示す。もちろん選択肢を踏まえて自社にあった形を導入することが望ましいのだが、何がベストかわからないという場合には、ファストトラックをベースにしながらお勧めにしたがってみるといいだろう。
　その上で給与改定や各種手当を決めていこう。管理監督者についての適切な手当水準もこの章で説明する。

　賞与については、ファストトラックではあえて除外した夏冬の定期賞与についても説明する項を設けた。具体的には賞与水準と評価反映、メリハリのつけ方などだ。
　なお、利益配分賞与と間接報酬については、ファストトラックを改めて参照してほしい。

1. 報酬構成の設計

【 自社で支払う給与構成を整理しておく 】

　ファストトラックでは、月々決まって支払う給与、つまり月例給について市場水準と比較することを示した。今まで人事制度がない会社の場合には、まず採用時にいくら支払うと約束するかが基本となるからだ。

　しかし詳細編では、すでに一定人数の従業員がいることが前提で設計を進める。となると月例給だけを比較するのでは、設計がうまくいかないだろう。なぜなら、既存従業員が報酬に求める水準は月例給ではなく、年収についてのものだからだ。

　では自社の年収とはどのように構成されるべきだろうか。
　月例給を基本として構成する年収構成要素は次のように示される。給与規定などで示される項目だと理解してほしい。

- 月例給
- 法定手当
- 各種手当
- 福利厚生手当
- 定期賞与
- 業績賞与
- 各種インセンティブ

　なお、年俸制のように年額を先に定めて支給する場合の構成要素も理解しておこう。

[年俸制の場合]
・月例給相当報酬（年俸に含む）
・法定手当⇒年俸に含まず支給要件が発生
・各種手当⇒年俸に含む場合とそうでない場合がある
・福利厚生手当⇒年俸に含む場合とそうでない場合がある
・定期賞与相当報酬（年俸に含む）
・業績賞与⇒年俸に含まず支給することが多い
・各種インセンティブ⇒年俸に含まず支給することが多い

　このように示すと、年俸制であっても、月例給を基本とした年収構成と大きく変わらないことがわかる。
　よくある誤解としては、年俸制だから残業代は払わなくてよい、とか、年俸制だから賞与を含んでいる、というものがある。けれども、**年俸制であったとしても、管理監督者でなければ残業をすれば残業代を支払う必要がある**し、業績賞与や各種インセンティブは支給条件が別途定められていることも多い。
　そして福利厚生としての住宅手当や家族手当などを支給する会社の場合、年俸に含める場合とそうでない場合など、会社の定めによってさまざまだ。
　以下にそれぞれの構成要素を整理しておこう。

トータルコンペンセーションはなぜ日本で定着していない？

　1990年代に、トータルコンペンセーション（総額報酬原資管理）という概念が広まった。が、多くの日本企業で定着はしなかった。
　トータルコンペンセーションの概念は、直接支払う給与や賞与だけでなく、各種福利厚生や退職金などを含めて、従業員雇用に伴い発生する費用を総額管理しようというものだった。そしてこの総額をもって、職務の責

任の大きさや、貢献度に応じた増減をさせようという考え方だった。
　この発想の大前提は、メリハリをつける報酬、ということではなく、責任が大きい従業員や貢献度の高い従業員に対して、より多くの報酬を支払おうというものだった。

　しかしこの考え方は日本では広がらなかった。その理由は2つあると考えている。
　第一の理由は、生活費概念から脱却できなかったからだ。いや、むしろ少子高齢化が進む中で、生活費としての給与という発想は強化されたように感じる。
　第二の理由は、長期雇用だ。職務の責任や貢献度に応じた報酬の考え方は、引き上げだけでなく、引き下げを生む。会社と従業員とが短期的な契約の概念で雇用されている場合には、引き下げられた際に容易に転職を選択できるだろう。けれども長期雇用を前提とし、互いに依存的な雇用契約関係にある場合には、タイムリーな引き上げや引き下げの概念は導入しづらかった。

　結果として、年功的な処遇が今なお残っているのが実情だ。それは日本の実情には合致してきた。
　しかしこれからの時代に、生活費概念や長期雇用を前提とした年功処遇が、環境に適合しているかどうかは慎重に判断してほしい。

【　月例給は等級に合わせて決定することが現在の標準　】

　月例給、あるいは基本給と呼ばれるものが報酬の基本となる。年俸制であったとしても、労働基準法によって賃金支払いの5原則があるから、年に1回払いというのは許可されない。
　ちなみに賃金支払いの5原則とは「通貨払いの原則・直接払いの原則・

全額払いの原則・毎月1回以上払いの原則・一定期日払いの原則」だ。

月例給を定める基準は、基本的に等級だ。

等級ごとの給与レンジの範囲で金額を定め、本人に支給する。定期的な給与改定で変動するのもこの月例給だ。

だから等級を何によって定めているかで、月例給の呼び方を変えることもある。職務等級によって決めているから職務給と言ったり、職能等級によって決めているから職能給と言ったりする。

年俸制の場合には、年俸を何分割するかを選択できるようにする会社も多い。12分割、14分割、16分割などの選択肢を示す場合などだ。

仮に年収が420万円だとして、12分割だと月例給35万円、14分割だと月例給30万円に加え、夏冬にそれぞれ30万円ずつ賞与として支給。16分割だと26万2500円を月例給与として、夏冬はそれぞれ52万5000円を賞与として支給するなどだ。

せこかった昔の給与制度

昔は月例給を複数の項目で決定する会社も多かった。基本は等級や役職に基づく部分だが、それらを基本給として定義したうえで、年齢給や勤続給などを加算する会社があった。

加算というとお得感が出るが決してそうではなく、月例給額は20万円だが、等級によって定まる基本給は8万円だけで、年齢給6万円、勤続給6万円、としていたりした。せこい話だが、そうして「賞与は基本給の5か月分」とか書いたりしたのだ。従業員からすれば20万円×5カ月＝100万円？！と喜んだものの、実際に支払われるのは8万円×5カ月＝

40万円だったりしたのだ。

　退職金も月例給ではなく基本給換算で計算する会社も多く、退職時に初めて想定よりも少ない金額であることを知って、落胆する人も多かった。

　いまどきの会社でそういう詐欺みたいなことをすることはお勧めしない。仮に年齢給や勤続給を導入するにしても、それらを合計した月例給を基に賞与や退職金を算定すべきだろう。

　なお、退職金については、ポイント制や確定拠出などの別ルールを設ければ月例給とは関係しなくなる。本書ではそれらについては示さないが、興味のある方はぜひ検索などしてみてほしい。

【　法定手当はちゃんと法律に従い、抜け道などは探さない　】

法定手当はいわゆる残業代などだが、厳密にはいくつかある。

```
時間外労働：いわゆる残業代のこと。加算すべき割合は法律で最低限
　　　　　　度が定められている。
　　　　　　時間外労働45時間以下・・・25％
　　　　　　時間外労働45時間超〜60時間以下・・35％
　　　　　　時間外労働60時間超・・・・・50％

休日労働　：法定休日に労働させた場合に支払う　35％

深夜労働　：午後10時から午前5時までの間に労働させた場合に支
　　　　　　払う　25％
```

　法定手当に関して、近年、明確になっていることの一つが「条件に適合すれば1分単位で支払う」というものだ。さすがに秒単位とまではいわな

いが、残業代はごまかさない、と言い換えられる。
　昔は「年俸制だから残業代は出ない」と強弁していた会社もあった。また残業代を一定額で抑えるため、残業見合手当として一定金額を支払っているから残業代を払わない、とする会社もあった。
　しかし現在では法律が厳密に適用される。年俸制でも残業代は払う必要があるし、残業見合手当はそこに含まれる残業時間を明示するとともにそれを超えたら追加で残業代を支払うべきだ、とされている。
　そのため残業見合手当はむしろ、残業を少なくしても支払われる給与の底上げのように使われてしまっている場合すらでてきている。

　いずれにせよ、せこいことは考えずに、法律はしっかり守ろう。
　そうでないと、過去数年間（2025年時点では3年間）さかのぼって残業代を請求されてしまう可能性があるからだ。それも全社員に対して。ごまかせるものではなくなっているのだ。

【　各種手当は会社が自由に定める　】

　手当類は会社によって違いが大きい報酬だ。手当設定の根拠に応じて、いくつかの種類を示すとともに、最近のトレンドについて説明する。
　これらの手当は会社が自由に設定できるが、何のための手当なのか、ということをしっかり考えるとともに、役割を終えたものの廃止についての検討もお勧めする。

◆会社都合の勤務必要性に合わせて支払うもの

・通勤手当
　会社に通勤するために必要な交通費を支払うもの。以前は定期代相当や、通勤定期そのものを支給する会社も多かった。所得税がかからないように

するために、上限金額が定められているので、その点は確認してほしい。

アルバイトや派遣社員に対して、通勤手当を支給しない例もある。けれども同一労働同一賃金が進む中で、いわゆる正社員に通勤手当を支給しているのであれば、アルバイトや派遣社員にも支払う必要性はある、と考えたほうがよい。

なお、不思議なことに通勤手当は社会保険料算定基礎額に含まれる。そのため、リモートワークが拡大した会社において、通勤手当を廃止した際の社会保険料算定基礎額の引き下げによる不利益対応が必要、と判断して対応している会社もある。交通費の実費精算だと、社会保険料算定基礎額には含まれないからだ。

・在宅勤務手当

通勤手当廃止に伴う不利益変更の是正として支給されることが増えた。また、在宅勤務に伴う家庭での電力消費などへの費用負担、としている場合もある。

IT企業など、在宅勤務割合が多い企業では、むしろ在宅勤務手当を手厚くすることで、従業員への魅力とする例も増えている。たとえば毎月1万円～2万円程度を支給することで、在宅時の各種設備拡充に使えるようにするなどだ。

・出張手当（日帰り／宿泊）

出張に関する費用は、実費精算としている場合と、手当としている場合がある。実費精算の場合であっても、付加的に日帰りで1000円、宿泊で3000円を支給する、としている場合もある。その根拠は、出張中だと食費などが生活費以外に必要になるから、という考え方によっている。出張手当を実費精算しない場合には、社内規定でしっかり定めておくことが重要だ。

・赴任手当

　転居を伴う異動に際して支給するのが赴任手当だ。後述する単身赴任とは異なり、家族帯同で異動する場合にも支給される。赴任時の一時金支給とする場合もあるが、赴任前に持家がある場合に、異動期間中ずっと定額を支給する例もある。

・単身赴任手当

　家族帯同で転勤しない場合に、従業員個人が赴任することによって発生する生活費などを補填する目的で支給する。

　昔は会社命令の異動（転勤）に対して「家族帯同で転居することがあたりまえ」として、「特別な事情がある場合に限定して単身赴任を許可する」としていた会社も多い。

　けれどもいまどきはむしろ「家族帯同での転勤なんて無理だから、単身赴任手当を支払うので一人だけでも転勤してもらえませんか」という位置づけの手当に変わりつつある。そもそも会社都合の転勤命令は人権問題に抵触するという考え方だ。その場合には、単身赴任によってかかる住居費や食費に加え、定期的に家族のもとに変える旅費交通費までを含めて支払う例も増えている。

◆職責などに応じて支払うもの

・役職手当

　会社が定める役職に対して、それに見合った行動をとってほしいとか、責任に応じて給与を増やしたい場合に支給する。

・職種手当

　営業職や研究開発職など、それぞれの職種ニーズに合わせて支給する。
　その根拠は複数ある。営業職の場合だと事業場外勤務にかかる手当とし

ていたり、各種経費精算を不要にするためだったりする。研究開発職だと、市場水準との給与乖離を補填するとか、自己研鑽促進のためなどがある。それらは従業員の給与テーブルを一律にしている場合に必要な対応だ。

　職種別の給与テーブルを設定する場合には職種手当を付与する必要はないだろう。

◆異動可能性に応じて支払うもの

・総合職手当

　会社都合でどこでも異動することを総合職の定義として、その分の手当を加算する場合がある。転勤を受け入れない場合には地域限定職とか一般職とかの区分をするなどだ。

　そもそも給与テーブルを変える例もあるが、その場合だと総合職に対して地域限定職や一般職の給与を引き下げるという見え方になる。それよりも、逆に転勤を受け入れる前提なら手当を加算するという仕組みにするのだ。

　ただ、総合職手当を支給されているにもかかわらず、本社の総務とか経理とかの勤務だから転勤可能性がない、という人が発生する場合もある。結局全国転勤可能性があるのは営業職とか生産職だけ、ということもあるので、むしろ職種手当にする例も増えている。

◆生活費補填的に支払うもの

・地域手当

　本社が都市圏以外にある場合で、都市圏に支社や営業所を設定する場合に、それらの地域に勤務する従業員の生活費を補填する目的で支給する。昔は都市圏の方が、生活費が多くかかるという例も多かったからだ。しかし、近年はむしろ都市圏以外の方がスーパーなどでの食費がかかる例も増

231

えている。
　とはいえ住居費は確実に都市圏の方が高いため、住宅費用として支給することが多い。

・食費手当
　交代制勤務時の食費補填として支給する例や、昼食費補填的に支払うもの。元の給与水準が低い場合に支給されることが多かった。近年は形態を変え、福利厚生的な支給とすることが多い。

◆会社が求める行動促進にあわせて支払うもの

・皆勤手当
　無断の遅刻や無断での欠勤をしないように勤務することを奨励する手当。
　グレーな対応として、有給取得をさせないための手当的な側面もあったが、あきらかに違法だと示されたことや、有給取得促進の流れもあり、手当の意味がなくなりつつある。
　そもそも無断遅刻や無断欠勤をする従業員を雇用することが論外だということもある。

・資格手当
　資格取得者に対して支給する手当。
　事業に必須だが誰かが持っていればよい資格であったり、あるいは必須ではあるが交代で取得する資格であったり、あるいは資格として保有することが望ましい場合などがある。
　たとえば不動産仲介業における宅地建物取引士や、大規模工場における衛生管理者だったり、簿記や英検などの資格などだ。
　ただ、近年の傾向としては、手当としてではなく、一時金で支給する例も増えている。また、必須の資格の場合には、昇格要件として定め、手当

・研修手当

会社が定める研修を受講した場合に支給する手当。

事業場外にて受講する場合の昼食代補填の性格もあるが、研修受講へのインセンティブとしての性格を持たせる場合もある。

【　福利厚生関連手当は採用力に影響する会社からのメッセージ　】

福利厚生関連手当も会社によって違いが大きい。その根拠は基本的には生活費補填だが、種類はいくつかある。そして同じような手当でも、目的や対象によって仕組みが異なっている。その典型である住宅手当から見てみよう。

・住宅手当（賃貸家賃補助）

賃貸住宅に限定して住宅手当を支給するもの。家賃の一部負担という形式が多い。

・住宅手当（持家利子補給）

賃貸家賃補助だと、持ち家の人に対して不利になる、ということから、住宅ローンの利子補給という考え方で支給するもの。利子補給なので、ローン返済がないと支給されない。かつては持ち家促進の名目もあった。

・住宅手当（制限なし）

賃貸とか持家とかの区分なく、一律の額を支給するもの。

なお、住宅手当を全従業員に対して定額で設定すると、残業代算定基礎額に加算する必要性が生じる。住宅にかかる費用（家賃額とか）に応じて段

階区分するなどの対応が望ましい。例えば、家賃5万円までは1万円支給、それ以上は2万円支給、などだ。

・家族手当／扶養手当

配偶者や子女など、あらかじめ定めた家族の要件に合わせて支給する手当。

基準として、被扶養者であることを条件としている場合が多い。他にも、同居が前提や年齢制限などを設けている場合もある。

家族手当の発想は、時代環境として、男性が外で働き、女性が家庭を守り、子どもが複数人生まれることが多かった時代にできたものだ。いわゆる標準世帯が、有業の夫、無業の妻、2子、だった時代だ。だが現在では配偶者との共働きが一般化しているため、子どもに限定した児童手当とする例も増えている。

一度付与した手当は廃止しづらい点に注意

従業員に対して良かれと思って設定した手当が、のちのち会社を苦しめる場合がある。だから手当については永遠に支給するものではなく、廃止要件を定めておく方がよい。

たとえば家族手当の性格が変わりつつあるが、だからといって、それまで支給していた扶養者としての妻あるいは夫への手当を廃止できるかというと、簡単ではなかったりする。不利益変更だといわれてしまうと、それはそうだといえないこともないからだ。また資格手当について永遠に支払い続けるのも納得できないこともあるがやめるとなれば不履行だ。

だから各種手当については、支給年限を定めることもある。

また、時代の変化に伴う支給要件変更や廃止については、その原資をも

って何にするか、ということを明確にしよう。

たとえば家族手当の例でいえば、従業員100人のうち40人に対して、月1万円の配偶者手当を支払っていたとする。しかし扶養配偶者に限定するという基準を設けていなかったなどで、共働きの配偶者がいる場合にも支給されていることは変だ、と判断する場合などだ。

とはいえ、単純な廃止だと問題が生じやすい。そこで40人に支給していた原資、月40万円相当で、別の手当に振り替えるか、あるいは全員に配分してしまうことなどを考える。よくあるのは、児童手当に振り替えてしまうことだ。

いずれにせよ、一度付与し始めた手当は、廃止が難しくなることを覚えておこう。

【　定期賞与：日本にしかないが、日本では「ない」と競争力が弱まる　】

定期賞与とは夏と冬に支給することが多い報酬だ。一般的には夏の賞与は6月～8月、冬の賞与は12月に支給する。

組織や個人の業績を反映することが多く、3月決算の場合で、4月～9月分の業績を冬の賞与に反映し、10月～3月分の業績を夏の賞与に反映したりする。業績反映の関係から、たとえば12月末決算の会社で、1月～6月分の業績を8月賞与として支払い、7月～12月分の業績を2月賞与として支払う例などもある。

月例給に対する月数換算で示すことが一般的だが、等級ごとに基準金額を設定する例も多い。

月例給は下げられないが賞与は下げられるので、業績にあわせた人件費の調整弁として活用する必要がある、と定義する場合もある。その場合には就業規則における記述も定期賞与とはせず、「半期ごとに会社業績及び個人業績にあわせて一時金を賞与として支給する場合がある」といった記述にしておく方が望ましい。

しかしファストトラックでも記したように、定期的に賞与を支払うくらいなら月例給に割り戻したほうがよい。その方が従業員にとっても望ましいはずだ。

ただし、しっかり説明しないと勘違いを生む場合もある。特に人事制度についての理解が不十分な場合には「賞与がない会社は悪い会社」と誤解されてしまうこともある。そのため、あえて夏冬賞与を残すという選択肢もあるだろう。

【　業績賞与：全社業績へ意識や行動を集中させるために設定する　】

業績賞与とは主に会社業績に応じて支払う賞与であり、一般的には決算月末あるいはその翌月末までに支給する。会社業績に対する意識付けを目的として導入する会社が多い。

ただ、ファストトラックでも記したように、時期的な問題や一体感醸成の観点などから個人評価を反映しないことが多い。そのため、貢献が不十分な従業員にも支給されるという性質を持つこともある。

なお、年俸制の会社では、業績賞与は年俸に含めないことが一般的だ。

【　各種インセンティブ：短期的な行動変革や成果創出に役立つ　】

業績賞与が会社業績などの組織的な業績を反映するものであるのに対し、個々人の行動や成果にあわせてタイムリーに支給するものが各種インセンティブだ。

設計は自由にできるが、おおむね2つのパターンで設計することが多い。

利益配分型
営業職など個人の業績や粗利額に基づき支給する報酬。

カーディーラーや不動産関連業、保険販売代理店などで設定されることが多い。たとえば個人で稼いだ粗利益額の10％〜20％を支給するなどだ。

詳細に設計する場合には、支給基準率や額を定めたのち、行動促進型のような指標に基づき増減させることもある。また個人ではなくチームに対するインセンティブとして設計する場合もあり、その際にはチームリーダーとチームメンバーとで異なる基準を設けたりする。

行動促進型

会社が求める行動を促進するため、算出しやすい指標を設定して、その指標に基づき支給額を決定する報酬。

営業職における新規訪問件数とか、販売職におけるリピート率など。時季設定により、期間を定めて支給するインセンティブにも使いやすい。

利益配分型と異なり、インセンティブ額の算出根拠が不明確になりやすいため、比較的少額に設定することが多い。

【 報酬構成はわかりやすく示す 】

これらの報酬構成要素を踏まえ、自社にとってのあるべき報酬を設定しよう。

また、それらを具体的に従業員に示すことによって、会社としての報酬に対するメッセージも明確にすることができる。特に求人票や採用ページに示すことで、会社の魅力向上にも役立てることができるだろう。

2. 月例給与のレンジを定める

【 給与そのものの上限と下限を仮設定する 】

　給与テーブルの設計におけるスタートは、**給与そのものの上限と下限を仮設定すること**だ。
　特に**非管理職の下限と上限、そして管理職下限を定めるとわかりやすい。**
　例えばこれまでの分析を踏まえ、部長、次長、課長、係長、主任、一般社員の6等級についての給与レンジを設定してみる。

　まず非管理職の下限を、新卒採用額として220,000円としよう。また非管理職の上限として係長の最高額を400,000円としたと仮定する。
　となると非管理職の給与幅は400,000円－220,000円として180,000円のレンジとなる。非管理職は一般、主任、係長の3等級に区分したとしたら、後述する接続型の給与レンジできっちり60,000円ずつのレンジを設定できる。
　次に非管理職上限が400,000円として、管理職下限を設定しよう。
　平均残業時間が20時間だとして、それより少し幅を設けて25時間分の残業代よりも多い金額を非管理職上限に足して、それを管理職下限として設定してみる。今回の例でいえば、400,000円÷160時間×1.25（法定残業代加算率）×25時間＝78,125円となる。これを切りよく80,000円として、管理職下限を480,000円としてみる。
　そして非管理職に設定した60,000円の給与レンジを管理職にも設定してみよう。そうすることで、課長は480,000円－540,000円の給与レンジ、次長は540,000円－600,000円の給与レンジ、部長は600,000円－660,000円の給与レンジとして設定できる。

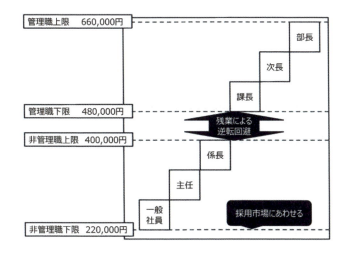

【 各等級ごとに給与レンジを設定する意味 】

等級ごとの給与レンジとはつまり、各等級に対して支払う月例給の上限と下限のことだ。

ではこの給与レンジの上限と下限を決めることにどんな意味があるのだろうか。

給与レンジの上限を定める意味は、**その等級にいる限りそれ以上給与額は増えないようにすること**だ。

ずっと昔の日本企業では、給与レンジを定めない場合もあった。そうすることでたとえば、入社以来30年間ずっと単純作業をしているだけなん

STEP1 ▶▶ STEP2 ▶▶ **STEP3** ▶▶ STEP4 ▶▶ STEP5 ▶▶ STEP6 ▶▶ STEP7

だけれど、結婚して子どもも生まれて生活費が必要だから、35才の課長以上の給与を支払う、という仕組みを構築していた。

今もしあなたの会社でそういう人がいて、仕事ぶりとか生み出す価値とか責任の大きさとかにかかわらず、生活に必要な分の給与を支払ってあげたい、と思うのならそれはありかもしれない。

ただ、現在ではほとんどの会社ではそういう給与の支払い方は選ばないだろう。仕事で重い責任をになう人や、利益を生み出してくれた人よりも、家族が多い人に給与を高く支払いたいと思う企業は減少している。だから等級ごとに給与レンジの上限を定めることをお勧めしたい。

次に下限だが、これはその等級に昇格したとき、あるいはその等級で採用された際に最低限支払われる給与額だ。等級ごとの基準によるが、**発揮行動や職務の大きさなどにあわせて支給するのにふさわしい最低額**だと考えればよい。

給与テーブル設計の基本は、ある等級の上限額と、その上位等級の下限額の関係性をどのように設計するかによって定まるものだと考えてもらえばよい。

なお、給与改定のルール設定に際し、給与レンジを区分する必要が生じる場合がある。後述するレンジ内逓減型の給与改定では、少なくともレンジの中間額（50％域）を確認しておくことが望ましい。仕組みによっては、25％区切りとする場合もある。

【　給与レンジ設定の3パターンとその影響　】

ある等級の上限額と、上位等級の下限額との関係性は、それぞれのレンジの重なり度合いをどのように設計するかということで、3パターンに区分できる。

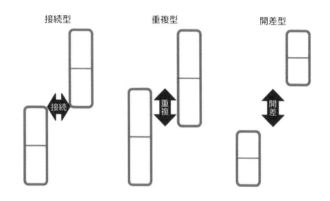

　先ほど**給与の上限と下限をシンプルに3分割したものは、接続型**と呼ばれる。

　接続型の給与レンジでは、ある等級の上限額と、上位等級の下限額は同じ額だ。このように設計することで、上位等級へあがる（昇格という）ことがない限り、給与は頭打ちになる。効果としては、**上位等級への昇格モチベーションを高めることが期待される**。

　一方で、上位等級に昇格しなくても、もっと給与が増えるチャンスを与えたい企業で、**重複型**を選択することがある。

　この場合、ある等級の上限額は、上位等級の下限額よりも大きくなる。その結果、**昇格しなくてもより高い給与を得やすくなる効果が期待される**。

　たとえば先ほどの例でいえば給与レンジは60,000円。毎年の平均昇給額が8,000円だとすれば、接続型だと7年間毎年8,000円ずつ昇給できる。そしてその次の年は4,000円だけ昇給し、あとは昇格しない限り給与が一円も増えないことになる。

　しかし重複型の給与レンジにすれば、給与レンジをもっと広げられる。仮に80,000円に設定すれば、10年は昇給し続けられるようになる。

　ただし重複型によって、上司なのに部下よりも給与が低い人が生じてし

241

まう危険性がある。若くして抜擢された人が上位等級の下限額となり、元居た等級のベテランがそれよりも給与が高いということにもなるからだ。コンサルティングの現場では、そうしたい、という会社もあったし、そんなことはありえない、という会社もあった。

　報酬ポリシーによるところなので、しっかり議論しよう。

　一方で、接続型よりももっと極端な効果を狙うのが**開差型**だ。

　例えば給与レンジを 40,000 円に設定してしまえば、給与の頭打ちまでの期間が 5 年になってしまう。ただ、その分上位等級の下限との差が開くので、昇格したら一気に給与が増える。

　先ほどの例で仮に 40,000 円の給与レンジにした場合、等級 1 は 220,000 円～ 260,000 円、等級 2 は 290,000 円～ 330,000 円、等級 3 は 360,000 円～ 400,000 円となる。そのため、等級 1 から等級 2 に昇格した場合、等級 1 の上限にいた人でも、一気に 30,000 円昇給することになる。**昇格モチベーションを高めたい場合に、このような給与レンジ設定を選ぶ会社がある。**

　なお、先ほど示した上位レンジを設定しない人事の仕組みに近いイメージとして、**超重複型（年功型）の給与レンジ**も示しておく。

　意外にも、現在でもこのような給与レンジを望む会社はある。昇格モチベーションが働きづらいが、**長い期間少しずつでも昇給させることが可能な仕組み**だ。

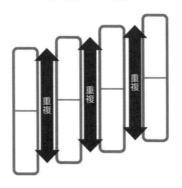

【 労働市場対比での給与レンジの調整 】

　給与レンジ設定パターンを決定したのちに、実際の給与レンジとしての上限、下限を検討する。

　ここまでの検討では、現状肯定型の設定となっているはずだ。実際に支払っている給与額を確認して、それをもとに新しい給与レンジを設計する。

　労働市場水準と言っても、その際に参考情報程度に確認するくらいの検討が、これまでは一般的だった。今の分布が市場水準と大きく乖離していないとか、市場中間水準を網羅していればそれでよいだろう、と判断することが多かったのだ。

　仮に現状の従業員の過半数が市場中間水準よりも下回っていても、制度としては問題ないだろう、という考えだった。

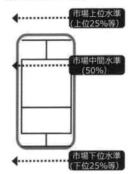

しかし労働市場水準があがりつつある現状ではそうはいかない。

ある等級の人の大半が市場中間水準よりも下回っているのであれば、そのことをきっかけに転職サイトに登録してしまうかもしれない。そうしてとんとん拍子に面接が進んでしまい、最後にやっぱり給与があがるのなら、として転職を選ばれてしまってもよいだろうか。

市場水準を調査したうえで判断すべきは、調査をもとに、自社の報酬水準をどうしたいのか、ということを明確に示すことだ。

例えば採用時の市場競争力を高めたい、と考えるのであれば、少なくとも市場中間水準と、新給与レンジの中間水準をあわせるくらいのことをしなくてはならない。その結果として、多くの従業員の人件費をあげることになったとしても、採用力を高めたいのなら、そうするしかない。

これらは報酬ポリシーとして最終的に整理しておくべき内容となる。

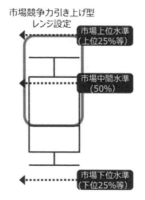

とはいえ人件費には限りがある。だから新等級レンジの下限を下回っている従業員を即座に全員下限水準に引き上げることはできないかもしれない。

また下限に引き上げるとしても、一律同額というわけにはいかないかもしれない。仮に全員30万円に引き上げるとして、今28万円、27万円、26万円、というように差がある人たちの差をなくして一律30万円にしてよいのかどうか、という疑問が生じることも多い。

そのあたりはSTEP6で詳しく話すが、まずは報酬レンジをどのように設定するか、しっかり考えよう。

3. わかりやすい給与改定ルールを定める

【 労働市場水準にあわせた昇給基本額の考え方 】

新しい給与レンジを設定したのち、給与改定ルールを決める。中でも昇給基本額の設定が重要だ。

昇給基本額の決め方はおおむね2種類ある。その中でも、労働市場の昇

給水準にあわせる方法からまず説明しよう。

インフレ対応は別ロジックでの検討が必要

　インフレ対応は別途検討することをお勧めしたい。
　昔の賃金コンサルタントたちの中には、昇給額そのものの中身を生活昇給とかインフレ対応とか個人成長などに区分して設定するものもあった。ただ、それはむやみに制度をややこしくして、いつまでもコンサルタントに依存させてしまう。

　人事制度のアレンジは、社内でやることの方が有効だ。
　だから制度としての給与改定を検討したのち、インフレなどの対応は別途考えていくほうがわかりやすい。
　そして生活給発想からは脱却することで、会社としての検討優先順位を担保できるようにしよう。

　労働市場の昇給水準にあわせて昇給基本額を考えるのは、シンプルで比較がしやすい方法だ。現状だと平均で5000円〜8000円の間くらいで推移しているので、地域性などを踏まえて標準昇給額を設定してゆく。現在市販されている人事制度設計の本では、大半がこの方法を教示している。

　昇給基本額は、等級によって変えることが一般的だ。
　給与額が増えれば、昇給基本額も増やさなければ、という発想に基づいている。金額ではなく、率で昇給基本額を設定する場合にもそのような考えになりやすい。
　ただ、多くの企業において、必ずしも上位等級だから昇給基本額を増やさない場合もある。具体的には**逓増**、**同額**、**逓減**というパターンから選ぶ

ことになるだろう。

1. 逓増型昇給

　下位等級の昇給基本額が5,000円として、等級があがるにつれ、昇給基本額を増やす考え方だ。たとえば1等級は5,000円、2等級は6,000円、3等級は7,500円、4等級は10,000円、というように設定する。

　率管理をする場合には、自然と逓増型になる。仮に2%昇給だとすれば、20万円の2%は4,000円だし、50万円の2%は10,000円だ。

　昇給額を逓増型に設定する企業では、上位等級ほど活躍に応じて昇給に反映すべきだという報酬ポリシーとなるだろう。

　ただし、すべての企業が必ずしもそう考えるわけではない。

2. 同額昇給

　等級を問わず同額の昇給基本額としている企業もある。

　月例給は一度昇給させるとなかなか下げづらい、という発想の企業でこの選択をしやすい。この場合、収益への貢献などは賞与に反映されることになる。本書のダウンロードファイルの号棒型は同額で設定している。

3. 逓減型昇給

　上位等級になるにつれ、昇給基本額を減らす会社もある。若手の間はたくさん昇給するが、一定の月例給額になったあとは、金額として十分受け取っているのだから、昇給しなくてもよいだろう、という発想の場合だ。

　年功処遇の会社では実はこのパターンが多い。**生活に必要な金額までは昇給を早めるが、一定金額になったあとは昇給額を減らす考え方**だ。生活給の発想だとこのような考え方になりやすい。

　なお、これらをハイブリッドする会社もある。課長になるくらいまでは逓増型で、それ以降は逓減型などだ。

| STEP 1 | ▶▶ | STEP 2 | ▶▶ | **STEP 3** | ▶▶ | STEP 4 | ▶▶ | STEP 5 | ▶▶ | STEP 6 | ▶▶ | STEP 7 |

　どのような昇給基本額設定が望ましいのかは、月例給そのものの考え方として生活給とするか貢献度反映とするか、という区分と、評価を月例給に反映するか賞与に反映するか、という方針とのバランスで考える必要がある。

　それらは最終的に報酬ポリシーとして整理できるだろう。

【　支払いたい給与額から逆算した昇給基本額の考え方　】

　ここまでの考え方は、前年対比で昇給幅を考える前提のものだ。その一方で、労働市場水準の絶対額にあわせた昇給額の考え方もある。

　例えば先ほど示した接続型給与レンジの会社の場合で考えてみよう。

　等級1の場合で給与レンジは220,000円～280,000円だ。そしてB評価で8,000円、A評価で12,000円昇給する仕組みだとしよう。そして新卒として220,000円で入社した従業員が、B評価を4年、A評価を2年取得して昇格するような場合を考えてみる。

　なお、B評価は期待に若干足りない状況で、A評価がしっかりできている状況だ。誰でも最初からしっかりA評価をとれるわけではないので、B評価が続いたのちにA評価となるように仮置きしてみている。

D	C	B	A	S
昇給なし	4,000円昇給	8,000円昇給	12,000円昇給	16,000円昇給

この時、給与は次のように毎年変動する。

1年目　22才　　　　　：220,000円
2年目　23才　B評価　：228,000円
3年目　24才　B評価　：236,000円
4年目　25才　B評価　：244,000円
5年目　26才　B評価　：252,000円
6年目　27才　A評価　：264,000円
7年目　28才　A評価　：276,000円⇒昇格⇒280,000円（2等級下限）

　7年目は通常の昇給12,000円に加え、2等級下限に引きあがる昇格昇給分を加え、16,000円昇給することになる。これはこれでよい仕組みだといえる。

　しかしもしこの会社で、中途採用を促進しているとしよう。そのターゲットが26才前後だとして、転職市場で示すべき給与水準が300,000円ほどだとしたら。
　普通に新卒で入って頑張っている人が28才でようやく280,000円の給与になるのに、転職してきた26才が300,000円の給与をもらう、という状態では、頑張りがいがなくなってしまうかもしれない。特に若手においては、労働市場水準の絶対額が社内の昇給スピードと合わないことが増えている。

　そこで等級の章で検討した標準昇格年数を思い出してほしい。2年が見極めに必要な期間で、育成期間が4年だとすると、最短昇格年数が2年で標準昇格年数が4年となる。この標準昇格年数にあわせて、昇給金額を調整してみよう。
　具体的には、**標準昇格年数で給与レンジの75％域に昇給できるような**

設計にすることだ。

　この場合の例だと、220,000 円〜 280,000 円の 75％域は 265,000 円となる。つまり 4 年で 265,000 円に到達できればよいわけだ。差額は 45,000 円なので、4 年で割ると 1 年あたり約 11,000 円。A 評価が B 評価の 1.5 倍の昇給だとすると、B 評価を 9,000 円、A 評価を 13,500 円として設定することでちょうど 45,000 円となる。

D	C	B	A	S
昇給なし	4,500 円昇給	9,000 円昇給	13,500 円昇給	18,000 円昇給

こうして先ほどと同様の昇給試算をしてみよう。

　　1 年目　22 才　　　　：220,000 円
　　2 年目　23 才　B 評価：229,000 円
　　3 年目　24 才　B 評価：238,000 円
　　4 年目　25 才　A 評価：251,500 円
　　5 年目　26 才　A 評価：265,000 円⇒昇格⇒ 280,000 円（2 等級下限）

　この場合では、26 才時点で通常の昇給 13,500 円に加え、昇格昇給 35,000 円が加算されるので、48,500 円昇給することになる。7 年目に昇格するパターンよりも昇格モチベーションを高められることがわかるだろう。
　そして中途採用者ともそん色がない処遇ができる。

　このように、**労働市場水準の絶対額にあわせて標準昇格年数を設定し、その上で標準昇給額を設定する方法は、特に若手のモチベーション向上に効果を発揮しやすい。**

年功的な昇給・昇格運用が続いてきた会社で若手の離職に悩むような場合には、ぜひ積極的に取り入れてみてほしい。

【 評価のメリハリのつけ方 】

標準昇給額を定めたのち、評価反映について検討する。

多くの企業で一般的な考え方は、評価段階に応じた昇給額の増減だ。たとえば評価段階が5段階あるとしたら、標準昇給額を基準として評価ごとの昇給額を定める。

先ほど示したSABCDの5段階評価の表を思い出してほしい。

ファストトラックでは評価結果Aに対して標準昇給額を設定することを基準としていた。しかし詳細編ではAではなくBにする標準昇給額を設定する。多くの社員がいる中で「できている」という基準のA評価ではじめて標準昇給額となるのは運用が難しいからだ。その上で、低評価者に対して現状維持か減給か、という問いを投げかけてみよう。低評価がついた人に、そのまま会社にいてもらう必要があるのか、ということの問いかけだ。

詳細設計においても、その問いかけは有効だ。

あなたの会社で低評価を付けた人に、成長を期待するのか、退出を求めるのか。成長を期待するのであれば低評価でも現状維持にとどめるべきだし、退出を求めるのなら少額でも減額を設定したほうがよい。

その上で高評価を得た人に対する処遇も考えよう。

ファストトラックでは、あえて高評価側には大きな幅を設けなかった。

しかし評価段階としてさらに上位を設定し、その分だけ昇給額を増やす設計も考えられる。その際の検討基準は、先ほど検討した給与レンジの幅と昇格判断基準との調整だ。

たとえばB評価時の標準昇給額が8,000円で給与レンジが60,000円だとすると、7年で上限手前に到達する。高い評価の昇給額を、標準昇給額の1.5倍12,000円にすると5年で上限に到達し、標準昇給額の2倍16,000円に設定すると3年で上限手前に到達する。

　一方で、今の等級で高い評価を得ているからといって、必ずしも昇格にふさわしくない場合もある。
　等級基準の章で説明した、入学基準に合致しないような場合だ。この場合、高評価時の昇給額が多いと給与レンジ上限に早くたどり着いてしまい、同じ等級で同じ給与額で滞留してしまうことになる。
　そこでの滞留は、すでに高い給与額になっているから大丈夫だろう、と思うかもしれない。しかし制度運用の中で、評価されても昇給しないことへの不満は大きく、そもそもなぜ昇格できないのか、ということへの不満も高めてしまう。自分自身に問題があるとしても、それを認められる人は少ないからだ。
　そのため、高い評価への給与メリハリは極端に大きくせず、多くても2倍にとどめておくことが多い。そして昇格に向けた期待表明や行動改善、賞与によるメリハリとして設定することをお勧めしたい。

【　給与表の設計：号俸制による号俸表はわかりやすく運用しやすい　】

　標準昇給額や高評価、低評価時の給与改定方針を定めたのち、給与表を作成する。給与表の選択肢は、**号俸制**と**レンジ制**がある。
　伝統的企業で一般的によく使われるのは号俸制だが、ベンチャーなどではレンジ制が使われることも多い。それぞれにメリットとデメリットがあるので、自社に向いている方法を採用しよう。

　号俸制による給与表は、運用がわかりやすい。もともと公務員向けの仕

組みとして導入されたものだといわれているが、**各等級における給与号数にあわせて給与額を定める方式**だ。

号俸制を設計する際には、高評価から低評価までの昇給額に対して、最大公約数となる金額を導き、それを等級別昇給基本額として定める。

一般的にこの金額をピッチということが多い。たとえば 8,000 円を A 評価時昇給基本額として、S 評価を 12,000 円、B 評価を 4,000 円、C 評価を現状維持とした場合の最大公約数は 4,000 円となる。だとすると 4,000 円ピッチの給与表を作ることができる。仮に C 評価でも 2,000 円だけでも昇給させたいのなら、最大公約数は 2,000 円となるので給与表のピッチも 2,000 円になるだろう。

こうしてできあがった号俸制による給与表を号俸表と呼ぶことも多い。

給与テーブル設定

等級	相当役職	下限給与	上限給与	幅	号俸数	ピッチ
6	部長	600,000	660,000	60,000	30	2,000
5	次長	540,000	600,000	60,000	30	2,000
4	課長	480,000	540,000	60,000	30	2,000
3	係長	340,000	400,000	60,000	30	2,000
2	主任	280,000	340,000	60,000	30	2,000
1	一般	220,000	280,000	60,000	30	2,000

給与改定額

		D	C	B	A	S
	係数	0	2	4	6	8
6	部長	0	4,000	8,000	12,000	16,000
5	次長	0	4,000	8,000	12,000	16,000
4	課長	0	4,000	8,000	12,000	16,000
3	係長	0	4,000	8,000	12,000	16,000
2	主任	0	4,000	8,000	12,000	16,000
1	一般	0	4,000	8,000	12,000	16,000

給与テーブル

号俸	1 一般	2 主任	3 係長	4 課長	5 次長	6 部長
0	220,000	280,000	340,000	480,000	540,000	600,000
1	222,000	282,000	342,000	482,000	542,000	602,000
2	224,000	284,000	344,000	484,000	544,000	604,000
3	226,000	286,000	346,000	486,000	546,000	606,000
4	228,000	288,000	348,000	488,000	548,000	608,000
5	230,000	290,000	350,000	490,000	550,000	610,000
6	232,000	292,000	352,000	492,000	552,000	612,000
7	234,000	294,000	354,000	494,000	554,000	614,000
8	236,000	296,000	356,000	496,000	556,000	616,000
9	238,000	298,000	358,000	498,000	558,000	618,000
10	240,000	300,000	360,000	500,000	560,000	620,000
11	242,000	302,000	362,000	502,000	562,000	622,000
12	244,000	304,000	364,000	504,000	564,000	624,000
13	246,000	306,000	366,000	506,000	566,000	626,000
14	248,000	308,000	368,000	508,000	568,000	628,000
15	250,000	310,000	370,000	510,000	570,000	630,000
16	252,000	312,000	372,000	512,000	572,000	632,000
17	254,000	314,000	374,000	514,000	574,000	634,000
18	256,000	316,000	376,000	516,000	576,000	636,000
19	258,000	318,000	378,000	518,000	578,000	638,000
20	260,000	320,000	380,000	520,000	580,000	640,000
21	262,000	322,000	382,000	522,000	582,000	642,000
22	264,000	324,000	384,000	524,000	584,000	644,000
23	266,000	326,000	386,000	526,000	586,000	646,000
24	268,000	328,000	388,000	528,000	588,000	648,000
25	270,000	330,000	390,000	530,000	590,000	650,000

　号俸表による給与管理のメリットは大きく3つある。

　第一に、**年次管理に向いている**。新卒入社後、同じ評価を得てきた人たちの給与は原則と同じになるような運用が実現する。また評価に差がついたのちに挽回するような場合、号俸にそって金額が定まるので、きっちりと追いつくことができる。新卒一括採用した従業員を競争させるのに向いている方法だ。

　第二に、**昇給に伴うキャリアがわかりやすい**。会社側の視点では、従業員をどのような給与で処遇するかを設計しやすくなり、従業員から見た場合、自分が標準評価を取り続けた場合に、何歳でいくらの給与になるのかが計算できる仕組みだからだ。

第三に、**ベースアップなどの環境変化対応をしやすい**。等級と号俸によって決まる給与額なので、逆に言えば号俸表を書き換えれば、自動的にそれぞれの従業員の給与を変更できる。たとえば先ほど示した2,000円ピッチの号俸表をもとに5%のベースアップをしたとすれば、表の金額をそれぞれ1.05倍すれば対応が完了する。

　号俸制の代表的なデメリットは2つある。
　デメリットの一つ目は**例外管理が難しいこと**。例えば号俸表にない中間額の設定はできないし、また上限や下限を超えた金額設定も困難だ。
　デメリットの二つ目は、メリットの二つ目の裏返しだ。わかりやすい給与表であるがゆえに、**昇給額に魅力がない場合には、自分の将来に限界を感じて離職を決断してしまう理由**にもなりかねない。

【 給与表の設計：レンジ制による給与表は計算が容易 】

　一方で号俸表のようなマス目形式にせず、**上限と下限だけを定める給与表**もある。これを**レンジ表**として定義する。

　レンジ表による給与管理のメリットを2つあげてみる。
　第一のメリットは、**中途採用時などの運用の柔軟さ**だ。仮に下限20万円、上限30万円と設定している場合、中途採用で210,000円でも211,000円でも211,111円でも、レンジに入っている限りどのような金額でも提示ができる。
　第二のメリットは、**給与改定運用の柔軟さ**だ。号俸ピッチなどの金額の縛りがないため、昇給額も減給額も自由に設定できる。減給については法的な制限はあるが、理論上は調整が可能だ。

　デメリットは**年次管理が難しいこと**。

評価で差がついたのち、まったく同じ額にすることはだいたい困難だ。ただ、そういうことを気にしない会社だからこそ、レンジ制度を導入することになるのだが。

また、**ベースアップなどの環境変動対応については表形式ではなく、計算によるため、個別の確認が求められる**。理屈としては号俸表と同じ結果になるのだが、運用時の確認において人為的ミスが生じやすいという指摘をされる場合がある。

【 給与レンジ内給与改定の設計 】

号俸制とレンジ制、いずれも理屈は大きく変わらないが見た目と運用が若干異なってはいる。ただ、そのレンジ内での給与改定方法は同じ理屈で設計できるので、あわせて説明しよう。

今回は見た目がわかりやすい号俸制に基づいて説明する。

前提として、等級内給与改定では、**対象者が給与レンジのどの位置にいるかによって給与改定額を変動させるかどうか、ということを議論する**。

かつて号俸制においては、給与レンジ内のどこにいても同額、とするのが主流だった。一方でレンジ制が導入された際に、給与レンジ内の上位金額をすでに受け取っている場合に、昇給額を減らして、減給適用を厳密に行うほうが望ましい、という考え方が広まった。

等級内で同額の給与改定とする考え方は、運用もわかりやすいし納得性も高い。その一方で、同じ等級に長期滞留する場合には、上限金額にたどりつきやすい。これまで検討してきたように、60,000円の給与レンジに対して8,000円の給与改定を同額適用したのであれば、7年で上限手前にたどり着くことになる。

しかし同じ等級に10年以上も滞留する可能性がある場合に、上限額に

たどり着いたからと言って昇給を止めてしまうことに対する抵抗感が生じる場合がある。

そこで逓減型の給与改定についての検討が進んだ。
逓減型の給与改定は、**給与レンジ内に基準となる金額を定め、そこまでは多めに昇給するが、それを超えると昇給額を減らす方法**だ。
基準となる金額について、レンジの中間額のみ設定する方法や、4分割してレンジの25％ごとに変動させる方法もある。

同額型

逓減型

逓減型にした場合には、レンジ上限に近づくほど昇給額は減るが、線形に比べて昇給停止のタイミングが遅れるので、比較的長く昇給しつづけることが可能となる。
また同じ評価でも昇給額が減ってゆくので、早く昇格したいという昇格モチベーションを高める効果も期待できる。
その一方で同じ評価でも、給与水準が上がることで昇給額が減少してゆくことの納得感が得られにくいという問題があり、逓減型を導入していたが、同額型に戻したという企業例もある。

【　給与改定評価は絶対評価か相対評価か　】

号俸制とレンジ制、どちらを選ぶにしても、整理しておくべき問題がある。それは給与改定についての評価を、**絶対評価のままとするか、相対評**

価にするかという問題だ。

あるべき論としては、絶対評価しかない。
　相対評価によって従業員の納得を得られる可能性は極めて低い。しかし経営側としては、絶対評価によって無制限に高い評価を得て、人件費が高騰していくことを許容できないと考える場合も多い。
　そこでよく使われる方法は、**上司による直接評価は絶対として、給与改定に反映する際に相対評価を取り入れる手法**だ。
　この場合、直接評価時には、評価は点数までの提示とすることがわかりやすい。その上で、全員の評価点数が出そろったあとで、評価割合に応じて最終評価（評語という）を決定するとよいだろう。
　なお、評価制度の章で示すが、そもそも上司による直接評価時の誤差を解消するための取り組みは必須となる。上司の評価エラーを生み出すバイアスやノイズの調整に加え、上司の上司、つまり2次評価者による甘辛確認と差戻などのプロセスを取り入れることだ。

　また、レンジ制の給与改定を導入している場合には、最終的に相対評価を反映しなくても対応する方法がある。
　絶対評価で評語を決定したあと、それぞれの評語に基づく昇給額そのものを毎年変動させてしまう方法だ。この場合、まず昇給原資を決定し、それを評価結果に応じて案分する方法をとる。そうすることで、極端に言えば全員A評価の場合と、全員B評価の場合で、給与改定額は同じということになる。
　ただ、本当に絶対評価で全員がAなのであれば、昇給原資も増えているはずなので、給与改定額は増えているはずなのだけれど。

　サンプル表では、等級別の給与改定基本％を操作できるように設定した。あわせてC評価で0改定なのか、D評価で0改定なのかによってそれぞれ

シートを別に用意した。

このようなシートにより、個別等級ごとの改定額を設定したのち、実際の絶対評価結果にあわせて総原資と比較し、個別％を調整することが可能となる。

[減給ありバージョン]

給与テーブル設定

等級	相当役職	下限給与	中間額	上限給与	幅
6	部長	600,000	630,000	660,000	60,000
5	次長	540,000	570,000	600,000	60,000
4	課長	480,000	510,000	540,000	60,000
3	係長	340,000	370,000	400,000	60,000
2	主任	280,000	310,000	340,000	60,000
1	一般	220,000	250,000	280,000	60,000

給与改定率

		D	C	B	A	S
	%設定⇒係数	-1	0	1	2	3
6 部長	2.00%	-2.00%	0.00%	2.00%	4.00%	6.00%
5 次長	2.00%	-2.00%	0.00%	2.00%	4.00%	6.00%
4 課長	2.00%	-2.00%	0.00%	2.00%	4.00%	6.00%
3 係長	2.00%	-2.00%	0.00%	2.00%	4.00%	6.00%
2 主任	2.00%	-2.00%	0.00%	2.00%	4.00%	6.00%
1 一般	2.00%	-2.00%	0.00%	2.00%	4.00%	6.00%

給与改定額（中間額試算）

		D	C	B	A	S
	%設定⇒係数	-1	0	1	2	3
6 部長	2.00%	-12,600	0	12,600	25,200	37,800
5 次長	2.00%	-11,400	0	11,400	22,800	34,200
4 課長	2.00%	-10,200	0	10,200	20,400	30,600
3 係長	2.00%	-7,400	0	7,400	14,800	22,200
2 主任	2.00%	-6,200	0	6,200	12,400	18,600
1 一般	2.00%	-5,000	0	5,000	10,000	15,000

[減給なしバージョン]

給与テーブル設定

等級	相当役職	下限給与	中間額	上限給与	幅
6	部長	600,000	630,000	660,000	60,000
5	次長	540,000	570,000	600,000	60,000
4	課長	480,000	510,000	540,000	60,000
3	係長	340,000	370,000	400,000	60,000
2	主任	280,000	310,000	340,000	60,000
1	一般	220,000	250,000	280,000	60,000

給与改定率

		D	C	B	A	S
	%設定⇒係数	0	1	2	4	6
6 部長	1.00%	0.00%	1.00%	2.00%	4.00%	6.00%
5 次長	1.00%	0.00%	1.00%	2.00%	4.00%	6.00%
4 課長	1.00%	0.00%	1.00%	2.00%	4.00%	6.00%
3 係長	1.00%	0.00%	1.00%	2.00%	4.00%	6.00%
2 主任	1.00%	0.00%	1.00%	2.00%	4.00%	6.00%
1 一般	1.00%	0.00%	1.00%	2.00%	4.00%	6.00%

給与改定額（中間額試算）

		D	C	B	A	S
	%設定⇒係数	0	1	2	4	6
6 部長	1.00%	0	6,300	12,600	25,200	37,800
5 次長	1.00%	0	5,700	11,400	22,800	34,200
4 課長	1.00%	0	5,100	10,200	20,400	30,600
3 係長	1.00%	0	3,700	7,400	14,800	22,200
2 主任	1.00%	0	3,100	6,200	12,400	18,600
1 一般	1.00%	0	2,500	5,000	10,000	15,000

【 昇格昇給・降格減給の設定 】

給与改定ルール設計に付随して、昇格時の特別昇給や降格時の給与対応について整理しておくことも重要だ。

まず昇格昇給及び降格減給の基本的な考え方だが、2ステップで理解しよう。

> ①今の等級における昇給／減給を適用する
> ②昇格／降格した等級の給与レンジに収まるように調整する

その前提の上で、給与レンジ設定が、接続型と開差型、重複型とで対応と考え方が若干異なるので、それぞれごとに整理してみよう。

【 接続型／開差型における昇格昇給・降格減給 】

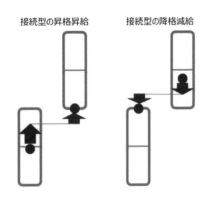

接続型及び開差型の場合、下位等級の上限額は、上位等級の下限額と同じかそれ以下となる。そのため**下位等級で昇給した後に、上位等級の下限までの引き上げが必要となる**。これを昇格昇給として設定するが、問題は

その額が極めて小さい場合にどのように考えるかだ。

たとえばすでに下位等級の上限に張り付いている人の場合、昇格しても昇給はしないことになる。それが当然だ、とする会社もあるが、せっかく昇格したのだから少しは給与を増やそう、とする会社もある。その際の金額は、通常の給与改定における高評価相当額とする場合が多い。

降格減給についても考え方は同じだ。降格対象になるからには、上位等級における評価は高くないだろう。そこでの給与改定を実施したうえで、下位等級の上限額にまで引き下げるようにすることが標準的な対応だ。

ただしこの場合に問題になるのが、減額の大きさだ。法的な減給上限は月例給与額の10％までとなっているが、実際にそれだけの減額が発生すると、生活に支障をきたすこともある。

低評価時の給与改定ルール検討の際にも言及したが、降格の結果として退職を選んでほしいのならそれはありだろう。けれども再度成長を果たしてほしいのならば、ある程度減額幅を抑えておく選択肢もある。

自社における降格のあり方を踏まえて、最終判断をしてほしい。

【 重複型における昇格昇給・降格減給 】

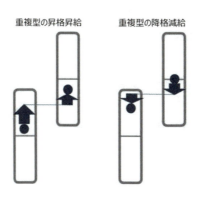

STEP 1 ▶▶ STEP 2 ▶▶ STEP 3 ▶▶ STEP 4 ▶▶ STEP 5 ▶▶ STEP 6 ▶▶ STEP 7

　重複型の給与レンジの場合で、昇格前あるいは降格前の給与額がそれぞれ昇格、降格する先の給与レンジ外にある場合には、接続型／開差型と同様のルールを設定する。
　しかしレンジが昇格・降格の実施前後で重なっている場合にはあらかじめのルール設定が必要だ。

　選択肢は2つある。
　そもそも重複型の給与レンジの運用においては、これまでも昇給が停止することなくしっかり行われてきている可能性が高い。そのため、あくまでも**下位等級における昇給**や、**上位等級における減給のみを適用し、そのまま等級だけスライド**させる選択だ。
　ただこの選択の場合、昇格時には昇格インパクトがほぼ生じず、降格時にも給与額の変動がほぼ生じないことになる。それで果たしてよいのかという問題が生じる、

　そこで重複型の場合には、**昇格昇給額と降格減給額、それぞれに下限額を設定**することも多い。たとえば1等級から2等級に昇格時にはする際には、かならず1万円は昇給すると定めておくなどだ。
　これらはルールとして決めておくというよりも、会社として評価の方針をどう定めるか、ということにも関わってくる。評価制度についての検討をしたうえで、慎重に考えてみてほしい。

4. 役職など職務にかかる手当を設計する

【　役職手当を導入する2つの理由　】

　役職手当が求められる理由はいくつかあるが、**モチベート要因、任用の**

柔軟性などが主なものだ。

モチベート要因としては、手当としてのわかりやすさによる。役職に就いたことで手当が支給され、その分給与が増えるというのは極めて分かりやすい。

給与レンジ側での調整も可能だが、例えば32万円の月給が40万円にあがったとして、しばらくすればその給与にも慣れてしまう。

一方で32万円の月給が34万円になり、役職手当がさらに6万円加算されると給与明細にそれらの金額がずっと掲載されることになる。そのため、役職に就いているという思いが維持されやすくなる。

任用の柔軟性については、タイミングの柔軟性と、等級の柔軟性に分けられる。

仮に役職者になるには3等級から4等級に昇格する必要がある制度だと、昇格タイミングは限定されることが多い。年度初めとか半期ごととか。それに対して役職手当形式だと、会社都合でいつでも任用することができる。

また昇格運用を伴わないことから、同じ3等級の中で役職者とそうでない人、両方が存在する状態で運用ができる。

【　管理監督者としての役職手当最低基準　】

役職手当の中でも、**管理職手当については慎重な設計が求められる**。

特に管理監督者として設定する場合には、等級の章で記した、賃金等の待遇面で明確な違いを設ける必要がある。そうでなければ名ばかり管理職扱いとなり、残業代を支払う対象になるだけでなく、本人にとってもモチベート要因となりづらい。

では管理監督者として明示するにはいくらの手当を決定すべきだろうか。実はその金額がいくらなのか、ということについて明確な定めがあるわ

けではない。労働基準監督署に聞いてみても「差が十分であること」としか言われないだろう。とはいえ、設計時の標準的な考え方はある。

　管理監督者でない人との差が十分である、と示すには、管理監督者ではない人が受け取っている残業代を確認し、それを超える金額を払えばよい、という考え方が基本となる。そこで実際の残業実績を確認し、管理監督者ではない人に支払っている残業代及び残業時間を確認する。

　この時問題になるのは、最高額を用いるか、平均額などを用いるか、それ以外の基準を用いるかだ。

　それぞれのメリットと課題を示そう。

最高額を用いる場合

　実際に支払われている残業代の最高額をベースに管理監督者向けの役職手当を設定すれば、非管理監督者との給与の逆転現象はほぼ生じなくなる。

　それは大きなメリットなのだが、問題は、長時間残業が常態化している場合だ。会社によっては、残業代の最高額が15万円を超えているような例もある。そこで管理監督者の入り口になりやすい、課長に対して15万円の役職手当を支給することが妥当かどうかだ。

　実務的には、最高額を用いるのは、最大残業時間が20時間を超えないような、残業が少なめの会社に限定されるだろう。

平均額を用いる場合

　実際に支払われている残業代の平均額をベースに管理監督者向けの役職手当を設定する例は多い。理論的には、一部の長時間労働者を除き半数以上の従業員と明確な月例給の差がつくからだ。

　ただしきっちり平均額あるいは平均時間とするのではなく、少し上振れさせて設計するほうが制度として機能しやすいだろう。

それ以外の基準を用いる場合

　社内の残業時間などではなく、これくらいの手当額にしたい、という目安から逆に残業見合時間を計算して設定する場合もある。たとえば課長で3万円、次長で5万円、部長で8万円といった具合に、感覚値で設定する方法だ。シンプルに手当を設定したい、という会社でこういう方法をとる場合があった。

　ただ、この考え方は論理的根拠がないので現在ではあまりお勧めしていない。

【　上位の管理監督者への役職手当はどのように設定すべきか　】

　なり立て管理監督者向けであれば、実残業などを調べる方法を示した。それは多くの場合、課長の役職手当額として位置づけられる。

　ではそのさらに上位の役職に就いては、いくらの手当額を設定すべきだろうか。

　一般的な手法は、労政時報などの人事関連情報について開示している専門誌などを活用するものだ。定期的に役職手当額の統計分析結果を開示しているので、それらを参考することができる。

　ただそれらの金額は、一般的に大きくはない。概算だが、課長で5万円〜6万円、次長で7万円前後、部長で8万円〜10万円の間くらいというデータがここ数年続いている。

　だから役職手当額はこれくらいでいいだろう、という言い訳に使うのならそれで問題ないのだが。

　近年増えている考え方は、上位役職者ほど高い年収を示さなければ活躍してもらえないし、中途採用もできない、というものだ。だから課長から上位に昇進した場合に数万円程度しか手当が増えないのであれば、あまり

意味がない、と考える場合もある。

　また、中途採用者に対して高い報酬を約束したが、期待外れの時に下げたいというニーズが生じることもある。そこで部長として採用する際に月額80万円を示すが、そのうち25万円は役職手当として設定しておくことで、万が一部長を外れた際にはその手当分を減額する、という手法をとる場合もある。

　もちろん給与減額については単純には考えられないが、少なくとも制度としてはそのような立て付けとする場合もある。

　整理してみると以下のようになるだろう。

> ・長期雇用を前提としてプロパー社員からの昇格を目指す場合
> 　⇒役職手当は課長をベースに、部長でも1.6倍～2倍程度の設定
>
> ・中途採用を中心とした人材活用を目指す場合
> 　⇒月給の中の役職手当割合を高めておく

【　管理監督者より下の等級への役職手当　】

　管理監督者でないものへの役職手当は、会社都合でいくらでも定めることができる。

　例えばチームリーダーという役職を定め、手当を3000円つける、というようなことも可能だ。

　気を付けるべき点は、この手当額も残業代算定基礎額に含まれてしまうということだ。だからといって、役職手当を残業見合い手当だ、と位置付けてしまうと、いまどきは残業強制手当に見えてしまうので期待した効果は出なくなる。

5. 賞与ルールを定める

【 賞与設計の基本方針 】

　賞与制度と聞いて、一般的には夏冬賞与と業績賞与を想定するだろう。しかし設計時には異なる切り口をお勧めする。
　それは賞与の目的からの切り口だ。具体的には、**生活賞与、個人業績賞与、組織業績賞与、利益配分賞与**の4種類だ。

　ファストトラックでは、そもそも夏冬賞与の仕組みは中途採用が多い会社に向いていない、ということを示した。
　逆に言えば、夏冬賞与の仕組みは、新卒一括採用、年功処遇、終身雇用の日本的企業において機能しやすい仕組みだ。要は人が辞めないことを前提として、会社側が人件費をコントロールしやすい調整弁として設定する仕組みが夏冬賞与だ。
　しかしそれだと、中途採用には向いていないし、また優秀社員の転職を押しとどめることにもならない。
　優秀社員に継続的に活躍してもらうためには、個人業績に対しての報酬や、この会社に居続けることに価値があると思わせる組織業績賞与の仕組みの方が望ましい。

　そこでまず夏冬賞与について、生活賞与、個人業績賞与、組織業績賞与の3つの視点で見直す方法を示す。賞与の一部を月例給与に割り戻してしまう、リバランスの考え方についてはファストトラックを参照してほしい。
　その上で、追加選択肢として期末の利益配分賞与のあり方を示していく。

STEP 1 ▶▶ STEP 2 ▶▶ **STEP 3** ▶▶ STEP 4 ▶▶ STEP 5 ▶▶ STEP 6 ▶▶ STEP 7

【 夏冬賞与のメリットとデメリット 】

　まず夏冬賞与をなくすわけにはいかないという判断にはいくつかの理由があるだろう。

　会社側視点では、業績に基づく調整弁としての機能を失いたくない、とか、その分を月例給与に割り戻すことによる毎月の資金繰りへの影響だ。これらは経営者としては理解できる理由だ。

　一方で従業員側から見て夏冬賞与を維持してほしい理由は、根拠として不明確だ。ローンのボーナス払いへの対応だとか、個人的に貯金ができないタイプの人たちがまとまった額をもらうほうが良い、という意見が主なものだが、ローンのボーナス払いは金利が不利になるだけだし、貯金ができないタイプの人に至ってはただの甘えにすぎない。

　だから従業員側からすればどんな事情があろうとも月例給与に割り戻される方が得なのだ。

　また会社側にとっても、夏冬賞与を月例給与に割り戻すほうが得な面がある。

　それは、**優秀者の転職を押しとどめやすくなる**点だ。この効果は期間が限定的だが、おそらく今後10年ほどは効果があるだろう。多くの企業がまだ夏冬賞与を設定していることが原因だ。

　仮に今年収600万円の優秀社員が、年収650万円の他社に転職しようとした際に、転職先の賞与月数がそれを阻害してくれるようになる。自社では600万円÷12＝50万円を月例給与として支払っていて、転職先が年間4か月分の賞与を支払っている場合で比較するとわかるだろう。650万円÷16＝40.625万円。

　つまり年収が50万円アップする転職だとしても、月の手取りが10万円下がってしまうことになる。それに耐えられる人はあまりいないはずだ。

　ただ月例給与割り戻しは、残業代などのリスクを大きくするデメリット

もあるので、しっかり影響をシミュレーションしよう。

【 夏冬賞与を継続する際の検討ポイント 】

今後も夏冬賞与を継続する場合には、少なくとも構成要素を整理しよう。それはファストトラックで示したリバランスの手順に似ている。

具体的には次のステップだ。

> 生活賞与の確認：過去5年で業績が悪くても支給してきた賞与額あるいは月数の確認
> 個人業績賞与の設定：それらを除いた変動賞与額についての根拠設定

仮に夏冬それぞれ平均して2か月分ずつを支給してきていて、業績が悪かった時でも1.5か月分を支給していたのなら、それを生活賞与として定義する。

その上で0.5か月分の変動賞与について、評価との連動性を再検討しよう。

多くの会社では、個人業績評価の結果を賞与に反映することが多い。目標管理制度を用いることが多いが、目標達成で100％支給とし、目標を超過して達成した場合に120％支給、逆に未達成の場合に80％支給にするなどの制度を導入していることが多いだろう。

これらのロジックを整理して、どんな要素に対して支払っている賞与なのか、ということを明確にすることが望ましい。

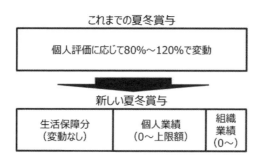

　このように整理することで、たとえば職種ごとに個人業績や組織業績反映幅を変えることも可能だ。

　たとえば個人の成果が明確に評価できる営業系は個人業績の割合を多くできる。それ以外の部署については、個人業績割合を小さくして、組織業績割合を多くすると納得性が高まる。管理部門に至っては、個人業績割合をなくして、生活保障分と組織業績のみを反映した例もある。

　重要なことは、支払って当然、受け取って当然という夏冬賞与の性質を、何に基づき支払っているものなのかをはっきりさせることだ。

【　個人業績評価反映方法　】

　個人業績評価を反映する際には、**評価段階に応じて支払う金額を変動させる方法**がわかりやすい。

　基準として、目標達成などの軸を設け、そこでいくら払うかを定めておく。それが月例給与に対する月数乗算であればそれでもいいだろう。その上で、評価段階によって月数を変動させればよい。

　重要なことは、絶対評価のままとするか、相対評価を反映するか、だが、こちらも給与改定に対するレンジ制での相対評価、絶対評価の検討と同じロジックで整理するとわかりやすいだろう。

　具体的には、個人業績配分の原資を計算したうえで、絶対評価に基づい

て原資を配分する方法だ。

【 組織業績評価反映方法 】

　賞与の一定割合に対して組織業績を反映する場合もある。その際には、**組織の単位をどう設定するかということを定め、それぞれに応じた配分を考える**。

　なお、組織業績については厳密には事業計画に基づいた組織業績達成度判断が必要となる。

　わかりやすい方法は、**組織長の個人業績達成度をそのまま組織業績達成度として用いる方法**だ。あるいは**別途組織業績としての目標を設定し、その達成度を測る方法**もある。

　より簡便な方法としては、経営陣が集まって、各組織単位について、評価段階について話し合うようにしている場合もある。定性的な評価となるが、実感としてはその方が正しいということもあるからだ。

　それらを判断したうえで、組織業績に基づく賞与に反映するように設定しよう。

夏冬賞与支払い条件と支払いタイミングの設定

　ファストトラックで示したように夏冬賞与は中途採用者に対して不利に働く。賞与算定期間に在籍していなければその分だけ支給されないことが一般的だからだ。

　また、転職者に対しても不利にはたらく。賞与算定期間に在籍していても、賞与支給日に在籍していないと支払われない、としていることが多いからだ。

| STEP 1 ▶▶ STEP 2 ▶▶ **STEP 3** ▶▶ STEP 4 ▶▶ STEP 5 ▶▶ STEP 6 ▶▶ STEP 7 |

　このような状況を放置するのではなく改善するとしたら、どんな方法があるだろう。
　すでに示したように、夏冬賞与をすべて月例給与にリバランスする方法がある。
　また個別対応であれば、中途採用時の条件書に一筆示すことも可能だ。
　あるいは生活賞与部分までを年俸的に管理してしまう方法もある。
　いずれにせよ、これまでの常識をそのまま継続するのではなく、自社にとって求める人材に刺さる仕組みを検討しよう。そうして、最適な報酬ポリシーができあがってゆく。

【　業績賞与の設定　】

　夏冬賞与を維持したままでも業績賞与の設定は可能だ。生活賞与あるいは個人や組織の業績に応じて配分するものではなく、利益配分のための仕組みとして導入することが多いからだ。
　利益配分としての業績賞与の考え方は、理想としては以下の手順に沿うことになる。

- 業績賞与配分ロジックの設定
- 期初時点での予算への折込
- 期末時点での利益状況計算と原資決定
- 個人別配分金額の設定

　業績賞与配分ロジックについては、事業計画に基づき設定することとなる。
　一般的には営業利益目標を前提として、それを超えた場合に利益配分をどのように行うのかを定めておく。仮に営業利益目標が2億円だとして、それを超えた分についての25％を従業員への利益配分賞与として支払う、

というロジック設定などだ。その上で、予算措置もしておく。

実際に期末になった際に、営業利益目標を超えている場合に、原資を算出する。

そして個人別配分金額を定めていくが、多くの場合、この金額に個人評価は反映しない。理由はプロセス面の問題と、利益配分という性質からの問題だ。前年経費にするためには、年度末時点で誰にいくら配分するかを決定しておく必要があるが、その前提としての営業利益算出がぎりぎりか仮設定になることが多く、それに対して評価を反映することが間に合わない場合が多い。

また利益配分ということで、個人評価よりもむしろ役割に沿って支払うことが望ましいと考えられる。

そのため役職に応じて一律支給といった仕組みにすることが一般的だ。

ただこれらはあくまでも理想的な話だ。

実際の利益配分賞与は、特に上場企業の場合だと、利益が出すぎている場合の調整弁として使われることが多い。

なぜ利益が出すぎていると問題なのかといえば、その金額を前提として、さらに翌年の事業計画達成状況を判断されてしまうので、株価に悪影響を及ぼすこともあるからだ。だから利益配分賞与の実態は、利益額がある程度見えた段階で、損益計算書上にいくらの営業利益を残すべきか、という基準で算出される。

非上場企業の場合には株価への影響がないので、逆に理想的なロジックでの設定が可能かもしれないが。

6. 報酬ポリシーとしての設定

【　各項目ごとの方針を一覧化して軸を定める　】

　ここまで定めてきた報酬各要素への対応に基づき、一覧で形式でまとめてみよう。

　その上で、それらを踏まえて自社の報酬ポリシーをあらためて考えてみることをお勧めしたい。

　この章で議論してきた内容を改めて整理してみよう。

> 1. **市場水準との対比**
>   市場との対応をどのように考えるべきか
>   比較対象は業種・規模・地域など何を軸とするか
> 2. **給与テーブル**
>   給与レンジのあり方
> 3. **給与改定方法**
>   昇給のあり方
>   評価反映方法
> 4. **役職手当**
>   手当の位置づけ
> 5. **賞与制度**
>   年収における割合
>   支給の性質
>   決定基準

　これらの要素について整理したうえで、会社の経営戦略や文化に沿った形で、シンプルに何が報酬についての軸になるのか、ということを考えていこう。

いくつかの例を示してみよう。

報酬ポリシー例①製造業
「最高の人材を確保し続ける」

市場水準との対比	：毎年業界ごとに市場水準を調査し、上位25％に位置する報酬を維持。
給与テーブル	：技術職と事務職の給与テーブルを別々に設計し、技術職の報酬レンジを高めに設定。
役職手当	：マネージャー以上の役職には役職手当を改定し、責任の度合いに応じて増加。
給与改定方法	：半期ごとに業績と評価に基づいた改定を行い、高パフォーマンス者には年次改定以外の特別改定も適用。
賞与制度	：全社業績と部門業績に連動する賞与で、個人評価も加味する仕組み。
間接報酬	：従業員の健康や家族サポートに重きを置き、育児支援制度を充実。

報酬ポリシー例② IT 企業

「イノベーションを実現し続けるための従業員のモチベーション向上を図る」

市場水準との対比	：業界の急速な変化に対応し、少なくとも見劣りしない水準を目指す。
給与テーブル	：実力主義の観点からフラットな給与テーブルを採用し、経験と成果に応じた大幅な昇給も実現。
役職手当	：高度なプロジェクトマネジメントや技術リーダーに特化した役職手当を導入。
給与改定方法	：年1回の業績評価に基づく改定と、四半期ごとのスキル評価による柔軟な給与改定。
賞与制度	：個人の成長と会社全体の利益を合わせて評価し、利益の10％を賞与プールに充てる。
間接報酬	：リモートワークの推奨に伴い、在宅勤務手当、IT機器補助、スキルアップのための補助金を提供。

報酬ポリシー例③ 金融業

「安定報酬により従業員の長期的定着を目指す」

市場水準との対比	：主要競合他社と比較し、平均より高めの給与水準を目指す。
給与テーブル	：階層ごとの細かい給与帯を設定し、各従業員のキャリアパスに応じた柔軟に調整を可能にする。
給与改定方法	：業績と個人評価を組み合わせた改定プロセスで、業務の複雑さや重要性に応じて昇給幅を決定。
賞与制度	：年2回の賞与を、業績連動型と生活保障固定部分の組み合わせ。
間接報酬	：従業員持株会、退職金制度、長期休暇制度などを充実させ、全体的な福利厚生を重視。

【 報酬ポリシーはいつ定めるべきか 】

　報酬制度をどのように設計すべきか、ということについて、あらかじめ基準を設けておく方が望ましい人事制度設計方法だ、という意見がある。要は報酬ポリシーは先につくるべきだ、というものだ。それは確かに理屈としては正しいのだが、現実はそうはいかない。

　報酬制度を熟知した人事企画の専門家やコンサルタントがともに検討していたとしても、ポリシーを策定する権限は経営者にあるからだ。そして経営者による報酬ポリシー決定は、あるべき論だけでは判断できない。

　たとえば市場水準を超える報酬を支払うべきだ、というポリシーを示したところで、人件費負担によって営業利益が圧迫されるのならそのような給与テーブルは選択できない。

　仮に「市場水準を超える報酬設定」をポリシーとして設定し、なおかつ「営業利益率を向上させる」という一見矛盾した方針をとるのであれば「生産性向上による人員数縮減」をあわせて検討することが求められる。そしてそのような判断は、実際に人件費シミュレーションなどによってどれくらいの人件費インパクトが生じるのかを確認しなければできないものだ。

　だから**報酬ポリシーは、人事制度設計の最終段階で、従業員説明資料としてまとめる際に策定することが現実解**となるだろう。

STEP 4
評価制度を基準とコミュニケーションで整理する

　評価制度の目的は、事業計画達成ために、従業員の意識や行動を一体化させることだ。だからどうすれば人が動いてくれるのか、をしっかり理解して制度を作らなければいけない。そして報酬配分にも反映される点について、整合性を確保しよう。
　そのために必要なことは、年間を通じてのプロセスと、目的に応じた評価基準の設計だ。

〉やるべきこと〈
- 評価制度の全体像を定める
- 評価プロセスとして評価期間と評価者を定める
- 個人業績を目標管理制度で評価する
- 行動評価基準を設計する
- 報酬及び昇格判断への適用ルールを定める

〉メリット〈
- 会社からの期待を明確にできる
- 自発的行動を促せる
- 成長と業績達成に向けたコミュニケーションツールとして活用できる

1. 評価制度の全体像を定める

【 何のための評価制度なのか 】

　ファストトラックにおける評価制度は、昇給や昇格、賞与支給、採用や代謝の基準として示した。それらの軸になったのは**職務記述としての定義**だった。期待する職務を等級基準として最初にさだめておくことで、そのあとの評価に関する軸を明確にした。

　期初にはそれらの期待する職務をしっかりと上司から部下に伝える。
　そして**期中に上司は、部下の実践に向けた各種支援を行う**。期待する職務が実践されることが最も良いことだからだ。決して**期末に評価をするために評価制度があるのではない**。
　期末にはそれぞれの達成状況を評価するが、それは過去を振り返ることで、未来の行動につなげるためだ。結果として翌期処遇や賞与が増減するが、その事実をモチベーションに反映できるようにフィードバックしよう。
　そうすることで、評価制度は優秀社員を引き留めモチベートする仕組みとして機能し、組織と個人の成長と成果の関係を共有する仕組みとして完成する。評価制度とは、従業員の力でビジネスを成長させるマネジメントインフラに他ならないのだ。

　詳細編における検討では、この期初に期待として示す基準について、目標としての個人業績基準と、行動としての基準を示す。
　いずれも目標管理制度や行動評価制度として広く普及している仕組みだからこそ、なぜその仕組みを自社に導入するのかをしっかり整理しておこう。

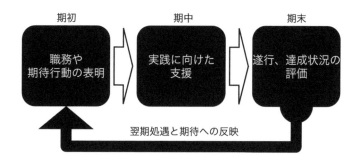

【 職務と業績目標、行動の関係性 】

ファストトラックで示した職務定義は、職務そのものが求める成果に加え、行動としての詳細な職務、それらの根底にある能力という区分で、その内容を示した。それらを総合評価として機能させ、納得性をもって運用ができる形を示した。

しかし職務定義をつくるのには時間と検討が必要だ。そのため職務定義のメンテナンスを頻繁に行う会社は少なく、ある程度固定的に運用される。その結果として、環境変化や、短期的成果目標などにうまく適応できないこともある。

だから職務定義はある程度標準的な書き方にしておいて、今年の事業計画から落とし込んだ具体的な業績目標は、別途の評価制度として運用する場合が多い。

その典型が**目標管理制度**（MBO = Management by objectives and self-control）だ。この場合、職務としてのあるべき成果を前提として、個々人の目指すべき目標として具体化する。

一方で従業員のキャリアの視点からも、職務定義だけでは十分に機能しない場合がある。

職務定義は「今の職務」について定義したものだから、「次の職務」を

示してくれはしない。仮に営業社員が自分自身の職務定義に基づいて活躍したとしても、次のステップとしての営業係長になるためになにをすればよいかわからなければ、とまどうことになる。

もちろん自分自身で工夫して、営業係長の職務定義を参照し、現在の自分とのギャップを理解したうえで自己研鑽すればよい。ただ、多くの人はそこまで頭も時間も使えないし、手間もかかる。

それよりもあらかじめ会社側が具体的な成長の指針を示した方がお互いにとって有効だ。

それが**職務定義をベースにしながら、活躍と成長のための基準を定めた行動基準（Competency）に基づく等級別行動評価**だ。STEP 2の等級定義の章で示した発揮と手動等級設計と同じ概念として理解してほしい。

まとめると、職務定義だけで総合評価も可能だが、事業計画をより具体的に達成しやすくするために目標管理制度として運用したり、従業員がキャリアプランを明確にして成長しやすくしたりするために行動評価の仕組みを導入するのだ。

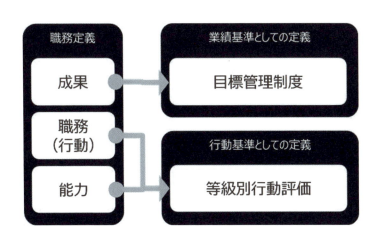

OKR（Objectives and Key Results）という選択肢

　1980年代にインテルで導入され、その後Googleで活用されたことで有名になったのがOKRという目標管理制度の亜種だ。その本質は、ドラッカーが提唱した目標管理制度と大きくは変わらない。

　顕著な相違点は、目標管理制度に比べて事業計画に伴う業績指標のブレイクダウン構造を厳密に行っている点だろう。

　目標管理制度では、目標設定についての運用は会社によって厳しかったりゆるかったりする。けれどもOKRでは、各組織におけるObjective（重要業績目標）と、それの実現状況を確認するためのKey Result（個別結果指標）の関係性を重視する。

　そして上位組織で定めたKey Resultがそのまま下位組織のObjectiveとなるように運用するため、目標の連動性が極めて強くなる。

　そもそもアメリカのフォード生産システムから始まったといわれる人事評価制度の本質は、業績指標の連動性にある。会社が実現したいことを具体的に数値化し、それらを組織ごと、従業員ごとにわかりやすい指標として落とし込む、生産性管理の仕組みが評価制度の最初の形だ。

　その意味ではOKRは、本来の評価制度の形に近いといえる。その目的は組織の一体化にある。

　OKRの仕組みは厳密に見えるかもしれないが、事業計画に対してみんなの意識と行動を集約してゆく仕組みだと考えるとわかりやすいだろう。

　言い換えるなら、明確な事業計画があり、強力なリーダーシップがある組織でこそ、OKRは機能するのだ。

　だからこそ人事ポリシーをあらかじめ設定しておくべきだし、そうでなければぶれてしまうこととなる。

【 評価ポリシーはどう設定するか 】

　報酬ポリシーは報酬の各制度を検証してからでないと設定が難しかった。いかに理想としてポリシーを定めても、先立つものがなければどうしようもないからだ。

　では評価ポリシーはどうだろう。

　評価とはコミュニケーションツールだ。それは会社から従業員に対して示す期待であり、活躍と成長の支援だ。そのため、**評価ポリシーを評価制度検討に先立って設定することが可能**だ。

　評価ポリシーを設定する際に、たびたび検討するキーワードがある。

　たとえば「公平性」というキーワード。あるいは「納得性」というキーワード。「弊社の評価制度は、公平性を重視します」とか「一人一人が自分自身の職務と処遇、それを定める評価に納得して働ける会社を目指します」とかの使われ方をする。

　気を付けてほしいのが、これらは、上から目線のキーワードだと指摘される場合があるということだ。公平にしてあげる、納得させてあげる、といった具合だ。その根底には、会社が従業員を雇ってあげている、という意識があるだろう。終身雇用があたりまえだった時代の発想ともいえる。

　そこで今の時代に評価ポリシーとしてお勧めしたいのは、公平性ではなく「**公正さ**」であり、納得性ではなく「**明確さ**」などのキーワードだ。それらは、会社と従業員個人とが、契約によって対等な関係性があることを前提としたキーワードだ。

　実際の設計の場では、日本語だと解釈にぶれがでるからといってFairnessというキーワードにした例もある。ポリシーとして「弊社の評価はみなさんにフェアであることを誓います。そして皆さんにも自分自身の役割に対してフェアであることを求めます」としたような例だ。

2. 評価プロセスとして評価期間と評価者を定める

【　評価期間と年度の関係　】

　評価制度はコミュニケーションインフラだが、そのゴールは事業計画の達成など、年度単位の活動と連動する。だから評価期間は基本的に事業スケジュールと連動させることになる。
　加えて、もう一つ検討すべきスケジュールが、人事スケジュールだ。新卒採用や昇格、人事異動などを発令するスケジュールとの関係で整理する。

　日本企業の多くは3月決算だと思われているがそれは大企業に限定した話であり、資本金1000万円未満だと6月や8月、9月、12月が決算月の会社も多い。
　その場合、4月入社が基本となる新卒採用とのずれが生じるので、それぞれの会社で対応が異なっている。選択肢としては、事業スケジュールと人事スケジュールを合わせる案、それぞれ別個に行う案がある。
　いずれの場合にも、**事業スケジュールと人事スケジュールを合わせる際の検討ポイントは、給与改定、昇格適用、賞与支給、採用、定年退職のタイミングをどうするか**だ。

【　事業スケジュールと人事スケジュールとを合わせる場合　】

　事業スケジュールと人事スケジュールをそろえることで、給与改定や昇格、異動や業績賞与などの整合性が確保されやすくなる。評価期間に応じた若干のずれなどは生じるが、それも考え方を整理すれば問題ない。
　3月決算の会社で4月に新卒採用の場合のスケジュール例を示そう。

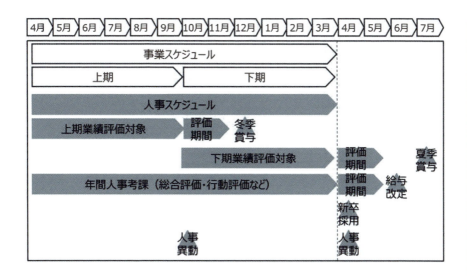

　仮に12月決算の会社だとしても、人事スケジュールも事業スケジュールにそろえるのなら、ほぼ上記と同じ考え方が適用できる。
　別途対応が必要なのは新卒採用時期と、夏冬賞与が秋春賞与に変わるくらいだ。

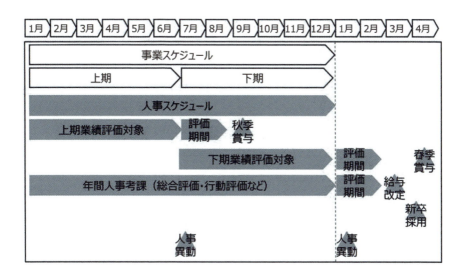

なお、このように新卒採用時と通常の人事スケジュールがずれている場合には、採用1年面の対応についてあらかじめ設定しておく必要がある。

【　事業スケジュールと人事スケジュールとを区別する場合　】

事業スケジュールと人事スケジュール、それぞれを別途で運用する例もある。その場合には、**業績に関する評価との整合性をどのように確保するかがポイント**となる。

6月決算の会社で、人事スケジュールは4月〜3月としている例を示す。

この例では事業スケジュールにあわせて人事に影響するのは、上期と下期それぞれの業績評価、それと人事異動だ。上期業績は7月〜12月で実施し、4月の春季賞与に反映する。1月〜6月の下期業績評価は、10月の秋季賞与に反映する。また人事異動は事業スケジュールにあわせるため、7月に実施する。

一方で新卒採用は4月、年間の人事考課は4月〜5月で実施して6月に給与改定、というようにスケジュールを定めておく。

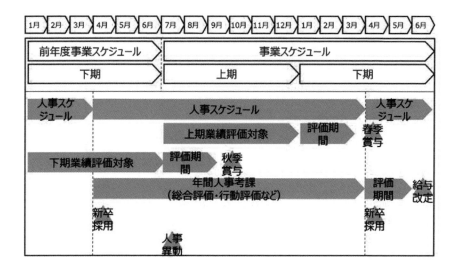

これらのスケジュール設定に基づき、どの評価要素をどの処遇要素に反映するかを定める。
　一般的には、**業績は変動が大きいため賞与に反映し、総合評価や行動評価などを給与改定や昇格、異動に反映**するため、そのような前提でスケジュールを調整しよう。

【　評価者設定の重要性　】

　人事スケジュールを定めたのち、評価者を設定する。**原則として評価者は、直属上司を設定しよう。その際に気を付けるべき点は、実際に評価ができる人数の上限**だ。
　Span of control という概念がある。これは一人の上司が十分に部下の行動を理解し、コミュニケーションをとりながらマネジメントできる人数には上限がある、という考え方で、おおむね 10 名未満だといわれている。

　単に期末に評価をするだけなら二けた人数の部下でも評価ができるかもしれない。
　また、比較的定常的な業務であれば、期初、期中のコミュニケーション頻度や深度は深くなくても大丈夫な場合がある。その場合には二けた人数でもなんとかマネジメントできるだろう。
　けれども期初に会社からの期待について合意を形成し、期中に活躍を支援し、期末にそれらについて前向きにフィードバックするためには、どうしてもマネジメントする人数に限りが出てくる。

　評価者設定に際しては、単純に直属上司だから、という風に設定するのではなく、適切なマネジメント人数範囲に収まっているかどうかを検証しよう。
　そしてもし評価対象者数が過剰だと考えるのなら、一部の被評価者に対

287

するマネジメントそのものの権限移譲も検討してみよう。

【　自己評価のメリットとデメリット　】

　評価者設定をする際に、まず自己評価から始めることを是とするかどうかを検討する必要がある。なぜなら多くの日本企業での人事評価には、自己評価欄があるからだ。
　しかしセレクションアンドバリエーションでは、**3つの理由から自己評価をお勧めしていない**。
　第一の理由は、**評価者が部下のマネジメントを軽んじる可能性が高まる**からだ。
　第二の理由は、**自己評価が甘くなり評価が上ぶれする**からだ。
　そして第三の理由は、**上記の結果として上司が部下の交渉相手になってしまう**からだ。

　そもそも自己評価が導入される背景には、二つの理由がある。
　その一つ目が、部下の日々の行動や成果がよくわからないから自己評価してもらう、というものだ。
　日本企業の多くの管理職がプレイングマネジャーだといわれており、自分自身も個人数値目標を持っていたり、担当業務を持っていたりする。経営者の中には、管理職が机に座って管理職の仕事をしていることを嫌う場合も多い。
　そのため、そもそもマネジメントという意味での管理の時間が取れなくなる。しかし評価はしなくてはいけないから、自己評価をしてもらい、それを参考に評価をしようとする。
　営業職などの外勤業務や、製造職や販売職におけるシフト管理なども、上司が部下の仕事ぶりを把握できない理由になる。
　しかし評価の仕組みとは、そもそも上司が部下の職務状況をしっかりと

把握し、成果創出や活躍を支援するためのコミュニケーションツールだ。だから自己評価欄を設けることで、甘えが生じてしまうようなことは望ましくない。

　自己評価が導入される二つ目の理由は、部下が自分自身を評価し、それと上司評価とのギャップを理解することで、成長のための気づきを得られるから、というものだ。
　これは一見すると納得性が高いように思える。特にたたき上げの苦労人が社長になった場合とかで、自己評価を強く推すケースがある。いわく、苦労人の社長自身が自己評価と上司評価とのギャップを常に意識し、成長し続けてこられたからだ、という。だからこそ、周囲に認められ、社長にまで昇進できたのだと。
　けれども、それはその人がとても優秀かつ、自責志向の方だったからだ。多くの人はそれほど優秀ではないし、さらにいえば根本的に他責志向の人が大半だ。だからどうしても自己評価は甘くなりやすい。
　一旦甘くなった自己評価を、上司が是正することが極めて難しい、ということは、自己評価を前提とした評価運用の経験者なら理解してもらえるだろう。
　そして結果として、適切に評価をして自己評価より低い評価にした上司は部下に嫌われることになる。さらに言えば、人事評価という仕組みそのものが嫌われてしまう。甘い自己評価に対して、上司は客観的な評価を行う。それはおおむね、自己評価よりも低くなる。
　そしてそのことについて、部下に面談の場で伝えるわけだ。
　このようなことが続くと、評価面談は、上司が部下を否定する場に変わってしまう。
　とても優秀かつ自責志向の部下ならば、自己評価よりも低い上司評価を受けたとしても、そのことを自分事として理解しようとするだろう。あるいはそもそも自己評価の方が低い場合すらあるだろう。

しかし普通の部下であれば、自己評価の方が高く、上司評価の方が低い。その上司と言えば、普段からコミュニケーションがしっかりとれているわけでもなく、日々自分の仕事で手いっぱいだ。そんな人に低い評価を突き付けられて納得する人はいない。

そして上司に対する信頼や、評価制度そのものに対する信頼度が低下してしまうのだ。

あなたの会社の従業員が、優秀かつ自責志向の方ばかりでない限り、自己評価は行わないことをお勧めしたい。

【 バイアスとノイズを踏まえた評価者間調整 】

期初、期中にしっかり部下とコミュニケーションをとり続けた上司による評価を、そのまま最終評価とすることが一番納得性は高い。ただ、そのような仕組みにしている会社は多くはない。

直属上司評価を一次評価として、二次評価や評価委員会調整を行う会社が一般的だし、本書でもそのようなプロセスをお勧めする。

その理由は**評価エラーと言われている評価時のバイアスとノイズを調整する**ためだ。

バイアスとは評価の偏りであり、厳しい評価を好んだり、寛容な評価を好んだりする傾向だ。バイアスを調整するためには、一次評価者の甘辛の癖を把握して、調整する必要がある。

ノイズとは、本人も意識しないままで生じてしまう評価のばらつきのことだ。端的に言えば、その時の気分などでばらついてしまうことなどを指す。

これらのバイアスとノイズを除くために、それぞれの直属上司が評価し

た結果を踏まえた調整を行う。

シンプルな調整方法は、**一次評価者のさらに上司を二次評価者に設定することだ**。

もし時間に余裕があるのなら、**二次評価を評価委員会形式などの会議体にすることをお勧めする**。評価委員会形式の二次評価とは、一次評価者全員を集め、その上司である二次評価者が、その場で全員の評価に妥当性を確認する取り組みだ。

そうすることで評価結果からバイアスやノイズを除外しやすくなるとともに、一次評価者に対し、それらのバイアスやノイズに気づかせられる効果もあるからだ。

【　処遇反映のための絶対評価と相対評価の整理　】

二次評価あるいは評価委員会などで定める評価についても、基本的には絶対評価をお勧めしている。

そもそも相対評価の目的は、昇給原資や賞与原資などの配分のための調整だ。その前提は長期雇用であり、会社主体の考え方に他ならない。

一方で近年は、むしろ従業員に選んでもらうための人事の仕組みが求められている。なぜなら新卒で入社した会社に定年までいる従業員も、大企業でない限り減っているからだ。だとすれば、絶対評価でしっかりと個々人の成果や成長を評価すべきだろう。

その一方で、確かに人件費への影響はある。特に号俸表として給与テーブルを設定すると、評価の高止まりはそのまま昇給原資の増加に結びついてしまう。だから号俸表を用いる場合には、評語ごとの相対割合を調整せざるを得ない場合が生じる。

絶対評価を維持しながら、昇給原資を調整したいのであれば、レンジ型の仕組みを導入するほうが良いだろう。その詳細はこの章の処遇反映の部

分でサンプルとともに記す。

【　被評価者本人へのフィードバック　】

　評価プロセスは事業スケジュールと人事スケジュールを踏まえて決定する。そして、それは単年度で終わるものではなく、継続して繰り返されてゆく。

　評価して処遇に反映して終わり、ではなく、**翌期の成果と成長につなげていくことが評価プロセスの本質**だ。そして、成果と成長を実現していくのは、被評価者に他ならない。だから評価プロセスの節目は被評価者本人へのフィードバックだ。

　評価プロセスとしてのフィードバックは、可能な限り、直属上司による面談が望ましい。

　対面、リモートどちらでも構わないが、リモートの場合には音声だけでなく、映像も共有しながら実施しよう。

　フィードバックプロセスのステップは5段階で整理するとわかりやすい。

　アイスブレイク、組織へのアンカリング、評価通達と事実質問、ギャップの言語化、クロージングの5段階だ。

　それぞれのポイントを一覧形式で示そう。

フィードバックプロセス	実施のポイント
アイスブレイク	評価のフィードバックなので完全に緊張がほぐれることはない。それを前提にコミュニケーションできる雰囲気を醸成する。 ・30分程度の時間を事前に確保しスケジューリングする ・会話が周りに聞こえない場所を選ぶ。 ・議題がフィードバックに限定されることを通達する
組織へのアンカリング	個人の損得に引っ張られすぎないよう、会社や所属部署の業績などを自然に意識させる。 ・会社全体及び自所属の業績について共有する。
評価通達と事実質問	評価を通達するとともに、反論に対しては質問で答えてゆく。 ・悪い話を最後にしないように気を付ける。 ・評価は淡々と通達する。 ・低い評価結果への反発に対しては、低い評価となった事実について質問を繰り返し、本人の気づきを促す。
ギャップの言語化	翌期の成果と成長につなげるため、自己認識とのギャップを踏まえた成長の気づきを与える。 ・ギャップの理由を確認する。 ・今後の課題について確認する。 ・具体的な行動について確認する。
クロージング	フィードバック面談そのものについて振り返り、被評価者自身に言語化してもらう。

3. 個人業績を目標管理制度で評価する

【 個人業績評価としての目標管理制度 】

　ビジネスが複雑化するにつれ、職務定義を踏まえた総合評価では対応しきれない場面が増える。特に、短期的な組織業績目標と中期的な事業計画目標を達成し続けるためには、一人一人が組織全体の方向性を意識しながら、自らの役割に反映していくことが求められる。

そのためのコミュニケーション手法として、**目標管理制度（MBO）**をうまく活用していこう。

目標管理制度についての一般的な理解では、期初に目標を設定し、期末にその達成状況に応じて評価する仕組みだと考えられている。そして評価の結果を給与改定や賞与に反映してゆくツールとしての理解だ。

しかし目標管理制度の本質は、**企業や事業の目標に対してみんなの行動を集中させる点**にある。だから達成度評価が重要なのではなく、**会社や所属の目標を一人一人の従業員に周知し、自らの目標としてコミットしてもらう点**が重要だ。

そして自分の目標が達成されたからよしとするのではなく、自分の目標が達成されても所属の目標が未達なら、他の仲間を自発的に手伝おうとする意識を醸成することがポイントなのだ。

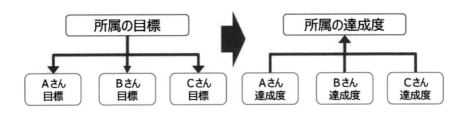

目標管理制度をしっかり運用することができれば、従業員一人ひとりの成果を結集して、事業計画を達成できるようになるだろう。そのため、この制度を活用する際には従業員個人の力量・判断に頼るのではなく、会社が主導しながら、従業員の力をうまく引き出していける仕組みにしなければならない。

こうした視点を踏まえ、目標管理制度の仕組み化のポイントについて、期初、期中、期末の3つのフェイズに分けて解説していく。

【 期初：目標設定のルール化 / 事業計画から個人目標へのブレイクダウン 】

期初段階でのポイントは「目標設定のルール化」だ。
ルール化にあたっての検討するポイントは以下の4つに集約される。

①：事業計画との連動性の確保（縦のつながり）

事業計画を、各部門⇒各課⇒個人にブレイクダウンさせる。すなわち、**個人目標の合計が会社の事業計画と一致するようなプロセスを設計**するということだ。

具体的には例えば、下記のようにレポートラインに沿って段階的に落とし込んでいくことが望ましい。

- 経営会議における経営層から部門目標のブレイクダウン
- 部門会議における部門長から課目標へのブレイクダウン
- 課内ミーティングにおける課長から課員の個人目標へのブレイクダウン

ここで、注目してほしいのが、それぞれのプロセスにおいて会議体を合わせて示していることだ。特に、課員の直属上司にあたる課長は、ブレイクダウンについて期初の個別面談を活用することが一般的だが、それに先立ち、**課の全体ミーティングを通じて、今期の課目標の共有と、個々の期待内容を伝える機会を意識的に設けてみよう。**

課全体で同じ場所・同じ時間に目標を共有することで一体感を醸成することができ、さらに部下の意識を個人（自分）から組織（課）に引き上げることにもつながるのだ。

このように、会社として上位目標との連動性を確保していくことで、従業員一人ひとりが当たり前のように事業計画への貢献を意識する組織風土を作っていくことができるようになる。

②：**個人要件との整合性の確保（横のつながり）**

　課の目標を個人にブレイクダウンする場合、単純に均等按分することはあまり現実的ではない（例：売上10億円という課目標を、5人の課員にそれぞれ2億円の売上目標を設定する）。

　そこで意識したいのが「**個人要件**」だ。

　ここでいう個人要件とは、従業員一人ひとりの等級定義やそれに基づく個人の能力・実績・業務内容など複数多岐にわたる。要は、上司が「この部下であればこれだけの仕事を任せられる」と自信をもって伝えられる判断軸だ。

　その際に用いる要件を限定する必要はないが、強いて言うなら**等級定義を活用することをおすすめする**。個人の能力や実績などは、人によってとらえ方や認識が異なるが、等級定義は少なくとも社内の共通言語たり得るので、**認識のブレを最小限に抑えることができる**。

　等級定義と行動基準のつながりは意識されることが多いが、目標管理においても等級を意識した目標設定をすることで、個人目標に関する部門間の目線合わせや部下とのコミュニケーションに、納得性をもって円滑に進めることが可能となるのだ。

③：**数値目標と状態条件**

　目標の中身については、可能な限り数値で設定することが望ましい。なぜなら事業計画では、財務・非財務に関わらず基本的に数値目標が設定されるため、事業計画からブレイクダウンされる個別目標も、当然数値に基づく目標設定が基本となるのだ。

　では、数値以外の事業計画をブレイクダウンの場合はどうすればいいか。

　この場合は、無理に数値化する必要はない。数値化することでかえって「あるべき事業計画」のイメージが歪められ、結果として計画達成を難し

くしてしまう恐れがあるからだ。

　数値計画以外の事業計画というと「新商品についての販売政策立案」や「新経理システムの構築と導入」などが考えられる。

　数値以外の事業計画の場合は、まず**内容をタスクに分解し、タスクごとに担当者を設定し、目標化**する。こうしたプロセスは「**状態条件**」という考え方に基づく目標設定方法だ。

　この時、注意したいのが「**達成時期の明確化**」と「**客観的に判断できる到達点の設定**」の２点だ。

　例えば「人事制度を改定する」という目標で考えてみよう。この目標では、いつまでにやり遂げるのかが不明であるし、「改定した」状態の認識が人によって異なる（改定資料が完成した状態？　経営層の合意がとれた状態？　社員に周知した状態？）ので、評価が途端に難しくなる。

　こうしたエラーを防ぐために上記注意点を意識したい。

※上記注意点に基づき修正した目標がこちら⇒「人事制度を改定し、３月末までに従業員説明を完了し、制度マニュアルを社内イントラにアップする」

④：行動計画

　目標設定ができたら、評価期間中における達成に向けて行動計画をスケジュールに落とし込んでいこう。期間中の作業のメルクマールとなるので、できれば月単位で「いつまでに」「何を」「誰と」「どこまで進めるのか」というように具体的に整理するのが望ましい。

　事業計画からのブレイクダウンという性質上、目標設定は上司主導で進めるのが基本だが、目標達成に向けた取組みを自分事としてとらえてもらうために、行動計画策定はぜひ部下主導で行ってもらいたい。

　もちろん、期初面談を通じて上司が確認・調整することは必須だが、まずは一度、部下なりの考えを計画に落とし込んでもらうようにしよう（必要に応じて上司がサポートするのは構わない）。

【 期中：業績達成の為の期中面談の仕組み化 】

期中面談は進捗確認・行動支援の場として仕組み化する

　目標管理制度を「期初に目標を設定し、期末にその達成状況に応じて評価する」仕組みとして理解してしまうと、期初の目標設定と期末評価の2回だけが、上司と部下のコミュニケーションのタイミングになってしまう。はたして制度として果たしてこれで十分だろうか。

　自身が上司（課長）になったつもりで考えてみてほしい。
　上記の様に理解すると、部下Ａの目標に対する取り組み具合を初めて確認するのが年度末の評価時点になるのだ。
　部下Ａの出来不出来を評価・査定するだけならばそれでいいかもしれない。しかし、**目標管理制度の真の目的は「従業員一人ひとりの成果を結集して、事業計画を達成すること」** にある。
　すなわち上司は、事業計画の達成に向けて部下一人ひとりの個別目標達成を促さなければいけないのだ。

　こうした意識を持てるように人事が指示することで、期末までに定期的に部下の取組みをチェックしようとする上司が増えてくるだろう。
　こうした取組みを定着させるための仕掛けとして「**期中面談の仕組み化**」がある。
　ここでは、期中面談の仕組み化のポイントを簡単に抑えておこう。

誰が？	部下と直属上司で実施 ⇒日ごろの部下の言動を確認できる課長クラスが望ましい。大所帯であったり、課長が現場から離れているなど部下の言動をチェックしづらい環境の場合は、係長や主任クラスに委任することもある。
頻度は？	四半期毎に一度が目安 ⇒評価期間内に最低一回は実施することをルール化する。それ以上の回数については、実運用上可能であるかを見極めながら検討することが望ましい。
内容は？	期初目標達成に向けた進捗確認と期待・改善点の伝達 ⇒業務に関わらず、個別の相談事など幅広く対応するのが一般的。期中面談では、上司は部下の話を「聴く」ことに徹することが望ましい。
時間は？	30分程度／時間 ⇒部下が主役であるため、最低30分程度確保するのが望ましい。ただし、無理に引き延ばす必要はない。

　期中面談の先にあるのは、言うまでもなく「事業計画の達成」だ。

　そういう意味では、上司は単に「進捗をチェックする」だけでなく、「目標を確実に達成するための行動支援・協働」が求められる。この辺りは、評価者研修を通じてコミュニケーションスキルを底上げしてくことが望ましいだろう。

【　期末：目標達成度判断の仕組み化と周知徹底　】

目標達成度判断の仕組み化

　目標設定の仕組み化・期中の目標修正の仕組み化ができれば、目標管理における達成度評価ルールは単純化できる。極論を言うと、目標が達成できたか、できなかったかの2択だが、それでは実運用には耐えないだろう。

　標準評価を達成とした場合のメリハリについては、報酬の章でも5段階で示してきたのでその定義を示そう。

STEP 1 ▶▶ STEP 2 ▶▶ STEP 3 ▶▶ STEP 4 ▶▶ STEP 5 ▶▶ STEP 6 ▶▶ STEP 7

　達成した場合の評価をＡとした場合、未達成に何段階かを設けることが一般的だ。
　定量的に測れる目標の場合だと、達成％を基準にする。
　仮にＡ評価が100％達成だと、100％未満で90％以上の場合を「惜しかった」としてＢ評価にする。そして90％未満だが、まだ改善の余地がある場合をＣ評価とする。その閾値を70％程度におき、それより下だとそもそも達成させることができなかったなどとして、最低評価のＤとするなどだ。
　また達成状況が素晴らしい場合に、Ａを超えたＳ評価を設定することも多い。以前は「Ｓ＝120％達成」のように数値を示すことも多かったが、最近は「素晴らしい成果」という程度の柔軟な記述にとどめることも増えている。

　定量的に達成状況を把握できない場合には、柔軟な記述となる。定量的でない目標でも少なくとも達成状況が把握できるような状態条件を定めることが一般的だ。そのためＡ評価は目標を達成した場合、として同様に定義できる。
　そしてＢ評価は定量評価と同様に「若干の不備があったがほぼ目標を達成できた」とし、Ｃ評価は「進め方に不備があるなどで目標は未達成だった」、Ｄ評価は「目標達成のための行動がとれていなかった」などとする。
　逆にＳ評価は定量評価と同様に「素晴らしい成果」としていくことが望ましい。

STEP 4　評価制度を基準とコミュニケーションで整理する

100%を超えた素晴らしい成果	素晴らしい成果	S
100%達成	目標達成	A
90%以上100%未満	ほぼ目標達成	B
70%以上90%未満	目標未達成	C
70%未満	目標未達成かつそのための行動がほぼなかった	D

評価段階数

　評価段階数について5段階を勧めているが、それだと中心化傾向が出るのでは、と懸念する場合がある。本書で5段階評価を進めるのは、達成＝A評価として、その上下に評価段階を設けるとともに、最低ランクを加えているからだ。結果としてしっかりストレッチした目標設定を行っている会社での実分布は、おおむね次のようになる。

S評価：稀
A評価：20%～30%
B評価：50%～60%
C評価：10%～20%
D評価：稀

　若干評価が上振れていると思うかもしれないが、ストレッチ目標を達成しているのであれば業績もあがっているはずなので、問題ないだろう。
　この時、D評価を不要として、4段階評価とする例もある。一言でB評価に集中しすぎているとして、BとAの間にB＋を作った例もある。そしてそうなるとBとCの間にB－をつくりたくなってくる。これらの判断に正解はないが、「何段階で部下を評価したいか」という軸であらためて検討してみることをお勧めする。

　ランク数を少なくすると、優劣がはっきり分かれるので、営業など短期的かつ客観的に成果が表れやすい職種で好まれる。他方、ランク数が多いほど、きめ細かく評価できるが、玉虫色になりやすい。
　この辺りは、事業の特性や現在または将来の社風やどうしていきたいかということを踏まえて「会社として」仕組み化していってほしい。

【　個人別目標管理シートの作成　】

　これらの運用ルールを踏まえ、個人ごとの目標管理シートを作成しよう。

　シート上には被評価者属性情報としての所属部署や等級、社員番号、氏名などに加え、**評価者についての属性情報や、面談実施日などを記載できるようにしよう。**

　目標のブレイクダウンを意識するためには、**全社目標や所属目標などを記載する欄があるほうが良い**。あらかじめ人事部や上司側で転記しておくことも可能だが、可能なら被評価者本人が記載することによって、全社目標や所属目標を意識できるようにしたい。

　その上で、目標を記す欄を設ける。

　まず目標の数だが、多すぎず、少なすぎずというバランスを考え、3〜4つ程度を推奨している。2つ以下だと目標達成状況によって極端な評価になりがちだし、5つ以上だとウェイト設定によってはメリハリがつきづらくなるからだ。

　そして各目標について、達成度を判断できるような指標とその水準を設定する。前述のような数値化や状態条件を意識しよう。

　さらに、目標達成のための作業やスケジュールを記載する欄を設けておくと、期初からすぐに何をすべきかが明確になる。少なくとも、上司と部下との間での合意が得られやすくなるだろう。

　期初の作業として、さらに関連する各種項目も記載できるように欄を設けておく方が望ましい。たとえば目標を達成するためにどのような行動をとるか、ということについての意欲を確認できるようにするなどだ。

　そして、目標の重要度に応じたウェイト設定を可能にしよう。ウェイトが高いものほど重要な目標であり、その結果が最終評価に反映されることになる。

期中面談結果を記載する欄もあるとわかりやすい。

そして期末の達成状況について記載する欄を設けておく。自己評価は行わないが、それぞれの目標の達成状況については、被評価者本人しか把握できていない場合もあるだろう。また環境変化によって業務の前提や難易度が変わっている場合もある。それらを共有するためにも、被評価者本人が記入する欄として設定しておく。

そして、一次評価者と二次評価者の評価結果を記載できるようにする。

個別の目標ごとのウェイトを乗じた平均点によって、最終的な評語を決定できるようにする。ただ、相対調整の可能性があるのなら、本人に示すべきは点数までとしよう。

これらを踏まえたサンプルシートを示しておくので参考にしてほしい。

4.行動評価基準を設計する

【　行動評価基準は発揮行動等級と同じ手順で設計する　】

　職務定義に基づく総合評価から、行動評価を分離して導入する目的は、従業員一人一人の成長の指針を示すとともに、キャリアパスとして具体化することにある。どのような行動をすれば評価されるのかを行動評価というメッセージによって示すことで、従業員は進むべき方向性を理解する。
　ではそのための評価基準をどのように設計するべきだろうか。

　実は行動評価基準の設計方法は、ステップ2で示した発揮行動等級設計と同じ手順を踏むことが一般的だ。つまり等級基準の内容がそのまま行動評価の基準となるということだ。
　あらためて、自社版として整理した行動評価基準一覧を掲載してみよう。

区分	等級	倫理意識	自己研鑽	チームワーク	効率性改善	人材育成	リーダーシップ	チャレンジ
管理職	5	倫理的な行動の新たな基準を提案し、組織全体に浸透させている。				革新的な育成プログラムや仕組みを提案・実施し、組織全体の人材育成力を強化している。	状況に応じたリーダーシップを柔軟に発揮し、組織全体の成長をリードしている。	組織全体で挑戦を文化として根付かせ、継続的な成長を実現している。
管理職	4	倫理の重要性を周囲に伝え、問題があれば正す役割を果たしている。				育成に関する知識やスキルを他者に指導し、育成担当者全体の能力向上をサポートしている。	リーダーシップの重要性や実践方法を説明し、他者を指導できる。	挑戦することの重要性や方法を他者に教え、支援できる。
一般社員	3	倫理的な行動を通じて、組織の信頼性を高めている。	学んだ知識やスキルを活かし、業務効率や成果の向上に具体的に貢献している。	チームの成功を優先し、成果を最大化するために積極的に協力・貢献している。	要作成			
一般社員	2	組織の規範や社会的なルールを学び、理解している。	自己成長に必要なスキルや知識を積極的に学び、それを実務に活かしている。	チームの一員として効果的に機能するためのスキルを学び、協働の質を高めている。	要作成			
一般社員	1	自分の行動がルールに従っているかを確認し、必要な準備を行っている。	学習の必要性を認識し、成長に向けた準備を進めている。	チームの目標や自分の役割を明確に把握し、協力するための準備を整えている。	要作成			

　この表を等級ごとに横に見ることで、等級定義として整理した。　これらを評価に用いる際には、評価シートに反映すればよい。その際のポイン

トは、評価段階とウェイト設定だ。

【 評価段階とウェイト設定 】

評価段階については、目標管理と同様に、5段階を推奨する。

期待通りの行動であればAとして、それを超えるSと、それに満たないB、C、それに最低評価としてのDの5段階だ。

目標管理における検討のように、評価段階数を5ではない数にすることも検討できるだろう。実際に設計した例では、3段階（S、A、B）から7段階（S、A、B＋、B、B－、C、D）まで、多彩な段階数がある。

段階を増やすときめ細やかに示しやすいが、その違いがわかりづらい。段階を減らすと違いははっきりするが、はっきりした違いを示すことに評価者がちゅうちょするようにもなる。

自社にとって最適な評価段階数について議論してみよう。

期待以上	S 12
常に期待通り	A 10
若干不足している	B 8
不十分な行動	C 6
期待外れ	D 4

次に評価項目ごとのウェイトだ。今回のサンプルシートでは、全等級について4つの評価項目であることから、25％ずつのウェイトとしている。

この評価項目ごとのウェイトを、職種や等級ごとにあらかじめ調整しておく方法もある。そうすることで、会社からのメッセージが強まる。等級

ごとに高いウェイトを設定すること自体が、会社がその等級の従業員に強く求める行動だと示すことになるからだ。

　ウェイト設定版のサンプルでは、1等級の段階では倫理意識や自己研鑽、チームワーク、効率性改善をまんべんなく求めている。2等級ではチームワークと効率性改善、3等級では効率性改善を強く求めるメッセージとして、ウェイトを調整している。そして倫理意識については等級が上がるごとにウェイトを下げている。出来ていて当然だ、という発想だ。

　管理職になると、評価項目が大きく変わるので、人材育成、リーダーシップ、チャレンジのウェイトは同じにしている。ただし最上位の5等級ではチャレンジのウェイトを高めている。

［ウェイト設定イメージ］

区分	等級	倫理意識	自己研鑽	チームワーク	効率性改善	人材育成	リーダーシップ	チャレンジ
管理職	5	5%				30%	30%	**35%**
管理職	4	10%				30%	30%	30%
一般社員	3	15%	15%	30%	**40%**			
一般社員	2	20%	20%	**30%**	**30%**			
一般社員	1	**25%**	**25%**	**25%**	**25%**			

【　行動評価シートの作成　】

　これらの検討を踏まえて、行動評価シートを作成しよう。属性情報などの基本項目は上部に置き、評価のためのコミュニケーションに必要な定義をわかりやすく示す。そしてコミュニケーション結果を記載できるような欄を追加しておければ、自発的成長のためにも用いることができるだろう。

STEP 1 ▶▶ STEP 2 ▶▶ STEP 3 ▶▶ **STEP 4** ▶▶ STEP 5 ▶▶ STEP 6 ▶▶ STEP 7

対象職種					所属部署	
				等級		被評価者氏名
				1		
期初面接	期中面接	期末面接	【1次考課者】	役職		氏名
月 日	月 日	月 日	【2次考課者】	役職		氏名

行動評価シート

評価項目	概要	ウェイト	1次評価					2次評価 承認/修正 (1次評価と同じ場合でも数値を記入すること)
			期待外れ 4	不十分 6	若干不足 8	期待通り 10	期待以上 12	
倫理意識	自分の行動がルールに従っているかを確認し、必要な準備を行っている。	25%						
自己研鑽	学習の必要性を認識し、成長に向けた準備を進めている。	25%						
チームワーク	チームの目標や自分の役割を明確に把握し、協力するための準備を整えている。	25%						
効率性改善	要作成	25%						
人材育成	-							
リーダーシップ	-							
チャレンジ	-							
	評価点数							

翌期への申し送り事項

【　行動評価における評価プロセス設計の重要性　】

　目標管理制度では、評価プロセスそのものが目標管理制度の仕組みだった。同様に、行動評価においても評価プロセスの工夫が必要だ。それは期初、期中、期末に上司と部下がどのようにコミュニケーションをとるべきかという指針となる。

　もし行動評価において評価プロセスを設定していなければどうなるだろう。

　実際に評価プロセスをおざなりにして、評価者に対して特別な指示をしていなかった会社では、次のような事態が生じた。

> **期初**：部下ひとりひとりに対して人事部から行動評価シートの伝達がされるが、上司からは「適当に見ておいて」という指示があるのみだった。
>
> **期中**：行動評価シートへの言及は特になく、主に業績面での数字達成に向けた日々のコミュニケーションが主体だった。
>
> **期末**：上司が行動評価シートに基づき評価をして、人事部に提出。部下には特に何も知らされず、評価結果のみが伝えられた。

　もしあなたの会社でこのような事態が生じたら、どのように思うだろう。せっかく会社の想いを込めて、行動してほしい基準として示したものが一顧もされずに放置されてしまう。そして実際に評価されている部下からすれば、評価制度への不満が噴出することになってしまう。

　評価制度を活かすも殺すも上司しだいだ。だからこそ、期初、期中、期末のそれぞれのタイミングで上司側がどのように対応すべきかを示さなくてはならない。

期初：行動基準に基づく伸びしろについての合意

　行動評価基準はそもそも定性的なもので、評価が難しい。基準に示されている行動が発揮されているかどうか、ということについて、客観的かつ合理的に判断できないからだ。だから、期末になってから評価だけするようなプロセスでは、ほぼ確実に、不満しか出てこなくなる。

　そのため、期初にそもそも何を期待しているのか、ということについてしっかり合意しなくてはならない。その点においては、目標管理制度よりも面談の重要性が高い。

　では行動基準についての期待の合意とはなんだろうか。
　それは、**行動基準と現状とのギャップを明確にしたうえで、そのギャップを伸びしろとして合意すること**だ。そして、**伸びしろを埋めるためにどのような行動をとるべきかについて、部下ひとりひとりの状況に応じて話し合うこと**だ。そのためにはまず期初の面談がとても重要になる。

　たとえば1等級の一般社員の自己研鑽項目を例にあげてみよう。「学習の必要性を認識し、成長に向けた準備を行っている」という基準が示されている。一方で、上司から見た現状は、研修受講を指示してもいやいや参加しているように見て取れるとする。また社内講師の話では、講義中のディスカッションではほぼ意見を示さず、むしろ早く時間がすぎればよい、というような態度をとっている場合もあるとしよう。このような部下に対し、上司としてしっかりと現状と期待する姿とのギャップをすりあわせなければいけない。

　ただし、一方的に上司からギャップを指摘するだけでは、反発を受ける可能性もある。

　そのため、質問と傾聴を基本とした3ステップでの面談を行うように、それぞれの上司に対して教育しよう。

> **行動ギャップに気づかせるための3ステップでの面談**
> 1. 該当する行動基準についての自分としてのあるべき姿を言語化してもらう
> 2. 現状の行動とのギャップが生じている理由を尋ねる
> 3. どうすればギャップを埋められるかを尋ねる／一緒に考える
>
> 例）
> 1. 「自己研鑽の定義を読んで、自分にとってそれが十分にできていると思われる行動の状態を話してください」
> 2. 「では今そのような行動がとれていない理由はなぜだと思いますか」
> 3. 「どうすればそういう行動がとれるようになると思いますか」

　ときに自分自身を客観視できていなかったり、あるいはわかっているけれど改善する気がない部下だったりすることもあるだろう。けれども上司側に対して、それでも丁寧な面談を心がけるように指導しよう。そもそも反発する状態の部下を作っているのは、その上司自身の普段の行動が原因かもしれないからだ。面談をしっかり進めてもらうことによって、上司自身を育てる意味もあるのだから。

　なお、面談そのものの全体構成における、アイスブレイクや組織へのアンカリング、そして最後のクロージングについては、「被評価者本人へのフィードバック」の項目と共通なので、参考にしてほしい。

期中：行動基準での面談の仕組み化

　期初面談を経て、上司と部下とでお互いに行動ギャップを埋める方法を考えたとしよう。けれども多くの場合、日々の業務を進める中で、改善のための行動はおざなりになる。わかってはいるけれど、悪い習慣の方が表れてしまうこともあるだろう。

　そのため、**上司と部下とでしっかりコミュニケーションをとりながら、**

適切な行動をとるように促す仕組み化が必要だ。それが期中面談の役割だ。

　目標管理制度における期中面談が、業績達成のための支援であったように、**行動評価における期中面談は成長のための支援**なのだ。

　期中面談の進め方そのものは、目標管理と同じタイミングでの実施で問題ない。部下の業績達成と成長の両方を上司が支援する仕組みこそが評価制度であるからこそ、しっかりと期中面談を進めてもらうようにしよう。

　そして期中面談がしっかり行われていれば、期末の面談の目的が、評価から成長支援に明らかに変化する。

期末：行動発揮状況の判断と翌期に向けた合意
　行動評価における期末のプロセスは、**評価シートを用いた上司からの評価**になる。

　行動評価シートの各項目ごとに、事前に評価を行ったうえで面談を行うように、上司に指示しよう。

　今回示した評価の段階は5つだ。できればすべての項目において「常に期待通り＝Ａ」という評価をつけたいところだが、なかなかそうもいかないだろう。「若干不足している＝Ｂ」となる場合や、努力は認められるが行動の改善に至らなかった「不十分な行動＝Ｃ」という状況もあるかもしれない。さすがに「期待外れ＝Ｄ」がつくようなことになっている場合には、そもそも在籍不適格だとして別途検討が必要になるだろう。また、「期待以上＝Ｓ」となる場合には、積極的に高い評価をつけていこう。

　ただ、期中面談がしっかり行われていれば、上記の評価はお互いにすでにわかっているはずだ。特にＣ以下の評価がつくような状況は、上司と部下とのコミュニケーションがうまくいっていないだけでなく、なんらかの問題行動などが原因となっていることも考えられる。また高い評価を付けられる項目については、上司からの積極的な賞賛も日々与えられていることだろう。

それらを踏まえて、期末面談では評価結果そのものは淡々と伝えつつ、来期に向けてどのように成長していくかを話し合う場として設定しよう。

評価は1年などの期間ごとに行われるが、上司と部下による業務活動には切れ間はない。

永続する取り組みの中で、評価プロセスをきっかけとして、互いの成長を実現してゆくような仕組みとして定着させていこう。

5. 報酬及び昇格判断への適用ルールを定める

【 評価を報酬・処遇へ反映させる際の留意点 】

評価プロセスの最後に、評価結果をどのように処遇に反映させるかを決めなければいけない。

ファストトラック3日目で5つの代表的な評価項目「能力」、「職務」、「成果」、「努力」、「年功」について解説した。さらに、5つの評価項目のうち、主に行動（能力）評価や成果評価を評価の主軸に据える場合が多いという例も紹介した。

このように、多くの会社では、評価項目を1本に絞ることはなく、従業員の成長を多面的に測定・確認していきたいという想いから、複数の評価項目を用いて従業員を評価している。であれば、**評価結果を報酬・処遇へどのように反映させるのか、という論点にもぜひ会社の意図・想いを込めたいところだ。**

詳細編である本編では、評価の報酬への反映方法の代表例を複数提示しつつ、設計のポイントを解説していく。

【 総合評価型か個別連動型か 】

今回は、「行動（能力）」、「成果」の2評価を軸に、報酬・処遇への反映方法を考えていく。ちなみに、報酬・処遇は「給与改定」、「賞与」、「昇降格」の3軸とする。

主な反映方法は総合評価型と個別連動型だ。

> **個別反映型**：複数の評価結果をそれぞれ独立した要素として扱い、別々の報酬・処遇に反映させる
> **総合反映型**：複数の評価結果を総合判断して報酬・処遇に一体的に反映させる

それぞれの反映方法の特徴と設計ポイントを見ていきたい。

【 個別反映型の特徴と設計ポイント 】

個別反映型は、行動評価結果と成果評価結果を別々に報酬や処遇に反映させる手法だ。

成果（結果）は賞与に、行動（プロセス）は給与改定や昇降格に反映させるなど、評価と報酬・処遇の紐づけが一目でわかる仕組みとなっている。そのため、総合反映型に比べて**評価と報酬の反映に係る透明性が高く、従業員の納得感が得やすい**のがこの手法の特徴だ。

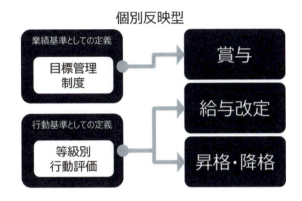

　この手法を上手く運用していくコツは、評価軸と報酬・処遇それぞれの特徴をつかむことにある。

　まずは評価軸についてみていこう。
　成果評価はあくまで「業績結果」であり、比較的「短期視点」でのアウトプットが期待される。そして頑張りや能力発揮といったことが必ずしも反映されないこともある。
　一方、**行動評価はどちらかというと「プロセス」を重視しており、比較的「長期視点」でのアウトプットが期待される**。能力の伸長や行動改善などは半年や一年スパンで目に見えて変化が確認されにくいものだが、中長期的視点で振り返ればその変化をとらえやすくなるという特徴がある。

　次に報酬・処遇軸をみていこう。
　給与改定は毎月支払われる月例給に関わる部分だ。月例給は、会社に在籍する限り基本的に毎月支給されるものであり、従業員にとって日々の生活のために必要なお金とも言い換えられる。そのため、**「中長期的」「安定的」**といったキーワードがぴったりだろう。
　賞与は、会社の年度業績に応じて任意に支給される。実際の運用では、「月例給の4か月分」といったように業績に関わらず固定給・生活給的に

支払われるケースも多くみられるが、本来は業績連動型の報酬なのだ。賞与の特徴としては、「**短期的**」「**業績連動**」などが当てはまる。

また、昇降格は、在籍等級定義の要件を満たしているか、上位等級での活躍が期待できるかを、過去の評価履歴や昇格面接、昇格試験などを通じて決定される。成果も重要だが、それ以上にこれまでの能力成長に伴う行動発揮、行動改善の積み重ねで判断されることが多い。

以上の特徴を踏まえて、「これなら従業員(部下)に自信をもって説明できる」という自社オリジナルの紐づけの仕組みを構築していくのだ。
上図に示したものは一例だが、明確な根拠づけができている。
短期的な業績結果を求める成果評価は、賞与の特徴と親和性が高い。また、中長期的な能力成長・発揮を期待する行動評価は、給与改定や昇降格と親和性が高い、といった具合だ。

【　総合反映型の特徴と設計ポイント　】

総合反映型は、行動評価結果と成果評価結果を統合し、総合スコアを基に給与改定や昇降格、賞与に反映していく手法だ。

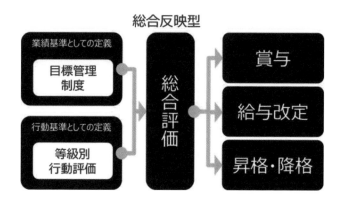

成果(結果)も行動(プロセス)も両方ともバランスよく目標達成するこ

とで、月例給も上がるし、賞与も増えるし、昇格チャンスも生まれる。そのため、この手法は、**従業員に成果・行動ともにバランスよく結果を出していってほしい、いわば総合力を求めるときに有効**なのだ。

　注意すべき点もある。総合評価というのは、個別の評価が埋もれてしまう恐れがあるのだ。
　例えば、成果評価がＡ評価で行動評価がＣ評価となり、結果として総合評価がＢ評価だった場合を考えてみよう。成果評価だけで見るとＡ評価なのに、報酬・処遇への反映には総合評価のＢ評価が反映されることになる。
　評価としてはＡ評価として高く評価してもらっているからいいじゃないかという考えもあるが、評価結果だけではおなかは膨れない。評価結果がどれだけのお金に変わるのか、報酬反映の部分がどうしても気になってしまうのが人間だ。
「頑張ったのに報われた気がしない」、そんな感情を生んでしまう恐れがあるのが、総合反映型の難しいところだ。

　こうした不具合を解消する方法として、評価軸ごとの報酬への反映ウェイトを設定することが考えられる。つまり、**行動と成果、どちらを重点的に報酬に反映するかを明らかにする**のだ。これが従業員に対するメッセージにもなる。
　全社一体的に重視したい評価軸があれば、その軸の報酬反映ウェイトを重くすればいいだろう。
　この時併せて検討したいのが等級や役職との関係性だ。下位等級や役職がない従業員であれば、まずは**能力成長を期待したい＝行動評価の反映ウェイトを重くする**、逆に上位等級や管理職層であれば、**高い能力を基に成果を創出してほしい＝成果評価の反映ウェイトを重くする**、といったようにキャリアや成長度合いに応じて反映ウェイトを変えるのだ。

反映ウェイトを工夫することで、「今の自分は特に○○の評価軸を重点的に頑張ればお給料が上がる！」といったメッセージを共有することができ、従業員の制度の主体的な活用が期待できるだろう。

		行動評価	業績評価	
管理職	等級5	20%	80%	総合評価算出
	等級4	30%	70%	
一般社員	等級3	50%	50%	
	等級2	70%	30%	
	等級1	90%	10%	

　ここまで2つの手法を示してきた。お分かりの通り、両手法に優劣はないし、また手法設計の前提となる評価軸の特徴の捉え方、報酬・処遇の特徴の捉え方は会社によって様々だろう。型通りの設計というものがないからだ。
　だからこそ一番に考えるべきことは、こうした反映の仕組みが「**従業員の成長や成果創出のインセンティブとして十分に機能するか**」ということだ。
　ぜひ一度、自社の評価軸は何を求めているのか、また報酬・処遇の位置付けは何なのかを整理してみてほしい。そのうえで上記問いに応えられる仕組みを考えてみてほしい。

【　その他の評価項目は反映させなくてもいい？　】

　ここまで、行動評価と成果評価を報酬・処遇にどのように反映させるのかといったことを解説してきた。

ファストトラックではその他の評価項目として年齢や職務、努力を挙げていたが、これらを評価したり報酬・処遇に反映させなくてもいいのか。

　結論として直接は必要ないと考える。
　年齢は、ファストトラックでも述べているが、時代にあわなくなっている。
　職務については、これを職務スキルと置き換えて考えてみる。職務スキルは職務遂行上不可欠のものであり、成果創出にも大いに役立つ項目といえるので、一見行動評価や成果評価と同列に扱ってもよさそうだ。
　しかし、職務スキルそのものを評価し、報酬などに反映することのリスクもある。技術力はあるけれど、それだけであまり組織貢献できていない従業員をイメージしてほしい。この従業員を技術力が高いからと言って評価していいだろうか？
　人事制度はあくまでツールであり、目的は従業員の育成と会社目標の達成の両立にあるのだ。この目的の実現に向けては、当該従業員の評価は低くなるはずだ。
　こうしたスキルと組織貢献のミスマッチが起こる恐れがあるので、職務スキルを評価項目として一本立ちさせる場合は、慎重な検討が必要だと申し添えておく。
　一方で、**職務スキルは、評価・報酬ではなく、教育の観点から有効な項目**といえる。
　職務スキルは、特に若年層に会社業務にキャッチアップしてもらい、なるべく早く一人前になってもらうためのメルクマールとして活用できるのである。
　部門や職種ごとに必要なスキルを一覧化し、「1年目であればこのスキル、2年目であればここまでのスキルを習得してほしい」といったように、上司部下間での教育・指導のコミュニケーションツールとして使うのが理想的だ。

努力についても、ファストトラックで述べた通り、この項目単体で評価するということはあまり想定できない。目に見える努力については、行動評価や成果評価の加点要素として考慮するくらいがいいのではないだろうか。

ただし、努力については、管理職や上位等級では適用しないことをお勧めする。会社の考え方にもよるが、通常管理職や上位等級は職務上、組織への貢献や組織成果の創出が大いに期待されているのであり、「結果が出なかったけど頑張ったから評価して」といった論理が本来通用しないポジションなのだ。

一方で、若年層や下位等級であれば努力を考慮することは、この層に期待される能力成長にも寄与するだろう。

【　給与改定における昇給原資の調整　】

評価結果が決まったら、どのように処遇に反映するかを考えてみよう。

評価結果を反映する前提の標準給与改定額やそのメリハリについては、報酬の章で詳しく説明した。標準をAとして、給与改定額にメリハリをつける方法だ。

その上で改めて考えなければいけないことは、給与改定の原資との調整だ。「処遇反映のための絶対評価と相対評価の整理」の項でも示したが、絶対評価だけだと原資は評価結果によって大きく増減する。

原資の枠内に給与改定総額を収めようとするのなら、相対調整が必要になりやすい。実際にどのように考え、対応すべきかを、給与テーブルのタイプごとに示そう。

号俸表の場合はどうしても相対調整が必要になる

給与表の作り方として号俸表を用いると相対調整は必要になる。そこでどのような対応をとるべきかといえば、**評価と査定との区分**だ。本

書で初めて示す「査定」という言葉だが、ここでは処遇に反映するための限定的な評価、という意味で用いる。

そして**目標管理や行動項目の評価は絶対評価として行い、査定に反映する際に相対化**をするという考え方を用いる。

具体的には、評価は点数までで、どの点数が最終的な査定になるかを相対化するということだ。

ここまで示した目標管理も行動評価も、SABCDという記号（評語という）に加えて、点数を示していた。評価シートではむしろ点数しか記載しないようなサンプルとした。**上司による絶対評価はこの点数までとして、それを処遇に反映するための査定評語に置き換える際に、相対評価を実施するのだ。**

相対調整において、たとえばS＝5％、A＝15％、B＝60％、C＝15％、D＝5％とする必要があるのなら、絶対評価による点数で序列化し、上位5％をS、その次の15％をA、としていけばよい。年度によって11点以上でSになる年もあれば、10.3点以上でSになる年もあるが、そういうものだと社内に浸透させる必要がある。

なお、この手法をとる場合に、業績に応じた原資のさらなる調整方法は2種類ある。業績が良かった年や悪かった年にどうするかだ。

よくある方法は、賞与加算だ。業績賞与や定例賞与の支給原資を加算、減算し、そこで業績の状況を従業員に知らせる方法だ。

もう一つはあまり使われていないが、相対調整をする際の％を操作する方法だ。業績が良かった年は査定の％を上振れさせ、業績が悪かった年には査定の％を下振れさせる。

いずれの方法においても、細かい原資計算が必要だが、運用でカバーする方法だ。

レンジ給与を用いて絶対評価で昇給原資を調整する方法

　一方で、**上司による絶対評価をそのまま査定に使う方法もある**。そのためには、レンジ給与による給与表を設定しておかなくてはならない。

　例えばこちらの表を用いて検討する場合、実際にそれぞれの等級と評価結果に何人ずつが存在するのかを確認する。
　そして算出された総額と、想定原資とを除算して、調整割合を算出すればよい。この例では等級ごとの昇給基本率を2.0%としている。調整割合が1.25なので、各等級の昇給基本率を2.50%に修正すれば、想定原資に近い昇給原資が実現する。

　なお、このような調整方法を用いた場合、同じ等級の人物が同じ評価を受けた場合で、年度によって給与改定額が変化することになる。これまで決まった給与改定表を用いてきた場合には違和感が生じるかもしれない。ただ、これは慣れてくれば気にならなくなることが多い。

STEP 4 評価制度を基準とコミュニケーションで整理する

［調整前の給与改定表］

給与改定率

	%設定⇒係数	D -1	C 0	B 1	A 2	S 3
6 部長	2.00%	-2.00%	0.00%	2.00%	4.00%	6.00%
5 次長	2.00%	-2.00%	0.00%	2.00%	4.00%	6.00%
4 課長	2.00%	-2.00%	0.00%	2.00%	4.00%	6.00%
3 係長	2.00%	-2.00%	0.00%	2.00%	4.00%	6.00%
2 主任	2.00%	-2.00%	0.00%	2.00%	4.00%	6.00%
1 一般	2.00%	-2.00%	0.00%	2.00%	4.00%	6.00%

給与改定額（中間額試算）

	%設定⇒係数	D -1	C 0	B 1	A 2	S 3
6 部長	2.00%	-12,600	0	12,600	25,200	37,800
5 次長	2.00%	-11,400	0	11,400	22,800	34,200
4 課長	2.00%	-10,200	0	10,200	20,400	30,600
3 係長	2.00%	-7,400	0	7,400	14,800	22,200
2 主任	2.00%	-6,200	0	6,200	12,400	18,600
1 一般	2.00%	-5,000	0	5,000	10,000	15,000

実在者

		D	C	B	A	S	人数
6	部長	1	0	2	1	0	4
5	次長	1	3	6	1	0	11
4	課長	0	4	12	5	0	21
3	係長	2	8	13	2	1	26
2	主任	0	12	20	15	1	48
1	一般	0	0	25	12	5	42

給与改定額（中間額試算）

		D	C	B	A	S	
6	部長	-12,600	0	25,200	25,200	0	
5	次長	-11,400	0	68,400	22,800	0	
4	課長	0	0	122,400	102,000	0	
3	係長	-14,800	0	96,200	29,600	22,200	
2	主任	0	0	124,000	186,000	18,600	
1	一般	0	0	125,000	120,000	75,000	

総額	1,123,800	想定原資	1,400,000	調整割合	1.25

[調整後の給与改定表]

給与改定率

		%設定⇒係数	D -1	C 0	B 1	A 2	S 3
6	部長	2.50%	-2.50%	0.00%	2.50%	5.00%	7.50%
5	次長	2.50%	-2.50%	0.00%	2.50%	5.00%	7.50%
4	課長	2.50%	-2.50%	0.00%	2.50%	5.00%	7.50%
3	係長	2.50%	-2.50%	0.00%	2.50%	5.00%	7.50%
2	主任	2.50%	-2.50%	0.00%	2.50%	5.00%	7.50%
1	一般	2.50%	-2.50%	0.00%	2.50%	5.00%	7.50%

給与改定額（中間額試算）

		%設定⇒係数	D -1	C 0	B 1	A 2	S 3
6	部長	2.50%	-15,750	0	15,750	31,500	47,250
5	次長	2.50%	-14,250	0	14,250	28,500	42,750
4	課長	2.50%	-12,750	0	12,750	25,500	38,250
3	係長	2.50%	-9,250	0	9,250	18,500	27,750
2	主任	2.50%	-7,750	0	7,750	15,500	23,250
1	一般	2.50%	-6,250	0	6,250	12,500	18,750

実在者

		D	C	B	A	S	人数
6	部長	1	0	2	1	0	4
5	次長	1	3	6	1	0	11
4	課長	0	4	12	5	0	21
3	係長	2	8	13	2	1	26
2	主任	0	12	20	15	1	48
1	一般	0	0	25	12	5	42

給与改定額（中間額試算）

		D	C	B	A	S
6	部長	-15,750	0	31,500	31,500	0
5	次長	-14,250	0	85,500	28,500	0
4	課長	0	0	153,000	127,500	0
3	係長	-18,500	0	120,250	37,000	27,750
2	主任	0	0	155,000	232,500	23,250
1	一般	0	0	156,250	150,000	93,750

総額	1,404,750	想定原資	1,400,000	調整割合	1.00

STEP 5
採用から代謝までのフローを定める

　人事制度が等級、評価、報酬制度だけだった時代は過去のものだ。

　人事制度はあくまでも事業目的を達成するためのインフラであり、そのためにはそもそも人を集めなければいけない。採用に反映できてはじめて等級、評価、報酬制度が活きてくるのだ。

　また、採用して終わりというわけではなく、等級、評価、報酬制度を回した結果として、事業目的に適していない人の代謝も必要になる。

　それらをフローとして整理することが人事制度を活かすポイントとなる。

> やるべきこと
- 必要な人材が残るようになっているかフローで判断する
- 求める人材像をより具体的に定め採用基準とプロセスに落とし込む
- 採用後のオンボーディングを徹底する
- 定年と再雇用に対応する

> メリット
> ●会社が従業員を大切にしているメッセージとして伝わる
> ●事業成長が加速する
> ●長く続く会社になる

1. 必要な人材が残るようになっているかフローで判断する

【　流動する人材市場に対応する　】

　採用についての制度をつくるとなると、すぐに思い浮かぶのは採用基準であり、面接官の教育であり、採用判断のプロセスだ。
　ファストトラックではそのための考え方を示したが、詳細編ではその前提を整理しておこう。それは**会社という乗り物にどれくらいの期間乗っていてもらうか**だ。

　終身雇用があたりまえだった時代には採用とは「雇ってあげる」ものだった。
　いや、過去形ではなく、今もオーナー系企業の中にはそういう発想の会社もある。「うちみたいな会社にしか入れないのだから、雇ってあげているだけ感謝してほしい」という発想になってしまう会社は、実は少なくはない。そうして雇われている従業員側も、自信を持ちづらくなるので、一度採用されたらなかなか転職は考えなくなる。そうしてお互いに若干の不満を持ちながら、雇い雇われる状況が定年まで続いてく。
　しかし**転職ができるようになった今の時代に「雇ってあげる」発想では時代の流れに置いて行かれてしまう。**

実際に上述のような「うちみたいな会社にしか〜」というひねくれた考えの会社に入ってくれる人のレベルはどんどん下がっている。そしてたまたま入ってきたマシなレベルの人材は短期間で出て行ってしまい、どこにも行けず転職する気力のない人材たちで、社長が年老いるまでだけ続く会社になっていく。

　だから**採用についての制度を作る際には、まず自社が魅力のある会社だ、という風に思わなくてはいけない**。今すぐにそうなれなくとも、魅力のある会社になるためのステップをしっかり踏む必要がある。

　そのためには、**自社が本当に求める優秀な人を定義したうえで、その人たちに選ばれる状況をつくることから考えていこう**。それは簡単ではないが、たとえ零細企業であったとしてもできないことではない。

　求める人材像を具体化し、離職を促進してしまう「バケツの穴」をふさぎ、会社の成長と従業員自身の成長とをマッチさせるキャリアパスを用意し、ずっとこの会社で働き続けることの意義を明確にしてゆこう。

【 求める人材像の具体化 】

　自社が求める本当に優秀な人材、の定義は実は一つではないことが多い。職種や等級毎の優秀さの物差しは一つではないからだ。

　だから、等級設計や評価制度で検討した、成果や職務行動、能力は検討の基準となるが、採用時の定義はもう少しゆるやかなものがよい。検討のステップとしては、求める優秀さ、よりもまず、**いてもらっては困るタイプ、から整理する**ほうがわかりやすいだろう。

　たとえばファストトラックで検討した飲食店の場合、基本的にチームでの活動がメインとなる。だから「自分のやり方を周囲に押し付ける」人材にいてもらったら困る。

　他にはたとえば事務作業を個人で淡々と行うような職種の場合には「体

を動かさないとイライラする」タイプの人材は合わない。
　決まったビジネス工程に基づくKPIを管理するようなITインフラ系の営業職の場合だと「自分の意見が強すぎる」タイプだと話が進まない。

　これらの例はそれぞれのビジネスでは困るタイプだが、他のビジネスでは優秀と言われるタイプの場合もある。
「自分のやり方を周囲に押し付ける」人は、業務手順が決まっていない場合に「業務プロセスの創意工夫ができる」人になるかもしれない。
「体を動かさないとイライラする」タイプは「行動量を多く求める」営業職に向いているだろう。
「自分の意見が強すぎる」タイプは、ガンガン議論することが求められる会社では優秀だと評価されるかもしれない。
　自社にとっての優秀さを定義するには、自社にとって困るタイプをまず整理しておく方がわかりやすい。その上で、どのような人材を求めるのかを考えよう。
　なお、求める人材タイプを整理する参考として、評価制度の章で示した、コンピテンシーアンケートを参考にするのもいいだろう。

少し変わった「求める人材像」の例

事業によって求める人材像は特徴的になる。
その中でも興味深い実例を2つ紹介しよう。

1つ目は、山間部にあるキャンプ場やフィールドアスレチックを経営する会社だ。

少人数の会社だが、安定的な経営の中で、人材の募集を進めていた。そこでどのような人材が求められるかを整理したのだが、普通の優秀さとは全く異なる内容となった。なぜなら、その会社における職務が極めて特殊なものだったからだ。

その会社の基本的な職務は、広大な敷地における各種設備の管理と修繕だった。複数の山にまたがる敷地を管理するのに、従業員は20名もいない。だから敷地に入る入口で始業と終業の管理はするが、業務時間中にどこで何をしているかの管理はそもそもできなかった。また設備の修繕方法は共有するが、いつどれくらいの時間をかけて修繕するかという承認プロセスもつくれない。そして一度山に入ったら、ずっと一人で行動しなくてはならなかった。

だから求める人材像というのは「自律的な行動」ができ「ずっと一人でいても大丈夫≒むしろ一人の方を好む」人で、かつ「利用者が不便にならないような修繕を誰も見ていなくても丁寧に行える」人だった。

ではそのような人を定義したうえで、どうやって採用すればよいのか。そのために選んだメディアは、一人旅を好む人たちのSNSだった。そして離職と再就職の垣根をとっぱらった。たとえば4月から10月までは働くが、冬の間は南に旅に出るので一旦離職する。そしてまた春になったら戻ってきて再度雇用できるような仕組みを作った。それは今もうまく機能している。

> 2つ目はとあるインフラ工事の会社だ。
> 　世の中に必須の仕事であり、かつインフラ周りの技術に対する知識も習得しなくてはいけない。けれども作業中に汚れることも多く、かつ早朝や深夜の作業になることもある仕事だった。
> 　そこで当初検討した求める人材像は「ガッツがある」とか「人の役に立つことを好む」などだったが、実際にそのような人材の見極めには役立たなかった。
> 　そこであらためて、既存社員たちの経歴などを確認し、中でも幹部にまで上り詰めている人たちの特徴を整理し、より具体的な人材像にブラッシュアップした。それは「人生をやりなおしたいと本気で思っている」ことであり、かつ「守らなければいけない家族がいる」というものだった。
> 　逆に華々しい経歴は不要で、むしろ他人に言えないような失敗をしている人の方が適性がある場合すらあった。そのような人材に対し、人事制度としては加算型のインセンティブをしっかり定め、多くの報酬を持ち帰れるように設計した。

【　バケツの穴をふさぐ　】

　そうして自社が求める優秀な人材タイプを定義したのちに、優秀者が去っていくきっかけをつぶしにかかろう。
　グランドデザインの章で示した、SV指標の3（退職平均年数）と4（実質一人あたり採用コスト）を改善するには、離職数を下げないといけない。

　では何が去っていくきっかけになるのだろう。検討のポイントは4つある。
　周囲3メートルの影響、生活基盤、これまでのキャリア、これからのキャリアだ。
　中でも**周囲3メートルの影響**は極めて大きい。

周囲3メートルには上司や先輩、同僚、後輩がいる。ここに一人でも「嫌な人」がいると離職可能性は極めて高くなる。

実際に離職率改善のコンサルティングでは、離職した人がいた所属のチェックを行うことから始める。そうしてみると、いつも同じ上司、同じ先輩がいる部署で人が辞めている事実が見えたりするからだ。

問題はこうした「嫌な人」が会社にとって優秀な人である場合だ。たとえばハラスメントがきついのだけれど、営業成績は良い人などだ。

けれどもそのような場合でも、その人が本当に優秀なのかを判断しよう。営業成績が良いというのは、その人の個人的な能力や関係性ではなく、会社の看板があってはじめて成り立っていることが多い。仮にその人個人による部分が大きいとしても、それは会社にとって健全な状態ではない。時に先方との癒着が発生することもある。そのようなことのないような異動を考えてみるのも一案だろう。

いずれにせよ、**周囲3メートルの分析をしっかり行うことで、バケツの穴は劇的に改善する。**

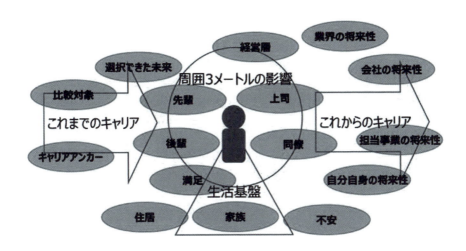

次に考えるべきは**生活基盤**だ。ここには家族や住居などが含まれる。

家族の中でも、配偶者の職業に応じた対応や、子どもの教育にかかる対応、両親を含む親族への対応などがあり、いずれも会社があまり踏み込むべき領域ではない。住居についても、憲法に定められるような基本的な自由のため、こちらも会社が踏み込むべき領域ではない。

けれども、生活基盤を理由として離職する人が多いのも事実だ。とくに配偶者の転勤や、親の介護を事情とした離職などだ。

これらに対応するためには、リモートワークの促進や、**一度離職しても条件を悪化させずに戻ってこられるような制度の導入**が考えられる。

これまでのキャリアも離職理由になることが多い。

これまでのキャリアによる離職とは、簡単に言えば**昔の仲間と比べて自分が良い状況にいるか、悪い状況にいるかを比較して離職を判断すること**だ。特に弊社が調査した事例では、20代などの若手層や、地域性の強いエリアの企業でよくみられる。

20代の若手層でいえば、まだ学校の同窓会がたびたび開かれることが多い。そんな時、学生時代の友人たちに比べて自分のキャリアが劣っていると感じられた場合に転職を考えるきっかけになる。

同様に、地域性の強いエリアだと、休日などに友人と過ごす場合が多い。そんなとき、自分がいる会社よりも高い給与水準や、休みが多い状況、気持ちの良い同僚たちの話を聞くことで転職を考えるきっかけになるのだ。

このような状況に対応するためには、少なくとも**自社の給与構成の妥当性を改めて整理するとともに、それを魅力として打ち出さなくてはいけない**。定期賞与の有無だけでなく、各種福利厚生関連手当があるのなら、そのことについて少なくとも給与明細に明記するなどの対応が必要だ。

また**年間休日や有休取得容易性なども比較対象**になる。過去の慣例にとらわれすぎず、今どのような対応をとるべきかを改めて整理しよう。

最後に**これからのキャリア**だが、自分自身の将来性だけでなく、事業の将来性、会社の将来性、業界の将来性などについての不安が転職活動のきっかけとなる。

　この問題に対応するには、**事業計画を定めてそれを公表**する必要がある。

　その中には、**今後の成長や新事業展開に向けた投資計画も含まれなければいけない**。少なくとも経営層が、自分がいる間だけなんとかなればよい、という状況からは脱さなくてはいけないだろう。

【　キャリアパスの整理　】

　バケツの穴を個別にふさぐことも有効だが、それらをまとめてわかりやすく示すことも有効だ。それが今の時代のキャリアパスと言えるだろう。

　かつてのキャリアパスとは、会社の中での出世の階段だった。それは従業員が辞めない前提での会社目線のキャリアだった。

　しかしこれからの時代のキャリアパスは、自社内の出世だけではなく、個人の生活にどのような良い影響があるのか、また業界内及び地域での比較などが含まれていることが望ましい。

　キャリアパスの基本は**等級および役職の昇格**だ。そのためのかっちりしたキャリアパスは等級制度で構築できているはずだ。これをわかりやすい文章で示すだけでも、従業員にとっての励みになるだろう。

　その際に昇格時期の目安としての年齢基準はわかりやすいが、製造業などの設備産業では、どうしても役職を付与される年次が遅くなりやすい。そこでスキルや知識を獲得できることを具体的に示したり、あるいは生活水準にどのように反映できるかなどを示したりする例もある。

　ある飲食チェーンでは、店長、スーパーバイザー、エリアマネジャー、部長、のそれぞれの役職に対して、標準昇格年齢だけでなく、最速昇格年齢を示して活躍をうながした。またそれぞれの役職者の生活スタイルにつ

いて、乗っている車や住んでいるエリアなどを示して向上心を求めた例もある。

人材ポートフォリオを前提とした、多様なリーダータイプや専門職キャリアについての打ち出しも有効だ。

等級制度で検討した内容を思い出してほしい。

今のビジネスの中で地位を高めて責任、権限を増やしていく典型的な出世のキャリアはわかりやすい。しかし業界によっては先行きが見えている場合もあるし、また上司や先輩たちが引退するのを待つような状態なら時間がかかりすぎると思う場合もあるだろう。

そんな時、**既存ビジネスの周辺領域への展開を目指す変革型リーダーという選択肢**や、**ビジネスとしての制限をなくして活躍するチャンスを得られる起業型リーダーという選択肢**があるのなら、自社に居続ける魅力は大いに高まるだろう。

また必ずしもリーダーを目指すのではなく、**プロフェッショナルとしての専門性を高めるキャリア**を用意することで、やはり自社に居続ける魅力を増やすことができる。

それはこの会社で定年まで働き続けることの意義につながっていく。

【　この会社で働き続ける意義　】

最後に、この会社で長期間、できれば定年まで働き続ける意義を整理しよう。

仮にあなたの会社がベンチャーであったとしても、成長して活躍してくれた人に10年ほどで去ってほしいとは思わないだろう。

代謝させたいのは、いたら困る人や、意見や方向性が合わなくなった人だ。成果をうんでくれる人や、良い意見を示して周囲を成長させてくれる人には、できればずっと会社に一員として活躍してほしいはずだ。

だとすれば、会社はずっといてほしい人に、キャリアの選択肢以外に何を示せるだろうか。

金銭的な仕組みとしては、退職金制度がある。また福利厚生としての永年勤続表彰制度を導入して、一定期間の勤務ごとに特別有給休暇と特別賞与を付与することもある。

それらの仕組みが整備されていることを前提として、さらに大事なことは、**感情的な報酬**だ。

ちょっとした成功を褒めあえる組織、様々な意見を表明でき受け入れられる組織。そんな組織を構築することができれば、人間関係の中で感情報酬が自然と発生するだろう。

それはこの組織にずっとい続けたいという思いとなり、長期勤続のきっかけとなっていく。

2. 求める人材像を採用基準とプロセスに落とし込む

【 行動等級を採用基準に反映する 】

ファストトラックでは、職務等級に基づく採用基準の設定方法を示した。

そこで詳細編では、行動等級基準を採用基準に反映する方法や、ハイブリッド型等級を用いている場合の採用基準反映方法を示す。

まず行動等級基準を採用基準に反映する場合でも、考え方は同じだ。つまり各等級に求められる要件を整理して、採用基準として用いる。

仮に新卒採用だとすれば一番下の等級での採用が基本となるだろう。そのため、行動基準も一番下の等級で確認する。

面接シートサンプルでは、合否判断としての項目別5段階の設定と、そ

STEP 1 ▶▶ STEP 2 ▶▶ STEP 3 ▶▶ STEP 4 ▶▶ STEP 5 ▶▶ STEP 6 ▶▶ STEP 7

れを裏付けする、確認できた事実欄を設けている。

　合否判断の設定では、合格を10点としている。項目ごとの多少の凸凹はあるとしても、平均点で10点以上となれば採用合格と判断するとよいだろう。なお、採用後の育成を重視する場合には、採用合格の基準を8点くらいにまで引き下げてもよい。

　ただし1項目でも不合格となった場合には、他がどれだけよかったとしても採用してはいけない可能性がある。その点にはぜひ留意してほしい。

　これらの面接シートは、合否に関わらず履歴として保管しておくことが望ましい。というのも、採用ミスというのはどのような場合にも発生するからだ。だから採用面接時典での判断がどうだったのかを確認するためにもぜひ残しておこう。

　面接官複数名で面接する場合には、面接シートは個別に用意する。複数名面接に際しての合否判断は、**全員の面接評価点の平均をとる方法**か、あるいは**誰かが合格していれば合格とする方法**かを選択しよう。

　全員の面接評価点平均の方が無難な判断だが、面接判断が分かれた場合には、あらためて他の面接官による判断をしてもよいだろう。

STEP 5　採用から代謝までのフロー を定める

対象者氏名	採用予定等級	面接者氏名	面接日
	1		月　日

面接シート

評価項目	概要	ｳｪｲﾄ	面接評価 不合格 4	不十分 6	若干不足 8	合格 10	期待以上 12	確認できた事実
倫理意識	自分の行動がルールに従っているかを確認し、必要な準備を行っている。	25%						
自己研鑽	学習の必要性を認識し、成長に向けた準備を進めている。	25%						
チームワーク	チームの目標や自分の役割を明確に把握し、協力するための準備を整えている。	25%						
効率性改善	要作成	25%						
人材育成	-							
リーダーシップ	-							
チャレンジ	-							
		評価点数						

人事部申し送り事項

【 ハイブリッド型等級を採用基準に反映する 】

　行動等級と職務等級をハイブリッドさせた場合の採用基準は、それぞれの適用等級にあわせて採用面接シートを用意しよう。

　等級制度の章で示した例でいえば、若年層については行動等級基準で採用判断を行い、職務が明確になる中堅以上の中途採用時には職務基準で採用判断を行う。

　その際に、以下の点に注意して採用判断を行おう。

◆若年層への行動等級基準での判断時

　ハイブリッド等級を導入している場合、新卒から10年程度で職務責任を明確にしてゆくことになる。

　そこで重要なポイントは、**職務責任に対応した成果責任を負うことができるか**という点と、**職務を遂行するための能力を習得できるようになるか**、という点の判断だ。

　職務定義は、職務そのものに求められる具体的な職務についての行動に加え、成果と能力とを内包した考え方だ。

　一方で行動等級の定義は、リーダーシップやチームワークなど、職務と直接連動しない基準となっていることが多い。

　行動等級のみの会社であれば採用判断基準は行動等級に基づくもので問題ないが、その先に職務等級が待っているようであれば、それを踏まえた確認をしておく方が望ましい。

　たとえばあらかじめ「弊社では30代前半までを行動基準で評価し、その後職務責任に応じて活躍していただく人事制度を採用しています。成果を生み出すことや、そのために職務に習熟してスキルを獲得することに対して、具体的にどのような準備ができそうですか？」といった質問を投げかけておくことも有効だ。

よりシンプルに判断する基準として、**面接対象者が将来どの職務ポジションまで昇進できるだろうか、ということを考察するという手段**もある。
　そのイメージがしっかり湧く人だけを採用し、職務ポジションで活躍できる姿が想定できない場合には、採用を保留することも考えるほうがよいだろう。
　ちなみに将来どの職務ポジションまで昇進できるか、という採用基準を設けているのは、コンサルティングファームに多い。単一職種だから想定しやすいということもあるだろう。

◆中堅層への職務等級基準での判断時

　若手層に行動等級基準を適用している会社での、中堅層への職務等級に基づく採用判断時にも、若手に期待されている行動基準でのチェックをすることもお勧めする。なぜなら、新卒から育った人達と中途採用の人達とで、求める社風が異なることが多いからだ。そしてその違いは行動評価にあらわれやすい。
　具体的には、**職務等級手前での最上位の行動等級基準に基づいた面接判断も行う**ことだ。
　たとえば3等級まで行動基準がある場合に、それより上位の職務について行動等級3等級としての面接判断も行う。その項目がたとえばリーダーシップやチームワーク、自己研鑽だとして、それらを行動として発揮した経験がないのなら採用を控えたほうがよいだろう。
　そうでない場合、会社の中に、社風に沿った行動をとりながら成果を生み出すプロパー社員たちと、スキルはあるが社風とは必ずしも合致しない行動をとりがちな中途採用社員、という分断を引き起こすことになるからだ。

3. 採用後のオンボーディングを徹底する

【　採用はゴールではなく入り口である　】

　新卒社員や中途社員を採用したにもかかわらず、期待通りの活躍が見られず、結果として早期に離職してしまう場合がある。その背景には「お手並み拝見」という考え方や、現場でのたたき上げが重要だ、という育成慣習がある。
　しかしそれでは採用のための時間と費用が無駄になり、会社にとっても採用された側にとってもよいことはない。**採用の成功はあくまで入口に過ぎず、社員が定着し活躍することが企業成長に不可欠**だという認識が必要だ。
　そのための施策として、**オンボーディング**が注目されている。

　オンボーディングとは、新たに入社した社員が組織に馴染めるよう、業務面だけでなく組織文化や人間関係などの新しい環境に適応し、早期に能力を発揮できるよう支援する取り組みのことだ。
　オンボーディングの内容はスキルとカルチャーの両面から、新卒および中途社員それぞれに適した施策を打つことだ。具体的な事例として、総合職として新卒採用した場合、営業職として中途採用した場合の具体的なオンボーディングについても説明する。

【　スキル面でのオンボーディング　】

　社員が新しい組織で業務を遂行するためには、必要な知識や技術を社員が習得し、適応できるよう支援する「スキルフィット」が求められる。

◆新卒社員に対するスキルフィット

　新卒社員に対しては、社会人として初めてのキャリアとなることから、社会人として必要な基本的なマインドや振る舞いなどを身につけ、必要なスキルや知識を学習するプログラムが必要だ。具体的には、一般的なビジネスマナーなどを学ぶ新入社員研修や、業務で使用する知識や技術を学ぶOJTが挙げられる。

　これらの施策を実施する際には中長期的に継続して支援を行うことがポイントとなる。

　入社後数ヶ月間のみで研修やOJTを終了するケースも多く見られるが、新たに習得したスキルを定着させるためには、2〜3年を目安に継続的な支援を行うことで、安定したパフォーマンスを発揮することが期待できる。

■新卒総合職社員Aさんの場合

　入社して初めの2週間は、ビジネスマナーや電話応対、安全教育に関する研修を実施し、社会人としての基礎を教える。
　3週目からは製造部や営業部、総務部に配属し、複数の部門での業務を経験させる。
　2ヶ月後、製造部へ本配属され、現場の中での業務を通じて、上司から業務を学ぶ。研修期間終了後も四半期に1度上司と面談を実施し、スキルの習得状況や今後の目標についての確認を定期的に行う。

◆中途社員に対するスキルフィット

　中途社員に対するスキル面での支援では、これまでの経験を尊重したうえで、自社での活躍において事前に理解しておくべき、社内限定での業務手順や人間関係の理解をすすめることになるだろう。そこではアンラーニングという概念を適用することをお勧めする。

　中途社員は、前職の経験から、自分なりの業務の進め方や常識を持って

いることが多いが、それにより新しい環境での業務フローや組織文化への適応を阻む場合がある。

それらをアンラーニングすることにより、過去の成功体験や自身の常識を一度棄却し、新しい環境に適応するための柔軟性を養えるように支援する。

その上で、同業種からの転職であっても、求めるスキルが異なることが少なからずあるため、スキル面での教育も丁寧に行っていこう。

あわせて、中途社員には、新しい視点としてより良いアイデアを提供してもらえる可能性も期待したい。そのため、前職での経験をすべて否定するのではなく、むしろ強みとしても活用する姿勢が企業側に求められる。

中途採用は欠員補充として実施されることも多いことから、中途社員への育成体制が整備されていないことも多い。だからこそOJTや研修の仕組みを整え、丁寧にフォローすることが仕組みをつくろう。

■中途営業職社員Bさんの場合

　入社後2週間は研修を実施し、会社の業務フローに加えて製品や営業マニュアルに関する理解を深める。また、アンラーニングの観点から、前職での経験や常識を振り返り、新しい環境で柔軟に適応するためのワークショップを実施する。

　2週目からは営業部に配属し、現場の中で顧客対応や業務の流れについて教える。特に、これまで経験のなかった新規顧客営業は、先輩社員から特に丁寧なフォローを行う。　一方、既存顧客への営業では、新しい職場での方法に合わせるよう努めると同時に、これまでの経験を活かして、営業手法の改善案を積極的に提案するよう促す。

　新卒社員Aさんと同様に、四半期に一度上司との面談を実施し、スキルの習得状況や業務における課題、今後の目標について確認しながらフォローを行う。

【 カルチャー面でのオンボーディング 】

　新たに採用した社員には、スキルフィットに加えて、組織の価値観や人間関係に適応する「カルチャーフィット」が求められる。

◆**新卒社員に対するカルチャーフィット**
　新卒社員は、学生生活から社会人生活への大きな転換期に直面するため、自分が思い描いていた理想と現実とのギャップに衝撃を受ける「リアリティ・ショック」が生じやすい。リアリティ・ショックについて理解したうえで、対応を行うことが重要だ。

　リアリティ・ショックには、楽観的・非現実的な期待に対して厳しい現実に直面する「**既存型**」、自己成長のための厳しさを期待していたが物足りなさを感じる「**肩透かし型**」、厳しい未来を想定していたがさらに厳しさを感じる「**専門職型**」の3タイプがある。
　リアリティ・ショックを理解するうえで重要な点は、社会人生活に対して事前に持つイメージがどのようなものであっても、リアリティ・ショックは発生しうるということだ。
　リアリティ・ショックを完全になくすことは難しいものの、軽減するための施策として、採用段階や内定後に**RJP（Realistic Job Preview）を実施し、ネガティブな面も含めた情報を正直に提供することで、社員の期待値を適切に調整することが有効**だ。また、入社後の研修でリアリティ・ショックについて学び、その対処法を理解する機会を設けることも効果的だ。

　さらに、同期意識の醸成や、先輩・後輩関係の構築もカルチャーフィットには欠かせない。
　同期との人間関係の構築により、お互いに支え合う環境が生まれることや、競争意識が高まることで成長意欲を高める効果が生まれる。

STEP 1 ▶▶ STEP 2 ▶▶ STEP 3 ▶▶ STEP 4 ▶▶ STEP 5 ▶▶ STEP 6 ▶▶ STEP 7

　また、先輩社員との関係構築では、メンター制度を導入することが有効である。比較的年齢の近い先輩社員がメンターとなることで、気軽に相談できる環境を整備することができる。同期に加えて先輩社員がサポート役となることで、新卒社員はより安心感を持って業務に取り組むことができる。

　人間関係はリアルな場でより深く構築されるため、人間関係の構築を目的とした研修は、対面形式で実施することが効果的だ。

> ■新卒総合職社員Aさんの場合
> 　採用段階や内定後の段階から、業務のポジティブな面だけでなく、業務がルーティン化する場合や、成果がすぐには見えにくい場合があるといったネガティブな面も正直に伝え、社会人生活に対する期待値をあらかじめ調整する。
> 　さらに入社後はリアリティ・ショックを軽減するために、リアリティ・ショックの概念とその対処法を学ぶ研修を実施する。
> 　企業で人間関係を構築するために、新卒入社者を集めて対面で研修を行い、チームビルディングやグループワークを通して、同期との交流を深める。
> 　また、比較的年齢の近い先輩社員をメンターに指定し、些細な内容でも気軽に相談できるように環境を整備し、Aさんが新しい職場に馴染めるよう丁寧にサポートを行う。

◆中途社員に対するカルチャーフィット

　中途社員においては、カルチャーフィットが大きな問題となる場合が多い。多くの中途社員は、新しい職場で「よそ者意識」や遠慮を感じることが多い。

　一方で、受け入れる側の既存社員は、「まずはどのくらい活躍できるか見てみよう」というような「お手並み拝見」の態度を取りがちだ。

　人間関係を構築するためには、中途社員向け研修を行って同じ境遇の中

途社員同士が関係を深められる機会を提供するだけでなく、既存社員側の意識を変革した上で、既存社員との交流を深める機会を設けることが求められる。

　特に注意が必要なのは、**成果を出すためには信頼関係が必要であり、その一方で信頼関係の構築には成果が求められるという、「因果のねじれ現象」が生じやすい点**だ。

　この矛盾を解消するためには、入社後すぐに積極的なコミュニケーションを推進するための機会を提供、入社後3ヶ月など一定期間は関係構築のための期間として、成果を求めすぎない様にしよう。

　また、中途社員は職務経験や年齢などにより、些細な質問をしづらい傾向にある。これを解消するために、**中途社員に対してもメンター制度を導入し、日常的に相談をしやすい環境を整備する**ことが有効だ。

　ただし、中途社員の多くは入社時にすでに配属先が決定しているため、配属先でメンターが十分に機能しない場合や、メンターが固定化するケースが見られる。そのため、メンターのサポート体制をあらかじめ整備し、**必要に応じて柔軟にメンターを変更できる仕組みを整備する**ことが求められる。

　カルチャーフィットが実現することで、社員は社内の暗黙のルールや人間関係を理解しやすくなり、パフォーマンス向上につながりやすくなる。

| STEP 1 ▶▶ STEP 2 ▶▶ STEP 3 ▶▶ STEP 4 ▶▶ **STEP 5** ▶▶ STEP 6 ▶▶ STEP 7 |

> ■**中途営業職社員Bさんの場合**
> 「よそ者意識」を軽減し、社内の一員として安心感を得られるような施策を行う。
>
> まず初めに中途社員同士で研修を実施し、同じ境遇の社員同士が関係を深める場を設定し、孤立感を軽減する。
>
> 既存社員には、中途社員の「お手並み拝見意識」を変える研修を実施する。Bさんのように即戦力として期待される社員が安心してスキルを発揮できるよう、社内で協力して業務に取り組む体制整備を行う。
>
> そのうえで、中途社員と既存社員の間で合同研修を実施する。研修では自社製品をもとにしたロールプレイングやグループワークを通じて、お互いの理解を深めていく。
>
> 入社後3ヶ月間は成果を求めすぎず、既存社員との関係構築に集中できるような環境を整える。
>
> またBさんへのサポート役として、同じ部署の先輩社員をメンターとしてアサインし、業務に関する疑問のほかに、職場の細かいルールについても気軽に相談できる仕組みを整える。

4. 定年と再雇用に対応する

【　定年の仕組みを検討しておく　】

採用した人材もいつかは退職する。

あなたの会社がまだ創業間もなく、従業員も若い人ばかりであれば、定年退職の仕組みは特に考えなくてもよいだろう。とりあえず法令を遵守し、60才あるいはそれ以上の年齢での定年を就業規則に記載しておけばよい。

実際問題として、**定年退職についての考え方は、今リアルタイムに変化している。だから10年後の定年のあり方は誰にもわからない。**

ただ、今日本でどのような検討が進んでいて、今後どのような動きが生じうるのか、ということは理解しておこう。そうすれば、そろそろ定年対象者が出てくるというタイミングでも慌てなくて済む。

現在の日本では、少子高齢化による労働力人口の減少が課題となっている。あわせて年金財源の問題などもあり、国としては60才以降も自分で給与を得てほしいと考えている。一方で企業側のニーズは大きく3種類に分かれる。

大企業のように毎年多くの新卒社員が入ってくる会社では、高齢層よりも若手を優遇したいニーズが大きい。そのため優秀な方であっても、なるべく若手にその席を譲ってほしいと考えていることが多い。業績がよくても早期希望退職制度を導入している会社などがその典型だ。

一方で、**年齢を問わず活躍してほしいと思っている会社も増えている**。そういう会社では、そもそも年功的昇給を廃止しながら、職務の大きさにあわせて処遇をし、活躍をうながしている。このタイプの会社では、定年を60才よりも後倒しにしたり、あるいは定年を廃止する例もある。

また地方企業などで、**若手の人材が十分に採用できない場合に、やはり年齢を問わず活躍してほしいと思う会社も多い**。ただ、こういう会社では年功処遇を払しょくしきれないことから、定年は60才のままで、正社員の時よりも低い給与で再雇用する仕組みにしている。

【　法的な動きはどうなっているのか　】

1986年に高年齢者雇用安定法が制定され、企業には60歳までの定年設定が義務付けられた。これにより、60歳未満での退職が減少し、雇用の安定化が図られた。

その後、1994年には65歳までの継続雇用の努力義務が追加され、2013

347

年には希望者全員に対する65歳までの雇用確保が義務化された。

　努力義務は何年かすると義務になることがこれまでの法令のパターンだ。

　そして2021年には、70歳までの雇用機会を確保する努力義務が追加された。ということは、将来的に「70歳までの雇用確保」も義務化される可能性が高い。

　つまり、労働市場はシニア社員の活躍を前提とした構造に変わりつつある。

　だから先ほど示したような3つのタイプの企業が増えているのだ。では自社にとっての選択肢にはどういうものがあるのだろう。

◆ 65歳まで定年年齢の引き上げ

　定年延長と呼ばれるもので、処遇にも連続性が担保されやすい。そのため、**長期勤続を望む従業員のモチベーション維持には有利だが、人件費の増加や世代交代の停滞といった課題が生じやすい。**

　特に人件費の観点では、年功的な給与を導入している場合に問題が生じやすい。

　年を取るごとに給与が増えることが当たり前の報酬制度だと、定年延長後も給与が増え続けるというように理解されやすいからだ。だから定年延長の仕組みを導入するためには、報酬制度の見直しが必須となる。

　これらの課題を緩和するためには、**段階的な定年引き上げ**が推奨されている。例えば1年ごとに定年年齢を1歳ずつ引き上げることで、急激なコストの増加や世代間の不公平感を軽減するなどだ。実際、地方公共団体では定年年齢を65才まで引き上げる際に、2年ごとの引き上げという手段をとっている。

◆ 65歳までの継続雇用制度（再雇用制度・勤務延長制度）導入

　60歳を定年としつつ、**希望者に対して65歳まで別契約での雇用**を行う方法だ。定年延長に比べて組織の柔軟性が高く、企業側は勤務条件や給与

を調整しやすいため、**人件費を抑えつつ、組織の新陳代謝を図りやすい**点が魅力となる。

一方で、再雇用後の処遇が現役時代と比較して大幅に変更される場合、モチベーションの低下や業務指示の不適合が生じるリスクがある。特に、再雇用者が重要なポジションを担う場合は、処遇の明確化と継続的なサポートが求められる。

◆定年制廃止

定年を廃止し、従業員が希望する限り働き続けられる仕組みだ。この制度では、**経験豊富な人材を長期的に活用できる点**が大きな利点となる。特に、高度な専門知識やスキルを有するシニア社員を戦略的に活用する場合に有効だ。

しかし、シニア社員の比率が増えることで、**若手社員のキャリア形成や昇進機会**が制限されるリスクがあるなど、キャリア形成支援と併せた検討が求められる。

また、定年延長と同様に、報酬制度が年功的な場合には定年廃止は導入しづらい点に注意しよう。

【 制度導入時に検討すべきポイント 】

いずれの選択肢を採用する場合でも、企業はシニア社員の処遇やモチベーションを慎重に考慮し、合理的かつ魅力的な制度設計を行う必要がある。

この際法的な面で考慮すべきは**「同一労働同一賃金」の原則**だ。正社員だから、再雇用者だから、というような雇用形態の違いを理由に賃金や待遇に差をつけることは認められなくなっている。だから、仮に定年前と再雇用後で同じ業務内容や責任を担う場合、すべての処遇を同じにしなければいけない。

実際問題、**多くの企業において再雇用の仕組みを導入している理由は**、

処遇を下げたいからだ。年功的な処遇で給与を上げ続けてきて、60才で退職するからよいと思っていたのに、会社が再雇用か定年延長しなくてはならない、と法的に決まってしまった。だったら処遇を下げられる再雇用が良い、と判断してきた。そしてそれに対してさらに法的に縛りがかかった、というのが現状だ。

その場合に考えるべきポイントは、均等待遇と均衡待遇の考え方だ。極めて単純化すれば以下のような考え方になる。

> 均等待遇：同じ仕事なら同じ処遇
> 均衡待遇：仕事が変わるから処遇も変わる

だから**再雇用制度の設計では、均衡待遇の考え方に基づき、仕事の何が変わるのか、ということを明確に**しようとする。その上で、妥当性の高い処遇の違いを設計する。

【 モチベーションへ配慮した評価制度構築 】

雇用を継続し合理的な処遇を設計しても、再雇用者のモチベーションが低下すれば、組織としての競争力は向上しない。

再雇用者のモチベーションを維持し、組織への貢献を最大化するためには、**公平かつ透明性のある評価制度の導入が不可欠**である。

特にシニア社員は、年齢や体力の変化により業績や貢献度に差が生じやすいため、適切な評価制度を導入することで、**個々の特性に応じた役割分担が可能となり、組織のパフォーマンス向上につながる**。

一方で、評価者の基準や昇給への連動性が曖昧である場合、評価制度自体が形骸化するリスクがある。そのため、仕組みの明確化と運用の安定が重要な課題となる。

再雇用者に対する評価制度は、正社員への評価制度と同様の観点で検討するが、検討の順序が異なっている。

　再雇用者への評価制度で最初に検討すべきは、**どの処遇に反映するか**だ。

　これまで検討してきた評価制度では、給与改定、賞与、昇格判断への適用を前提としてきた。

　しかし再雇用者の給与は増減させないことが多いし、賞与は支払わないか、定額にする場合もある。そして昇格はそもそもない。そのような状況だと評価をする意味がなくなってしまうのだ。

　だから、再雇用者への評価制度検討では、まずどのように処遇に反映するかを考えなければいけない。

　代表的な方法は、**賞与の増減**だ。**次に給与改定への反映を行う**場合がある。いずれの場合もメリハリの度合いは再雇用前の半分程度として、ゆるやかな反映とする。

　その上で評価項目を設定する。評価項目とレベルは、職務の大きさや期待する行動レベルで、60才未満と同様の基準で設定しよう。ただ、再雇用者については、「若手社員の育成」などを別途職務として設定する場合もある。そうすることで、均衡待遇を前提として引き下げた職務内容に、あらたな位置づけを与えられるようになる。

　最後に評価のプロセスを特に重視しよう。評価者の設定と、評価者によるフィードバック面談の実施によって、しっかりとコミュニケーションをとれるようにすることだ。そうすることで、少なくともモチベーションを大きく下げてやる気をなくすようなことは避けられるだろう。

STEP 6
移行措置を定め丁寧な浸透を図る

人事制度が変わるとき、ほとんどの人はマイナスの感情を持つ。自分が損をするかもしれないという不安と、変わることそのものへの抵抗感だ。

だから人事制度改定においては、移行措置を丁寧に行わなくてはならない。

人の感情に配慮し、信頼感を醸成しながら、協力関係を築いていこう。

> やるべきこと

- ●原則不利益変更はないように移行設計する
- ●社内承認を経て規程化する
- ●説明会と質疑応答を準備する

> メリット

- ●制度導入に伴う混乱を極小化できる。
- ●前向きな改革として理解してもらえる。
- ●実際の行動変革のきっかけとなる。

1. 原則不利益変更はないように移行設計する

【　制度を変えたから給与を下げるというのは難しい　】

　一から人事制度を作るのではなく、現在の制度から新しい制度に移行する際には、従業員一人一人の報酬に影響が出る場合がある。典型的には等級が変わったり、給与レンジが変わったりすることで、今の給与額がレンジからはみ出してしまう場合だ。

　特に今受け取っている給与額が、等級によって定めた給与レンジを超えている場合の対応を考えてみよう。

　制度改定の結果、**給与レンジを超えた給与になる場合には、すぐに引き下げることはできない**、と覚えておこう。人事制度が変わったから給与が減ります、というのは問題になる。

　しかし今受け取っている給与額が明らかに多すぎる、ということもあるかもしれない。そこで「調整給による対応」と「定年まで保障」する方法を示す。

一般的に使われるのは、**調整給による対応**だ。
　たとえばこれまでの人事制度では年功昇給で、仕事ぶりに関わらず毎年5,000円昇給してきた。その結果として月給が35万円になっていた。
　一方で本人は、そのことに甘んじて努力をせず仕事ぶりも悪くなっていった。そうして新しい制度では、低い等級になり、その上限が30万円となったような場合を考えてみよう。
　この場合、移行初年度は月例給30万円、調整給5万円という風に設定する。そして本人には、この調整給は一定の年数を経て減らしていくので、ちゃんと上の等級に昇格できるように頑張ってほしい、と伝えるのだ。
　毎年の減額幅について、法的には額面の10％が上限ということにはなっている。しかし35万円の給与で35,000円を一気に減らすのは影響が大きすぎる。調整給を減らす期間は、多くの場合3年から5年が多いので、その期間で案分して調整給を減らすようにする。
　もちろん本人が心機一転活躍して、上位等級に昇格すれば、その時点の給与で移行するため月例給に調整給を足した金額が新たな月例給になる。

　一方で、例えばこの例の人物が今58才で、あと2年で定年を迎えるとしよう。
　そのような場合に、調整給対応とはするが、あえて調整給を減らさず、定年までは35万円を保障するような会社もある。そうすることで、新しい制度に対する否定的な反応をなるべく抑えるようにすることができるだろう。
　ただ、そのような対応を若手が見て、安心するのか反発するのかまで考えておく方がよいだろう。

【　制度を変え給与を増やす際には社内序列を意識する　】

　制度改定の結果、給与レンジを下回る給与になる場合には、上回ってい

る場合とは逆に、**直ちに引き上げる**選択肢もある。あるいは調整給を減らすのとは逆に段階的に引き上げる選択肢もある。

本書では原則的に直ちに引き上げることをお勧めするが、その際にさらなる検討課題が生じる場合がある。

たとえばこれまでの人事制度では年功昇給だったため、先ほどの例のように5,000円ずつ昇給していたが、若くして活躍している人がいるとしよう。その結果、今の月例給は28万円だが、新しい制度による等級判断では最低30万円が妥当だと判断された場合だ。

このとき、すでにその等級にふさわしい仕事をしているのだから給与を直ちに増やすことが良いのは間違いない。むしろこれまで安く使われていた、とも判断できるからだ。

しかしその結果何が起きるかと言えば、すでに月給30万円をもらっている人がその等級にいる場合の序列だ。仮にこの30万円が最低額の等級が係長だとして、この人物の先輩係長がそれぞれ30万円、31万円の月例給を受け取っていたとする。給与レンジの明確化によって後輩係長も28万円から30万円に引き上げられるとした場合、先輩係長からすると差が縮まってしまうとか、同額になってしまうことに対して、否定的な感情を持つ場合がある。

このような場合に、**新しい給与レンジ下限に近い人たちに対して、制度移行に伴い若干昇給させるような判断をする場合がある**。制度移行に伴う昇給原資が膨らんでしまうが、社内序列を重んじる場合には検討してもよいだろう。

なお、一気に引き上げない場合には、たとえば2年〜3年程度で段階的に引き上げる方法をとることもある。先ほどの例でいえば、制度移行時点でまず1万円昇給させ、その翌年にさらに1万円、＋評価による昇給分を加算するなどだ。

【　段階的な給与レンジ移行も検討する　】

　報酬レンジの設計において、いざ移行原資を計算してみたら金額が膨らみすぎるという事態が生じる場合がある。特に労働市場水準に合わせた検討を行う際には、原資が膨らみやすい。
　このような場合には、理想的な給与レンジを将来目指す金額として、**1年～2年程度を猶予期間として、理想よりも少し低めの給与レンジで移行する**方法もある。直ちに制度改定を反映しないため、人事部によるデータ管理が煩雑になるが、会社業績への影響は抑えることができる。

2. 社内承認を経て規程化する

【　人事制度を明文化し規程として公開する　】

　新しい人事制度が確定したら、就業規則などの各種規程にその内容を反映しよう。社内で浸透・活用していくためにも文章として公開することが望ましいからだ。
　実務的な就業規則の変更は、大きく分けて次の5段階のプロセスで行う。

> ①規程の変更案を作成
> ②経営層の承認
> ③従業員からの意見聴取
> ④労働基準監督署への提出
> ⑤新しい就業規則の周知

　この中で、法律で定められているのは③以降のプロセスだ。また、会社によっては②と③のプロセスは入れ替わったり繰り返したりする場合もあ

るだろう。

以下では、この５つのプロセスについて具体的に説明していく。

①規程の変更案を作成

これまでの制度設計内容をもとに、**変更する必要がある規程をピックアップする**。例えば報酬制度を変更した場合には、賃金規程などが変更対象となるだろう。

変更対象の規程がピックアップできたら、実際に規程の変更案を作成する。現在の規程からどこが変更となるのか明示するために、**見え消し版**や**新旧対照表**を作成しよう。

見え消し版は、改定前の規程内容に対して、改定箇所を明確に見えるようにしながら、変更部分には見え消し線を引く手法で、どの部分がどのように変更されたかが一目でわかるようになる。

新旧対照表は、改定前と改定後の内容を並べて表示し、それぞれの変更点や理由を簡潔に記載するものだ。このような形式の文書を作成しておくことで、今後の経営層や従業員への説明がスムーズに進むだろう。

なお、見え消し版はワードの校閲機能を用いるとわかりやすく作成できる。

②経営層の承認

就業規則の変更にあたっては、取締役会での承認といった社内手続きを踏む必要がある。

①で作成した見え消し版や新旧対照表を基に、各種規程の変更について経営層の承認を取る。もし経営層からのフィードバックがあれば、必要に応じて修正や補足を行う。

③従業員からの意見聴取

従業員からの意見聴取は法律で定められているステップだ。以下に労働

基準法の条文を引用する。

> **作成の手続**
>
> 第九十条
> 　使用者は、就業規則の作成又は変更について、当該事業場に、労働者の過半数で組織する労働組合がある場合においてはその労働組合、労働者の過半数で組織する労働組合がない場合においては労働者の過半数を代表する者の意見を聴かなければならない。
> 　2.使用者は、前条の規定により届出をなすについて、前項の意見を記した書面を添付しなければならない。

ここでポイントとなるのは、意見聴取はするが、必ずしも従業員から合意を得る必要はないということだ。ただ、変更の内容が従業員にとって不利益となるような場合には、労働契約法に定められているように、その変更が合理的であるかどうか、十分な検討を行うことが望ましい。こちらも以下に条文を引用する。

> **就業規則による労働契約の内容の変更**
>
> 第九条
> 　使用者は、労働者と合意することなく、就業規則を変更することにより、労働者の不利益に労働契約の内容である労働条件を変更することはできない。ただし、次条の場合は、この限りでない。
>
> 第十条
> 　使用者が就業規則の変更により労働条件を変更する場合において、変更後の就業規則を労働者に周知させ、かつ、就業規則の変更が、労働者の受ける

> 不利益の程度、労働条件の変更の必要性、変更後の就業規則の内容の相当性、労働組合等との交渉の状況その他の就業規則の変更に係る事情に照らして合理的なものであるときは、労働契約の内容である労働条件は、当該変更後の就業規則に定めるところによるものとする。ただし、労働契約において、労働者及び使用者が就業規則の変更によっては変更されない労働条件として合意していた部分については、第十二条に該当する場合を除き、この限りでない。

　これらを踏まえて従業員へ十分な説明を行ったうえで、その意見に誠実に向き合うことが望ましいだろう。

④労働基準監督署への提出

　新しい規定が確定したら、管轄の労働基準監督署へ届出を行う。その際、就業規則変更届と共に労働者からの意見書も提出する。
　なお、労働基準監督署から新たな規程についての確認などはないことが多い。

⑤新しい就業規則の周知

　新しい規程は社内の保管場所を定めて公示したり、社内イントラに掲載したりして全従業員への周知を行う。

3. 説明会と質疑応答を準備する

【　人事制度説明会の目的　】

　規程が完成したのち、従業員説明会の実施に向けて準備を進めよう。
　従業員説明会を実施する目的は主に2つある。

STEP 1 ▶▶ STEP 2 ▶▶ STEP 3 ▶▶ STEP 4 ▶▶ STEP 5 ▶▶ STEP 6 ▶▶ STEP 7

> ①新人事制度の導入背景や目的を従業員と共有し、制度改定の理解を得ること
> ②新人事制度の仕組みを正しく理解してもらい、適切に運用してもらうこと

　特に、上記の②における『適切な運用』がなされなければ、どれだけ優れた人事制度を導入しても、新人事制度による効果は得られないだろう。だからこそ、従業員説明会は新人事制度への理解を深める場として、極めて重要である。
　本項では、従業員説明会の実施手順を3つのプロセスで示す。
「事前準備」「開催」「フォローアップ」だ。

【　従業員説明会の事前準備　】

　従業員説明会の事前準備は5つのステップに分けることができる。

> ・説明資料作成
> ・開催方法決定
> ・開催単位設定
> ・日程調整
> ・時間構成とスクリプトの準備

◆説明資料作成
　従業員説明資料は新しい制度の説明だけでなく、今後の運用におけるマニュアルとして活用されることにもなる。そのため、改定に関する情報を文章で網羅するだけでなく、図解等を取り入れてわかりやすくする工夫も行おう。

従業員説明資料の構成には以下の要素を含める。

- 人事制度改定の背景と目的
- 人事制度改定に込められた会社の意図や期待
- 現行制度からの変更点（等級制度、報酬制度、評価制度などで区分する）
- よくある質問への回答（FAQ）

　説明資料に含めるべきかどうかについてよく議論になるのは、給与テーブルだ。自分がもらえる金額に直結する情報は、それだけで資料が独り歩きしやすくなる。会社によってはそもそも給与テーブルを公開していない場合もあるので、説明資料に記載するかは慎重に判断しよう。

　なお、本書としてはなるべく記載したうえで理解してもらえるようにすることをお勧めする。

◆開催方法決定

　昔は対面一択だった従業員説明会だが、今ではオンライン開催や、録画配信なども選択肢にあがるようになった。密接なコミュニケーションスタイルとしての対面開催は大きな効果を発揮しやすい。その一方で、拠点が多かったり勤務時間にばらつきがある会社での開催調整が難しくなる。

　そのため近年では、**対面とオンラインのハイブリッド実施**が一般的になりつつある。オンラインとのハイブリッドにより、録画しやすくなるメリットもある。

　なお、オンライン開催にあたっては、事前にスピーカーやマイクの確認をしておくことで、聞こえにくかったり途切れたりすることのないようにしておこう。

◆開催単位設定

　数十名規模の会社であれば全社員を一斉にあつめて従業員説明会を開催

することが可能だろう。しかしそれ以上の人数の場合や、拠点や勤務時間のばらつきがある場合には、開催単位を別途設定しておくことも有効だ。

開催単位については、シンプルに**開催時間だけ区分して、参加できるタイミングで自由に参加してもらう方法が多い**。

一方で、職種などによって一部制度が異なる場合には、はっきりと開催単位を分けなければいけない。自分たちに関係しない制度について聞くことは時間がもったいないし、またそれが損得判断の基準になってしまうようだと、社内に不公平感を醸成してしまうリスクも出るからだ。

特に生産や建設、店舗などの現場があるタイプの業種では、現場系と事務系との説明会を分けるほうが望ましい場合もある。

◆日程調整

各グループの参加者ができるだけ多く実施できる日程、時間帯を踏まえて参加日程を調整する。基本的には業務時間内の開催が望ましい。

また働く時間帯や曜日に偏りがある場合、一日の中でも、朝一番と昼、夕方、などに分けた開催を行うことが多い。

◆時間構成とスクリプトの準備

1回の従業員説明会の所要時間としては、参加者の理解度や担当業務への配慮といった点を踏まえて**1時間〜1時間半程度**が適切であり、そのうち少なくとも**20分以上を質疑応答（Q＆A）の時間として確保**することが重要だ。

一方的な説明だけでは従業員の不安や疑問を払拭するのは難しく、制度に対する十分な理解や納得も得られない。説明会の意義を最大化するためにも、質疑応答の時間をしっかり設けるようにしよう。

その上で、従業員説明会を円滑に進行させ、従業員のより深い理解を得るために、**スクリプト（説明原稿）を準備**しよう。

スクリプト（説明原稿）は、一言一句そのまま記載する場合もあれば、話すべきポイントを絞って記載する場合もある。いずれの方法でも、話す時間割合を含めて準備しよう。

スクリプト作成においては、特に以下の3点を押さえて作成するとよい。

- **従業員の視点に立った言葉遣いを心掛ける**
  人事制度改定はネガティブに受け取られがちなため、ポジティブな表現や従業員に安心感を与える言葉を意識する。

- **説明は要点を抑えて簡潔にする**
  パワーポイントなどの説明資料1ページあたりの説明は長くても5分以内に収めるほうが聞き手にとっては、内容が理解しやすくなる。

- **実施グループに応じて内容をアレンジする**
  各実施グループの特徴や求められる期待役割に応じて、説明内容を多少アレンジすることで、各グループの従業員へのメッセージ性が大きくなる。そうすることでより高い納得度を得られるだろう。

【 従業員説明会の開催 】

従業員説明会当日は、事前に準備した内容を踏まえて、人事制度改定プロジェクトチームで司会進行、発表者等に担当を分担して実施する。

質疑応答の場では、否定的な側面や懸念に意識が集中しがちだが、**良いと感じた点について意見を求めてみよう**。そうすることで、改定に対するポジティブな印象を広めることができる。

これは、制度改定に対する理解や納得感の醸成だけでなく、会社の支持者を増やすための一つの工夫である。

STEP 1 ▶▶ STEP 2 ▶▶ STEP 3 ▶▶ STEP 4 ▶▶ STEP 5 ▶▶ **STEP 6** ▶▶ STEP 7

【 フォローアップ 】

　従業員説明会終了後、参加者にアンケートを実施し、その回答内容を次回の説明会や人事制度ガイドブックのFAQに反映することが望ましい。
　アンケートの代表的な質問項目としては以下が挙げられる。

> ・従業員説明会の理解度とその理由記述
> ・従業員説明会の進め方の満足度とその理由記述
> ・新人事制度に全般に関する不安や疑問点に関する記述
> ・その他　自由記述

　従業員説明会は限られた時間のため、説明会内で全社員の不安や疑問点を解消することは難しい。そのため、専用の相談窓口を設置し、個別に対応することで、円滑な制度導入が期待できる。
　また、説明会の録画を共有し、不参加の従業員にも改定内容を確認してもらうことで、全社的な理解度を高めることができる。

STEP 7
企業文化として定着させる

人事制度をマネジメントインフラとしてしっかり機能させるためには、評価者を中心としたコミュニケーションプロセスの変革が必要になる。

その上で、一人一人が自分自身のキャリアを活かす場所として企業を理解し、行動してゆけるようにする。

そのゴールは、企業文化としての定着だ。

やるべきこと
- 評価者教育を徹底する
- 制度改革の効果を定点観測する仕組みを用意する
- 情報発信を継続し改革を止めない

メリット
- 管理職からまず行動を変えるようになる
- 一人一人が会社に対する信頼を高められるようになる
- 組織風土として定着する

1. 評価者教育を徹底する

【 何はなくとも評価者教育 】

　人事制度改革は失敗することもある。その理由の大半は、評価者にそっぽを向かれることだ。

　たとえばこれからは成果に基づいて加点型の評価をします、という変革を進めたとしよう。しかしそれまでの会社では、メリハリをつけるという名目で、むしろ減点方式の評価をしていたとしたら、どうなるだろう。

　いかに加点型の制度にしたところで、評価をする人たち自身がそれまで減点方式でしか評価されていなかったら。そして減点方式の評価によって、部下に対して自分の権威を示していたとしたら。

　これまで評価権限をかさに偉ぶっていた管理職に対して、これからは部下の意思を尊重して自発性をのばしてあげてください、と言ったところで面従腹背におわる。むしろ面従すらしないこともあるだろう。

　だから従業員説明会を開催するその前後で、**評価者教育を実施しなくてはいけない**。

　さらに言えば、評価者教育は一度行って終わりというわけではなく、タ

イミングを変えて何度も実施しなくてはならない。

【 評価者教育のスケジュール 】

評価者教育は、人事制度導入のための教育ではなく、マネジメントスタイル変革の教育だ。

その内容は、査定のための評価、から、育成と組織成果達成のためのコミュニケーションプロセス、に変革することにある。

だから評価者教育は、**評価サイクルにあわせて、期初、期中、期末に実施することが最も効果的**だ。

それぞれのタイミングにおける評価のポイントを示そう。

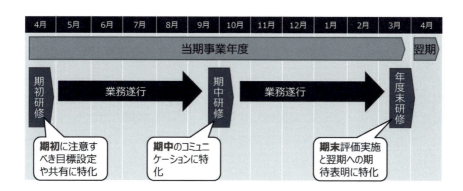

◆期初研修

期初においては、業績目標の設定や行動基準の共有などが必要だ。そのためには、評価者自身が部下のことをよく理解したうえで、**会社が求める成果や行動を示さなくてはいけない。**

可能なら新年度が始まる前に実施したほうが良いが、遅くとも新年度初月中に実施することを目指そう。

◆期中研修

　部下が成長することと組織としての業績達成が管理職の役割だ。そのために期中に上司が部下ととるべきコミュニケーションは、**育成と業績達成両方を実現するものでなくてはならない。**

　期中研修では具体的なコミュニケーション手法について学ぶ必要がある。実施時期は半期経過時点あたりが望ましい。

◆期末研修

　期末には評価を実施するが、業務は年度で終わるわけではない。良い評価結果も悪い評価結果もすでに過去のものであるから、振り返りを踏まえつつ、**翌期にどのように改善を進めるべきかについて議論する場**となる。

　期末研修ではそのための手法を学ぶ。実施時期は期末評価を行う前なので、繁忙度に応じて若干前倒しにすることもある。

　なお、それぞれの研修は、ワークやケーススタディ、ロールプレイなどを含めて3時間で実施することが多い。1時間〜2時間だと講義を聞くことしかできないため、自分事にしづらいからだ。また6時間以上の一日研修にする案もあるが、初年度はともかく、2年目以降は内容的に過多になりがちだ。

【 評価者教育の構成 】

期初、期中、期末それぞれにおいて実施する評価者教育の構成を示そう。

期初研修の構成例

- **新人事制度の概要**：従業員説明会のおさらいとともに、評価者として理解すべきポイントをピックアップ

- **評価そのものの目的**：査定ではなく、育成と業績達成が目的であることを示す。

- **各評価制度概要**：総合評価や目標管理制度、行動評価など自社が取り入れた評価制度の評価基準やプロセスを説明する。

- **各評価における期初ワーク**：各評価において期初に部下に示すべきポイントについて、ケーススタディを通じて学ぶ。ケースは自社流のアレンジをするほうが理解しやすいが、事業や職種が多岐にわたっている場合には、むしろ誰でも理解できそうな別事業ケースの方が良い場合がある。

- **期中面談に向けた準備**：期中のコミュニケーションに向けた傾聴手法などを学ぶ。

STEP 1 ▶▶ STEP 2 ▶▶ STEP 3 ▶▶ STEP 4 ▶▶ STEP 5 ▶▶ STEP 6 ▶▶ **STEP 7**

期中研修の構成例

- **目指すべき組織のあり方**：新人事制度に基づく上司と部下のコミュニケーションの結果として、目指すべき組織風土を共有する。

- **コミュニケーションスキルの実践状況共有**：グループワークで自らのコミュニケーション実践状況と課題について共有する。

- **聴くスキル、話すスキルについての学習**：講義形式と事例でコミュニケーションスキルを学ぶ。

- **面談実施手順**：上司と部下との面談（1 on 1 という場合もある）時のポイントを示す。ロールプレイを実践する場合もある。

期末研修の構成例

- **期中面談の振り返り**：グループワークで自らの期中面談実践状況と課題について共有する。

- **評価エラーについての学習**：認知バイアスやノイズの傾向を学ぶ。事前に多面評価などでバイアスとノイズの有無を可視化する場合もある。

- **評価実施時のポイント**：事実をもとにエラーが出ない評価の実践。ケーススタディを交える。

- **評価に基づく期末フィードバックの進め方**：低い評価となった際にも前向きな改善につなげられるようなコミュニケーション手法についての学習。

　これらは期初、期中、期末の3回実施を想定した構成案だが、繁忙度によって期初と期末のみとなる場合もあるだろう。その際には、期中研修の

内容を期初に合わせて実施しよう。

【 評価者教育の対象者 】

評価者教育の対象者はもちろん評価者としての管理職だが、**必ず役員もそこに含めよう。特に社長には必ず参加してもらうようにすべきだ。**

他の評価者と同列での参加が難しければ、オブザーバーとしての見学でも構わない。なぜなら少なくとも、評価者となる役員や管理職が、何を学び実践しようとしているかを理解しなければならないからだ。

また、管理職候補となる人たちなど、管理職手前層を含めて教育することで、人事評価制度の運用をスムーズにできる可能性が高まるだろう。

【 2次評価者限定の評価者教育 】

評価者教育は基本的に1次評価者を想定して実施するが、まれに2次評価者だけを対象として実施する場合もある。

1次評価者は部下の行動や成果をよく知ったうえで評価ができるが、2次評価者は1次評価者の認知バイアスやエラーの有無を踏まえた調整を行うため、学ぶべき視点が異なるからだ。

参考までに、2次評価者向けの研修構成例を示そう。

2次評価者研修の構成例

・**現状の1次評価から2次評価にかけての課題**：実際に従業員から出ている評価に対する不満の声や、給与改定や賞与配分における評価傾向についての実際を共有。

- **自分自身を含めた認知バイアス、ノイズの傾向共有**：評価者ごとの過去の評価履歴をもとに、寛大化や厳格化、極端化、中心化などの傾向を定量的に分析し可視化する。

- **2次評価段階での是正方法**：認知バイアスやノイズを踏まえた評価エラーに対して、どのような是正を行うべきかを学ぶ。

- **エラーを1次評価者にどのように伝えるか**：1次評価者が行った評価を踏まえ、認知バイアスやノイズをどのように伝え、どのように是正したかと伝えるプロセスを学ぶ。

【 被評価者教育という選択肢 】

評価する側だけでなく、**評価される側である、一般従業員全員**に対して**被評価者教育を行う場合もある**。研修の名称は「評価制度活用研修」あるいは「キャリア構築支援研修」などとして、人事制度を前向きにとらえ、活用する方法を学ぶ場とする。

評価者教育と同じような視点で評価制度の本質を学んだうえで、目標設定や行動基準をどのように自分ごとに落とし込むかなど、ケースを踏まえて学習する。

また上司との面談についても、自分のキャリア構築や業績達成、成長のために、どのように上司を使いこなすか、などの視点でロールプレイを実践する場合もある。

2. 制度改革の効果を定点観測する仕組みを用意する

【　人事制度による改善効果を測定する　】

　人事制度改革の効果が見えるタイミングは**3段階**に分けられる。それぞれのタイミングで改善効果を可視化し、さらに変化を加速しよう。

　人事制度改革の効果が見える**第1段階は制度導入直後**。不安も多いが、期待も高まるタイミングだ。

　特にバケツの穴をふさぐ改革の場合、すぐに実感できる変化も多い。具体的には、新しい手当とか、困っていた人の人事異動などだ。また、等級軸を変動させ抜擢や降格が生じたい場合にも具体的な変化としてとらえられるだろう。

　このタイミングでは、**月ごとの離職数を確認する**とわかりやすい。改革直後に離職数は改善しないと思うかもしれないが、説明会を丁寧に開催し、質問に答えるプロセスを踏むことで期待感が醸成される。

　仮に転職を考えていたとしても、一旦取り下げるようになるのがこのタイミングだ。

　第2段階は、上司によるコミュニケーション頻度が増えたり、**コミュニケーションスタイルが変わったりしたタイミング**だ。制度導入から3か月後くらいが多い。これまで自分の仕事ばかり優先していた上司がしっかり話を聞いてくれるようになり、チームとしての一体感が増すことで、組織に活気が生まれてくる。

　その効果は**業績を測るプロセス指標に表れる**ことが多い。

　例えば営業系だと、成約数は直ちには伸びないが、アポイント数など行動量が直結する指標で改善効果が見られやすい。なお無駄な残業が多かっ

たのなら減ることになるが、行動量が増えた結果残業が増えることもあるので、一概に判断は難しい。

　第3段階は半年あるいは1年経過後だ。**実際に新しい制度による評価が実施され、フィードバックがなされたタイミング**だ。評価制度をしっかり運用していれば、上司によるコミュニケーションが浸透しているだろう。その結果、高い成果を上げていれば前向きな評価を受けることができる。
　仮に未達成などの状況があったとしても、期中のコミュニケーションと、来期に向けた話し合いによりモチベーションを高めることができる。
　このタイミングで確認する内容は、**上司からの評価結果フィードバックの実施有無とそれに対する満足度**だ。フィードバック実施は100％を目指して浸透させ、満足度は80％ほどを目指して実施しよう。
　なお、フィードバックに対する満足度は100％にはならない。どうしても低い評価を受ける人は出るし、そのことについて自責ではなく他責で考えてしまう人は存在するからだ。それらの人が評価に満足することはないので、100％満足を目指す必要はない。

【　定期的なマネジメントアセスメントを実施する　】

　本書では、人事制度改革におけるグランドデザインのタイミングで、管理職に対する多面評価として、マネジメントアセスメントの実施を勧めた。
　それが実施されているのであれば、**定期的なアセスメントの実施により、さらに人事改革の効果が高まるだろう**。それは人事の改革にとどまらず、経営層の成長に直結する取り組みとなるからだ。

　前章でも記したが、会社に対する従業員の不満の源泉は、周囲3メートルの影響、生活基盤、これまでのキャリア、これからのキャリアなどに分けることができる。

この中で特に上司や経営層に起因するものが周囲3メートルの影響であり、これからのキャリアだ。
　いつも否定的な言葉しか発さない上司の下では誰も働きたくないし、経営しているのだかどうだかわからない経営層に自分の将来は託せない。もしそのような傾向があるのなら、マネジメントアセスメントで顕著に出てくるだろう。
　だからマネジメントアセスメントを定期的に実施することで、組織風土そのものの改善状況を具体的に把握することができる。
　アセスメント実施頻度は、少なくとも隔年にしよう。**可能なら毎年実施**することで、管理職以上に対しても緊張感を持たせることができる。

　なお、マネジメントアセスメントのような多面評価の実施は、上司による部下のご機嫌取りになりやすいからやめたほうがよい、という意見を聞く場合がある。
　しかし、弊社ではこれまで数多くの会社でマネジメントアセスメントを実施してきたが、ご機嫌取りがうまくいっている例を、実はほとんど見たことがない。むしろ部下のご機嫌取りをしている上司に対しては、厳しい結果が突き付けられることが大半だった。

　また別の意見では、部下はまだ未熟だからそんな意見を聞く必要はない、というものもあった。たとえとして、学校において学生が教師を評価する仕組みを入れたらうまく機能しないだろう、というものを示された場合もある。
　しかしあなたの会社が、ちゃんと求める人材を採用できているのなら、むしろしっかりマネジメントアセスメントを行って、部下の意見を聞くべきだろう。学校の例でいえば、学生による教師評価の仕組みを嫌うのは、未熟な学生を教師が導いてあげなければいけないという視点の人たちだった。

でもすでに多くの大学などで学生による教師評価の仕組みは導入されて、うまく機能している。教えるべきことをしっかり教え、教師もまた学生から学ぶ姿勢が浸透しつつある。

学生と教師の関係ですらそうなのだから、社会人としてすでに活躍している部下とその上司においても、もちろん互いに学ぶ姿勢は取り入れられるだろう。そのためにもぜひマネジメントアセスメントの定期実施をお勧めしたい。

【　エンゲージメントサーベイという選択肢　】

マネジメントアセスメントは管理職に対する部下からの多面評価だが、**会社全体に対する期待度と満足度を測定する方法**もある。それが**エンゲージメントサーベイ**だ。

様々な会社がエンゲージメントサーベイについてのサービスを提供しているが、考え方はどこも大きく変わりはない。従業員に30問〜80問程度のアンケートを取り、横軸に重要度や期待度、縦軸に満足度を示して、項目ごとのエンゲージメント状況を可視化する。

可能ならこれらは単発で実施するのではなく、マネジメントアセスメント同様に毎年実施することが望ましい。また会社全体としての総合結果だけでなく、年齢帯別や所属別などの分析により、改革の打ち手を検討する仕組みとしても有効活用可能だ。

弊社でもエンゲージメントサーベイを提供しているのでぜひ問いあわせてほしい。

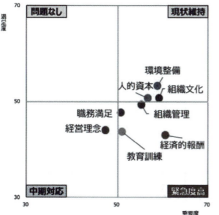

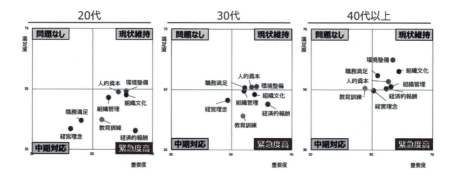

3. 情報発信を継続し改革を止めない

【　測定した効果を公表してゆく　】

　評価者教育を実施しながら、新人事制度の効果について定点観測してゆく。それだけで終わるのではなく、観測結果を踏まえた打ち手を考えていこう。そのためにも、**従業員に対して、観測結果を公表することが望ましい。**

もちろん、良くない結果だらけだと公表は難しいだろう。しかし改善されている部分があるのなら、ぜひそこだけでも公表しながら、会社としてさらに改善を継続する姿勢を示してほしい。

実際に改善効果が感じられていなくとも、会社の姿勢が本気であることが伝われば、転職を考えていた人たちは思いとどまるし、モチベーションの高い人たちがあらたな変革の担い手になってくれるからだ。

【　効果測定に基づく対策を本気で実践する　】

観測結果を基にした実際の対策例を示そう。

ある会社では、それまで年功のみだった処遇に対し、成長を促す行動基準を明確化した。そして丁寧に浸透を図ったものの、最初の評価結果は惨憺たるものだった。それまで評価をしたことがなかった評価者たちは、いずれも部下をモチベートしようと、高い評価のみをつけてきたのだ。行動発揮状況が悪くても「ほめて育てるべきだ」などを言い訳として、5段階評価の最高である5を付けてきた人すらいた。全社の評価結果平均が4.5を超えてしまったため、抜本的な対策が必要だと判断された。

対策は大きく2つ。まず**評価を行う側への対策として、個別評価に対する事実の確認と記載欄を設定**した。そしてそれに基づく1次評価者と2次評価者の確認プロセスを導入した。

また人事部門で集計する際に、実際の各部署の業績状況と照らしあわせた客観的事実確認と差戻しプロセスを取り入れた。

そして上記についてあらためて社内に周知するとともに「努力した人、結果を出した人が公正に処遇される仕組み」の徹底をメッセージとして打ち出した。

そうすることで、2年目の評価は前向きにとらえられ、しっかりと運用ができるようになった。

また、マネジメントアセスメントを経年的に実施している別の会社では、部署ごとのアセスメント結果に開きが生じ始めていることを重視した。つまり改革を実践できている部署と、後ろ向きの部署とが明確になりだしたことに対して、対策を講じるようにしたのだ。

　具体的な方法としては、問題部署とのタウンホールミーティング、個々の管理職と経営層との個別面談実施に加え、後継者育成計画の前倒しによる人事異動などを進めた。また行動評価基準をマイナーチェンジすることで、マネジメントアセスメント結果を評価に反映できるような仕組みも進めた。

　結果として問題部署でも改善が進み、全社一体となった改革が迅速に進むようになった。

【　経営層が本気になることで利益向上と成長が両立する　】

　重要なことは、**経営層が人事に本気で向き合うことだ。**

　ここまでしっかり読み込んでいただいた皆さんなら、人事改革が単なる制度設計ではないことをご理解いただけただろう。

　等級、報酬、評価制度はいずれも仕組みに過ぎない。それを運用する評価者たち管理職が一枚岩になることが必須要件となる。また人事制度を適用される従業員一人一人が会社のメッセージを真摯に受け止め、自分のキャリアと一致させてゆくことが重要だ。

　それらはすべて、経営層の本気から始まる。

　ぜひ人事制度を形だけのものにせず、あるべき組織風土実現のためのツールとして活用してほしい。

決定版　7日で作る人事考課
2025 年 2 月 14 日 初版発行

著者	平康慶浩
発行者	石野栄一
発行	明日香出版社

〒112-0005 東京都文京区水道 2-11-5
電話 03-5395-7650
https://www.asuka-g.co.jp

ブックデザイン	金澤浩二
組版	野中賢／安田浩也（システムタンク）
印刷・製本	株式会社フクイン

©Yasuhiro Hirayasu 2025 Printed in Japan
ISBN 978-4-7569-2380-6

落丁・乱丁本はお取り替えいたします。
内容に関するお問い合わせは弊社ホームページ（QR コード）からお願いいたします。

著者一覧

【著者】
セレクションアンドバリエーション株式会社

「人と組織の成長をあたりまえにする」人事コンサルティングファーム。
大阪本町の本社と、東京丸の内の東京支社の2拠点にて各社を支援。
コンサルティングスタイルは3つの特徴を持っている。
第一に「事業計画達成のための人事改革」として環境変化、過去の強み、これからの事業成長などを分析した上でコンサルティングを進める点。
第二に「一人ひとりの行動を変える仕組みづくり」として、これまで貢献してくれている人材の生産性向上と、これから求める人材の採用と活躍の双方を実現する点。
第三に「教育を含めた継続支援」を行うことで、制度浸透後の組織風土として定着するまでの伴走を行う点。
各種セミナー及びオフィシャルレポート公開、人事専門紙への連載寄稿なども多く、質とスピードの両方を兼ねそなえたコンサルティングにより、経営層や人事部門を支え続けている。

https://sele-vari.co.jp/
info@sele-vari.co.jp
メルマガ登録： https://sele-vari.co.jp/contact/business/

平康慶浩（ひらやすよしひろ）

セレクションアンドバリエーション株式会社　代表取締役
大阪市立大学経済学部、早稲田大学大学院ファイナンス研究科修了
アクセンチュア、朝日アーサーアンダーセン、日本総合研究所を経て、人事コンサルティングファーム、セレクションアンドバリエーションを設立。30年を超える人事コンサルタント経歴の中で、時代の変化に伴う人事戦略と人事制度、人事運用のあり方を多くの企業に提唱し続けている。
著書はベストセラーとなった「出世する人は人事評価を気にしない」（日本経済新聞出版社）、「逆転出世する人の意外な法則」（プレジデント社）など単著国内10冊、海外2冊。

【執筆協力】

松木宏晃（まつきひろあき）　マネジャー
関西大学経済学部卒　大手小売業のスーパーバイザーを経てセレクションアンドバリエーション参画。
鉄道業、放送局、半導体製造業、ITベンダー、歯科医療機器製造業、貴金属流通業、小売流通業など幅広い企業に対し、エンゲージメントと収益向上のバランスをとった人事改革を進めている。

柳瀬大地（やなせだいち）　マネジャー
京都大学法学部卒　中央省庁のキャリア官僚として、土地政策や情報化政策などの立案・とりまとめなどに従事したのち、セレクションアンドバリエーション参画。
建設業及び空間総合プロデュース業、建材／食品機器／特殊繊維などの各種製造業において、主に取締役及び執行役員制度の改革やガバナンスのあり方についての改革を進めている。

平野雄聖（ひらのゆうせい）　マネジャー
大阪大学経済学部卒　大手金融機関を経てセレクションアンドバリエーション参画。
金融業、保険業などに加え、鉄鋼業やグローバル製造業、不動産流通業など、幅広い企業に対し、人材ポートフォリオ最適化と収益向上の観点からの人事改革を進めている。

瓜阪省吾（うりさかしょうご）　シニアコンサルタント
関西外国語大学卒　セレクションアンドバリエーションでの3年間のインターンを経て新卒入社。
個人投資家としての経歴も持ち、企業価値及びガバナンスの観点からの企業分析を徹底する。企業の強みを生かすための人事改革を数多く手掛ける。

山田沙樹（やまださき）　シニアコンサルタント
立命館大学、大阪大学大学院人間科学研究科終了　セレクションアンドバリエーションでの2年間のインターンを経て新卒入社。従業員のエンゲージメント及び生産性向上を目指す人事改革を数多く手掛ける。

岡安楓（おかやすかえで）　シニアコンサルタント

明治大学法学部卒　大手証券会社、人材サービス業を経てセレクションアンドバリエーション参画。
優秀な人材の採用と活性化を目指し、人事マネジメントのあり方について研鑽。人材フローとしての人事制度構築を数多く手掛ける。

塚越真悠子（つかこしまゆこ）　シニアコンサルタント

大阪大学、大阪大学大学院工学研究科終了　大手印刷事業者におけるシステムエンジニアを経てセレクションアンドバリエーション参画。従業員のキャリア開発及びエンゲージメント向上の観点から数多くの人事制度改革を手掛ける。

佐藤宏紀（さとうひろき）　コンサルタント

宮崎大学、宮崎大学大学院工学研究科修了。大手建設業における海外建設プロジェクト経験などを経て、セレクションアンドバリエーション参画。制度構築から定着までの、人事部門の立場に沿った確実な制度構築を進めている。

西村悠祐（にしむらゆうすけ）　コンサルタント

神戸大学経営学部卒　セレクションアンドバリエーションでの3年間のインターンを経て新卒入社。
エンゲージメントや多面評価などの分析を経て、エビデンスに沿った課題解決を目指した人事改革を進めている。